领导干部推荐读物

全/球/系/统/性/风/险/报/告

2021—2022年
全球
系统性
风险趋势报告

西南财经大学全球金融战略实验室
北京睿信科信息科技有限公司 /编著

2021-2022
Global Systemic
Risk Trend Report

中国法制出版社
CHINA LEGAL PUBLISHING HOUSE

图书在版编目 (CIP) 数据

2021—2022年全球系统性风险趋势报告 / 西南财经大学全球金融战略实验室，北京睿信科信息科技有限公司编著 . —北京：中国法制出版社，2023.1

ISBN 978-7-5216-2608-7

Ⅰ. ① 2… Ⅱ. ①西… ②北… Ⅲ. ①金融风险－研究报告－世界－2021-2022 Ⅳ. ① F831.5

中国版本图书馆 CIP 数据核字（2022）第 052608 号

策划 / 责任编辑：马春芳 封面设计：李 宁

2021—2022 年全球系统性风险趋势报告

2021-2022 NIAN QUANQIU XITONGXING FENGXIAN QUSHI BAOGAO

编著 / 西南财经大学全球金融战略实验室 北京睿信科信息科技有限公司

经销 / 新华书店

印刷 / 北京虎彩文化传播有限公司

开本 / 787 毫米 ×1092 毫米 16 开 印张 / 15.75 字数 / 284 千

版次 / 2023 年 1 月第 1 版 2023 年 1 月第 1 次印刷

中国法制出版社出版

书号 ISBN 978-7-5216-2608-7 定价：88.00 元

北京市西城区西便门西里甲 16 号西便门办公区

邮政编码：100053 传真：010-63141600

网址：http://www.zgfzs.com **编辑部电话：010-63141822**

市场营销部电话：010-63141612 **印务部电话：010-63141606**

（如有印装质量问题，请与本社印务部联系。）

序　　言

2021年是充满矛盾的一年。在发达国家定量宽松货币政策、零利率政策或负利率政策和需求复苏刺激下，大宗商品价格反弹，物价快速上涨，全球股市反弹，股市泡沫继续积聚，房地产泡沫也已不可小觑。全球系统性风险始终保持在较高水平，部分新兴市场经济体出现金融市场动荡或危机。

2022年全球系统性风险将进一步上升，并且存在着发达国家金融市场泡沫破裂导致局部或全球性金融危机的系统性风险。

首先，全球系统性风险压力主要在于以下四个方面。第一，全球经济在2022年面临着较大下行压力，尤其是偏离正常经济周期且陷入滞胀的发达国家，可能继续成为全球增长的拖累，新冠病毒奥密克戎变异株的全球传播也可能增加全球经济下行压力。第二，美联储可能不得不加紧缩减定量宽松货币政策，并不得不多次加息应对大幅上升的通货膨胀，可能给全球经济和金融市场带来压力。第三，全球金融市场，尤其是发达国家的金融市场的过度泡沫化，在美联储缩减定量宽松货币政策并加息的情况下，股市、债市泡沫破裂可能产生局部金融危机，尤其是可能给新兴市场经济体带来较大风险甚至危机。第四，随着美联储收紧货币政策并加息，美元将呈上行趋势，而大宗商品价格大概率出现下行趋势，可能给商品货币国带来较大的经常账户赤字和财政赤字压力，严重的可能导致货币贬值甚至金融危机。

其次，受新型冠状病毒感染①、通货膨胀、国内国际政治局势等多重压力的影响，部分新兴市场和发展中经济体在2021年经历了经济或金融危机，如土耳其、巴基斯坦、缅甸、越南、白俄罗斯、阿富汗、南非、中非、几内亚、海地、阿根廷等国。新

---

① 2022年12月26日，国家卫生健康委员会发布公告，将新型冠状病毒肺炎更名为新型冠状病毒感染。

兴市场和发展中经济体整体来看处于正常的商业周期，经济增长较为强劲，通货膨胀水平相对较高。2022年新兴市场经济体主要面临五个方面风险：第一，在疫情冲击下经济的脆弱性；第二，金融市场的脆弱性和泡沫化；第三，美联储货币政策收紧和应对通货膨胀不得不加息的冲击；第四，发达国家股市泡沫破裂对新兴市场经济体金融市场的连带影响。

从次，受新型冠状病毒感染、美联储加息和经济疲弱的影响，全球与大宗商品相关行业和金融行业可能面临着较大的系统性风险，受疫情影响较大的行业可能逐步迎来发展机遇。

最后，中国面临着内外部系统性风险的压力，需要谨慎应对。内部系统性风险压力主要来自房地产市场的压力，具体体现在4个方面：一是以华夏幸福和恒大地产等为代表的房企高债务压力且融资困难所产生的系统性风险；二是房价下跌可能带来的泡沫破裂的风险，尤其是在“三四五线”城市；三是房价下跌带来的地方土地财政收入不能持续而导致地方政府不能按期偿债的风险；四是房价下跌可能导致房地产断供给金融机构带来的风险，同时居民财富缩水也会给消费带来的较大压力。

针对中国的具体政策建议有：第一，中国在谨慎应对新冠病毒变异株，不断提升疫苗接种率、争取早日实现更好免疫效果时，还要更大程度地提高疫苗接种率；第二，谨慎恰当地应对房地产市场压力，尽可能化解房地产企业债务危机，并有效地化解居民购房者的债务压力，提升内需动力；第三，高度重视地方政府债务压力，包括潜在债务压力，尤其是在土地财政不能发挥作用时；第四，在美联储加息和美元可能升值的背景下，人民币要保持汇率和外汇储备的基本稳定，以免形成资金外逃；第五，适当规避有关行业的系统性风险，尤其是金融行业的系统性风险，以及企业国际经营面临的风险；第六，保证企业主体的活力，保障小微企业生存的能力，保护创新创业企业的创造能力，促进政府和企业数字化发展，提升经济长远发展动能。

由西南财经大学全球金融战略实验室与北京睿信科信息科技有限公司合作完成的全球系统性风险趋势报告从2017年始，如今已经5年了。在这5年中，我们不断完善报告体例，不断扩展报告内容。在这5年中，北京睿信科技坚持创新，成为中关村高新技术企业，获得国家高新技术企业资质，全球风险管理平台（www.sunrisk.cn）也已日渐成熟，并着力对全球、区域、国家、行业、企业和市场风险进行数字化管理，打造镜像掌控能力，努力建设“元宇宙”的全球风险管理能力，可为广大企业和金融机构提供全球风险数据库、企业风险测评、项目风险测评、全球资产与负债风险管理、企业战略转型风险管理、投资组合管理等开放服务和定制服务，可为居民提供企业风险测评、投资组合管理、投资产品组合管理与场景风险测评等系列服务。

我们深信，高校智库与创新企业的有机协作，可以不断提升我国全球风险管理能力，全球风险管理服务也可以惠及不断融入世界的中国。

是为序。

西南财经大学全球金融战略实验室主任、首席研究员　方明

2022年10月

目　　录

第1章
全球系统性风险的测度理论与方法

导读

全球系统性风险破坏极大，带来的损失也极为巨大。同时，全球系统性风险的预测也十分困难。21世纪初，多数机构和组织并未预期到美国会发生次贷危机并引爆全球金融风暴，这说明全球系统性风险有其突然性，演变有其戏剧性，甚至带有暴力性，其影响正如其到来一样地突然、难以预测。这和地震的预测类似。也和预测地震一样，并不是平时地质结构没有发生变化，而是平时缓慢的变化积累了足够大的破坏力量，然后一起爆发。地震的预测也是一个难题，测量人员通常会在地震带设置相应的探测器，实时获取相应的数据，进行动态分析。在原油勘探领域，为了充分了解地下的地质构造，常常利用“人造地震”的方法获得相关反射波的数据，从而依据各种地质结构不同的反射波进行确认。事实上，全球系统性风险的测试的思路核心也在于建立监测体系，进行动态监测，获得监测数据，进行系统分析。必要的时候，可以利用类似“人造地震”的方法进行压力测试，或者利用历史重大事件的冲击来进行压力测试。

由此思路出发，我们认为全球系统性风险监测体系是监测全球主要国家、主要机构和主要市场的实时情况（这依赖于实时的或者高频的数据），而主要国家、机构和市场之间，全球市场既是全球情况的体现者，本身也具备了实时数据或者高频数据，其波动性体现了全球系统性风险情况与机遇情况。因此，对全球系统性风险的测量，即全球系统性风险指数，并不是“0或1”的关系，即“有或无”的关系，而是一个从0到1或0到100的随时间连续分布的数值点。风险指数趋向0即风险上升，趋向100即机遇上升。

在此基础上，我们构建了全球系统性风险指数体系，初步由全球系统性风险指数、186个国家或经济体系统性风险指数和全球系统重要性机构的风险指数构成。

第一节 全球系统性风险测度的理论基础

风险本身是一种可能带来损失的不确定性。任何系统都可能存在着风险，凡是危及系统稳定与生存的风险，都可称之为系统性风险。正如2008年全球金融风暴给我们的启示，全球系统性风险是现实存在的，在某些时刻可能会突然爆发，并且带来巨大损失。如何在国际组织、各国政府和学者们的实践和研究的基础上，探索建立全球系统性风险指数体系，为全球监测、管理系统性风险，为机构和企业把握全球系统性风险与机遇提供一定的基础，是我们进行大胆研究尝试的初衷。

一、灰犀牛、黑天鹅与混沌理论

动物们比较忙。继“蝴蝶”之后，“黑天鹅”来了，“灰犀牛”也横空出世了。在感谢概念创造者们良好的具象能力的同时，认真思考真实世界里这些概念代表的存在和相互关系，也是十分必要的。为什么会在全球系统性风险报告中谈这个问题，原因很简单，因为这涉及对全球系统性风险的根本看法。

（一）“黑天鹅”与“灰犀牛”：两种危机表象

纳西姆·尼古拉斯·塔勒布（Nassim Nicholas Taleb），一生专注于研究运气、不确定性、概率和知识。他既是文学随笔家，又是经验主义者，还是理智的数理证券交易员，现担任纽约大学理工学院金融工程系教授。他在2007年出版的《黑天鹅》一书中，提出了“黑天鹅”现象的概念。[①]17世纪之前，人们从来没有想过世界上除了白色的天鹅还会有其他颜色的天鹅，直到澳大利亚发现黑天鹅，人们认识天鹅的视野才打开。其实，在某些方面，人们过去认识的规律和判断都被证实是错误或片面的。可惜的是，在金融市场中，人们总是相信有规律可以遵循，因而学者们通过不懈地努力去构建各种模型以追求利益。2007年次贷危机之后，华尔街的投资银行开始对VaR模型[②]进行反思，如果可以构建一个模型来预测未来风险波动范围，其

① ［美］纳西姆·尼古拉斯·塔勒布：《黑天鹅》，万丹、刘宁译，中信出版社2008年版。

② VaR模型，英文为“Value at Risk”，即在险价值模型，经常用来衡量风险。具体是指在一定置信水平和一定持有期内，某一金融工具或其组合在未来资产价格波动下所面临的最大损失额。

无异于构建了一台合法的印钞机，可以源源不断地从市场上赚取交易利润。而对这台印钞机稍加改进就可以成为一台物理学上的永动机，这两台机器可以一劳永逸地解决人类关于财富和能源的问题。而人类制造永动机的努力早就被证明是徒劳的，一劳永逸地解决财富和能源问题，显然更不可能。黑天鹅事件指的是非常难以预测，且不寻常的事件，通常会引起市场连锁负面反应甚至颠覆。用数学语言讲，即小概率随机事件真的发生了并产生了重大负面冲击，如“9.11”事件、泰坦尼克号的沉没、全球金融风暴等。“黑天鹅”事件有3个特点：一是意外性；二是重大影响；三是人们事后会为它的发生编造理由，并且或多或少认为它是可解释和可预测的。但从“黑天鹅”事件产生的逻辑来看，世界是不可预测的，你不知道的事比你知道的事更有意义。当然，你不知道的事也比你知道得多。

米歇尔·渥克称自己的《灰犀牛》一书并不是反对《黑天鹅》及其理论，而是对其理论的一种补充。[①]该书以“灰犀牛”比喻大概率且影响巨大的潜在危机。相对于“黑天鹅”事件的难以预见性和偶发性，“灰犀牛”事件不是随机突发事件，而是在一系列警示信号和迹象之后出现的大概率事件。例如，2008年美国房地产泡沫集中爆发以及在此之前的诸多泡沫破裂；飓风卡特里娜和桑迪以及其他自然灾害后的毁灭性余波；颠覆了传统媒体的虚拟现实技术；苏联的迅速衰败和中东地区的混乱，在事前均出现过明显的迹象。人们应对“灰犀牛”的反应通常有5个阶段：第一个阶段是否认；第二阶段是混日子，想办法把问题推给将来；第三个阶段是判断性阶段，对于到底该做什么争吵不休；第四个阶段是惊恐阶段；第五个阶段是行动阶段或崩溃阶段。

在第五次全国金融工作会议后，人民日报在其2017年7月17日头版刊发的评论员文章《有效防范金融风险》中提到，防范化解金融风险，需要增强忧患意识……既防“黑天鹅”，也防“灰犀牛”，对各类风险苗头既不能掉以轻心，也不能置若罔闻。中央财经领导小组办公室发言人27日在国务院新闻发布会上表示，党中央非常重视防范和化解金融风险，始终要求守住底线，特别是守住不发生系统性金融风险的底线。“黑天鹅”和“灰犀牛”两类事件都有可能冲击金融风险底线，将以不同思路和办法应对防范。“黑天鹅”主要是指没有预料到的突发事件或问题。对这类事件要保持清醒头脑和高度敏感性，特别是在当前经济运行基础尚不牢固的情况下，一定要增强忧患意识和风险意识。“要加强跟踪监测分析，加强预警预测，及时发现一些经

① ［美］米歇尔·渥克：《灰犀牛》，王丽云译，中信出版社 2016 年版。

济运行中的趋势性和苗头性问题，未雨绸缪，制订好预案，防患于未然，不打无准备之仗。”“灰犀牛”事件一般是指问题很大、早有预兆，但是没有给予足够重视，从而导致严重后果的问题或事件。“对于‘灰犀牛’事件，因为问题已经存在，也有征兆，所以要增加危机意识，坚持问题导向。对存在的‘灰犀牛’风险隐患，如影子银行、房地产泡沫、国有企业高杠杆、地方债务、违法违规集资等问题，要摸清情况，区分轻重缓急和影响程度，突出重点，采取有效措施，妥善加以解决。”

与将“黑天鹅”和“灰犀牛”简单并列的方式不同，经济学家万喆提出：每一只“黑天鹅”背后，都潜藏着一头“灰犀牛”。在她看来，灰犀牛与黑天鹅谁更危险？这或许本身就是个错误的问题。她认为，塔勒布事实上正是回答了渥克写《灰犀牛》时想解决的问题：“为什么我们对迫在眉睫的危机不能先知先觉，提早预防呢？”进而分析指出，每只“黑天鹅”后面，都有“灰犀牛”。在小概率的大灾难面前，灾难的巨大阴影早就铺天盖地了。她列举了全球金融风暴例子来进行说明，每一个“黑天鹅”事件的背后，都潜藏着一个巨大的“灰犀牛”式危机。她举索罗斯掌握做空时机的例子来说明：有时候，“灰犀牛”式危机越是严重，我们越难看到它的存在，就越难逃离它的进攻路线。于是，我们说它们是“黑天鹅”。“黑天鹅”理论提醒人们注意那些意料之外的事件，但事实是，我们常常忽略了那些可以预期的事件。因此，关注、化解“灰犀牛”危机，也是化解那些无法关注的“黑天鹅”事件的最好方式。

（二）“蝴蝶效应”与混沌理论：一种认知真实世界的系统性思维

应该说，万喆将对两者的关系的认知提升到了一定的高度。但是，这个世界在“灰犀牛”与“黑天鹅”之外还存在着什么，与这两者是什么关系呢？或者说，危机之外的世界与危机本身是什么关系呢？危机发生的路径与过程与危机之外的世界有没有关系，它们是不是处于同一个系统整体之中呢？我们从“蝴蝶效应”相关的混沌理论来进一步探讨。

混沌理论（Chaos Theory）通常用“蝴蝶效应”（The Butterfly Effect）加以形象地说明。“蝴蝶效应”是指在一个动力系统中，初始条件下微小的变化能带动整个系统的长期的巨大的连锁反应。对于这个效应最常见的阐述是：“一只南美洲亚马孙河流域热带雨林中的蝴蝶，偶尔扇动几下翅膀，可以在两周后引起美国得克萨斯州的一场龙卷风。”

混沌理论是一种兼具质性思考与量化分析的方法，用来探讨动态系统中（如人口移动、化学反应、气象变化、社会行为等）必须用整体、连续的而不是单一的数据关系才能加以解释和预测的行为。1963年，美国气象学家爱德华·诺顿·洛伦茨提出混沌理论，非线性系统具有的多样性和多尺度性，其最大的贡献是用简单的模型获得明确的非周期结果。该理论认为在混沌系统中，初始条件十分微小的变化，经过不断放大，对其未来状态会造成巨大的差别。

混沌理论有3个原则：一是能量永远会遵循阻力最小的途径；二是始终存在着通常不可见的根本结构，这个结构决定阻力最小的途径；三是这种始终存在而通常不可见的根本结构，不仅可以被发现，而且可以被改变。我们以混沌理论的"蝴蝶效应"来分析世界，其前提条件是类似的，即完全自由流动空气（资金）、确定的动力源（美元汇率波动）和全球多类不确定性事件。在此基础上，进一步分析可能出现的不可预期的系统性影响。

真实世界是非线性的系统，混沌理论解释的是非周期性结果，常常不具有线性的周期性，但如果时间足够长，非线性也会有周期性的结果。比如，大西洋的飓风和太平洋的台风是有季节性的；比如，经济的各种周期理论，尤其是长周期理论；比如，金融危机在全球的不断出现等。

因此，"黑天鹅"的出现、"灰犀牛"的存在，两者是非线性系统的一种混沌表现是无疑的。每一个"黑天鹅"背后都有相应场景里的"灰犀牛"长期存在，比如温室效应与一场气候灾难，比如工业化发展与城市雾霾，比如人口限制政策与人口断裂，比如一场金融创新与金融危机，比如一场突如其来的地震，等等。这个场景其实就是现实存在的每个系统，每个系统的存在和运转是非线性的，但并非完全没有规律和迹象可循。更为重要的是，在这个场景中，未来的"黑天鹅"与当下的"灰犀牛"与过去的正常发展是同一个系统，而在这个系统中如何出现从过去、现在到未来的从正常发展到"灰犀牛"再到"黑天鹅"，则是混沌理论可以着力的地方。

如何着力？重在系统化、整体化和历史思维，在于监测体系的建设与长期的跟踪观测与分析，更在于应对机制与应对能力的建设。而如果停留在"头疼医头，脚痛医脚"的思维阶段，会有如下三种可能的后果。第一种，"黑天鹅"防不住，一是提前找不到蛛丝马迹；二是爆发后没有应对能力。第二种，"灰犀牛"拧不清，一是找不准"灰犀牛"（甚至有指驴为马的可能）；二是不能正确认识"灰犀牛"存在的根源；三是难以痛下决心解决真正存在的问题，大家都在等待靴子落地。第三种，发展与改革停滞，既然解决不了问题，就忙当前看得着也摸得着的事，大家都很忙，而发展的正确方向偏离了，改革的步伐停顿了。

事实上，如地震预警系统一样，我们对真实世界实时监测体系的建立，也是从各种力量的积累与变化来判断未来可能的变化，说是预测也可，说是掌握实时情况也可。在这里，所有的监测系统并不是为了防范危机而建立的，也不是为了预测危机而建立的，更多的是为了实时把握真实系统的状况，并通过压力测试等方式做出预防性防范或者调整。我们的全球系统性风险指数体系就是基于如上思维做出的一种尝试，是对真实世界的实时监测，是对风险与机遇的共同监测。

二、以全球价格体系把握全球系统性风险

（一）以全球价格体系把握灰箱

随着全球金融危机的爆发，大家对全球系统性风险的概念不再陌生，全球系统性风险的重要性也日益体现出来，各大组织、职能部门对全球系统性风险的重视也日益提升，如IMF（国际货币基金组织）、BIS（国际清算银行）和FSB（金融稳定理事会）等国际组织，欧盟等区域性组织，各国央行等职能部门，也在关注全球系统性风险。人们对于全球系统性风险的讨论也日益增加，对于全球系统性风险的监控和管理也在逐步展开。事实上，随着全球化、金融化、泡沫化的发展，系统性风险日益具有全球化的特征。

但是，对于系统性风险的理解，大家多局限于金融系统的风险，多认为是全球金融体系的系统性风险。事实上，随着全球金融化进程的推进，金融的触角日益深入人类社会生活的方方面面，从各种层次的金融市场，到金融机构、金融监管，再到金融行为，无不如此。相应地，全球系统性风险常常也会"传染"到全球金融体系中去，如战争、政变、恐怖袭击、全球传染性疾病、地震、海啸等全球系统性风险，除了自身可能带来的死亡、难民、政局动荡等之外，也常常会导致股票市场、债券市场、外汇市场、货币市场和商品市场的波动，严重的还会影响到金融机构、人们的金融行为，甚至会导致金融监管模式的改变。

当然，全球金融体系本身也是全球系统性风险的创造者，如货币汇率的巨大波动，金融泡沫的破裂、股市的暴跌，有外部系统性风险的原因，有经济风险释放的原因，也有金融系统中金融机构操作的问题、金融市场漏洞被利用的问题。

因此，当我们谈论全球系统性风险时，尽管它常常体现为全球金融体系的系统性风险，但并不仅仅指的是全球金融体系的系统性风险。同时，当我们谈全球金融体系的系统性风险时，也常常并不仅指金融机构自身产生的风险以及金融体系变革产生的风险，或两者导致金融市场变动的风险，还常常指外部冲击导致的系统性风险。

此外，讲系统性风险通常含有质的含义，通常讲的系统性风险是指风险的量积

累到一定程度后出现的巨大风险，常常有猝然发生、难以应对的特点。但是，风险是始终存在的，与机遇一样一直存在。系统性风险也是一种风险，也不是随时爆发的，那么，它是随时存在的吗？它可以通过测量来把握吗？它可以随时测量吗？

事实上，系统性风险的测量，不是测量其爆发时这一个极端情况，而测量的是风险与机遇的现实情况，在这个连续的现实情况中才能发现突变的极端情况。因此，系统性风险的测量首先是对全球经济金融体系，甚至是对更广泛含义的全球生态体系的了解和把握，其次是将风险与机遇这个似二实一的两类指标统一为一种指数度量，即“0—100”的指数，往0走就是风险越来越高，往100走就是机遇越来越高。最后系统性风险指数是一个体系，最高级别的就是全球系统性风险指数体系，下面的细分可以有区域系统性风险、国别系统性风险、行业系统性风险和重要金融机构的系统性风险等。明乎此，我们才能进一步构建全球系统性风险指数体系，以全球金融体系为基础来构建全球系统性风险指数体系。

随着以市场化和金融化为重要推动力的全球化不断深入，全球经济金融日益具有开放性，逐渐融合成一个关系日益紧密的全球系统，全球贸易和金融市场也逐渐成为全球化的重要表现。全球经济金融系统和相关的系统非常复杂，即便不是一个“黑箱”，也是一个半黑半白的“灰箱”，但绝对不是一个“白箱”。在这个“灰箱”之中，有若隐若现的各种金融市场、金融机构和金融监管，但通过国际组织、主要国家和学者的研究情况来看，目前对全球系统性风险的把握并不理想。

以全球汇率体系、全球物价体系和全球金融市场的股票价格体系和债券价格体系，日益成为全球经济金融系统的标志，代表着全球经济金融系统的状况，而全球购买力平价作为一种全球经济系统的参考价格体系，也日益被国际组织应用到诸多方面。笔者在《蝶变：从金融风暴走向全球共治》①一书中，将美元兑某经济体的汇率与该经济体的购买力平价的比值，称之为经济潜力空间比值，并对186个国家进行了经验分析，并与曹远征首席多次探讨其合理性。同时，对于物价和经济状况而言，都是以月或季为间隔的数据，笔者团队通过对月度数据的分析，获得了2年期国债收益率与经济物价良好的相关性，遂以2年期国债收益率作为经济物价的代表。于是，笔者团队在编制国家系统性风险指数时，以全球价格体系为基础，取了5个共同的维度，试图按全球一价率②来获得全球系统性风险指数。这5个维度是：经济潜力、经济物价（2年期国债收

① 方明：《蝶变：从金融风暴走向全球共治》，中国财政经济出版社2009年版。

② 全球一价率是指全球资产和负债通过国别、行业风险统一标准调整后，具有可比较性。

益率历史利差）、国债利差（10—2年期期限利差）、股票指数和汇率。

（二）从全球经济金融系统内部出发把握系统性风险面临的困境

全球经济金融系统内部当然应尽可能地把握各种各样的指标与它们之间的关系，因为这些都非常有价值，但这也可能会导致两个结果：一是只见树林不见森林，只见细节不见整体；二是可能不会将精力放到寻找系统内部冲突和化解系统内部冲突这一核心问题上来。

事实上，全球化过程中一些发达国家的过度金融化，形成过度的金融权力，依赖美元核心的国际货币体系，利用全球化的经济金融系统，操纵其他金融化不足的金融市场，导致各种危机，俗称“剪羊毛”。对此，金融大亨索罗斯称，是因为这些国家存在着漏洞。漏洞当然存在，但拥有过度金融实力的机构和个体操纵或利用市场的这种漏洞，尽管在表面上有市场经济的自由交易原则作借口，但其本质显然不是善意之举。其实大谬不然，原因很简单：一是市场经济和人类的道德原则是不冲突的，亚当·斯密在《国富论》后，也完成了《道德情操论》一书；二是操纵市场本身就是一种犯罪，只是因为某些经济体缺乏相应的法律规范、国际社会缺乏相应的全球治理规则而已。

不仅如此，在一个经济体内部，尤其是新兴市场经济体和快速发展的发展中国家，金融化飞速发展，金融深化获得了一定成绩，金融深化的规则体系却没有建立起来，相应的监管体系存在着缺失或漏洞，金融权力为少数财富提前积累者所操控，便会出现各种市场操纵和市场合谋行为，甚至有监管者本身会成为市场合谋的一方。

三、全球系统性风险指数体系研究的意义

全球系统性风险指数体系包括全球系统性风险指数、区域系统性风险指数、国家系统性风险指数和行业系统性风险指数。其中，全球系统性风险指数包括了以美国金融市场与商品市场为基础的指数和美、日、中、英、法、德六国系统性风险指数为基础的指数；区域系统性风险指数以区域内的国家系统性风险指数为基础，本报告中完成了“一带一路”倡议区域及其7个子区域的系统性风险指数；行业系统性风险指数为行业的市场指标和财务指标为基础，本报告中完成了金融行业的系统性风险指数。

（一）理论意义

从理论研究上来讲，全球系统性风险指数的研究工作具有一定的开创性，体现

在如下几个方面。

第一，恰当地界定全球系统性风险的内涵与外延。不仅从全球金融体系出发来看全球系统性风险至为关键，尽管谈全球系统性风险通常是指全球金融系统性风险。全球系统性风险指数是由全球层面、区域层面、国家层面和行业层面构成的。行业层面通常是金融行业，但远不仅仅是金融行业。

第二，指出了全球系统性风险指数体系的构成与测量方法。此外，风险指数实际上可以称之为风险—机遇指数，是“0—100”的指数，指数趋向0时指风险上升，指数趋向100时指机遇上升，从而将日常的风险与机遇的度量与系统性风险的度量统一起来，让这种测量恢复到全球金融体系和全球生态体系当中去。

第三，全球风险指数体系的模糊实时性，方便实时监测。以全球化和金融化为前提，以金融市场为全球系统性风险的体现指标，将原来滞后1年左右的监测指标改变为实时监测，大大提高了全球系统性风险监测的效率，也提供了足够采取措施的时间。

第四，全球风险指数体系的历史性和动态压力测试。相关指数编制后的历史回溯可以考察与检验相应指数的趋势性，拟合度越好，对未来的预测可能性就越高，历史上的重大事件的压力检测效果，实际上也可以成为动态压力测试的模仿对象。

第五，以全球一价率进行全球投资的评估与定价。在传统的汇率考量基础上，加入风险维度，可以改变全球会计准则。相关的风险评估维度可以从全球系统性风险、国别风险、行业风险和企业风险的体系中贯彻全球一价率进行资产与负债、投资收益的评估。

第六，在此基础上，可以进一步构建世界金融模型。

（二）实践意义

全球系统性风险指数体系的研究，具有以下4个方面的实践意义。

第一，对于全球系统性风险监管而言，不管是对各国际组织，还是对各国宏观角度的审慎监管，都可提供一个可以不断优化发展的、实时的指数基础，在一定程度上可以解决目前全球系统性风险监管乏力、缺乏前瞻性和预测性的难题。

第二，对于日益全球化的中国而言，既可以提升中国在全球系统性风险监控上的话语权，促进国际金融秩序的改革，也可以实时监测全球系统性风险和国内系统性风险，尤其是金融改革中的系统性风险，控制风险的爆发与传染。

第三，可以将全球系统性风险指数体系演变为全球定价标准，推动全球定价标准的变革，从而使中国在全球评级和风险评价中拥有全球一致标准的话语权。

第四，可以将全球系统性风险指数体系演变为全球风险规避工具或者保险工具，可以在指数交易中规避全球系统性风险。

四、全球系统性风险指数体系的不断完善与应用

对于全球系统性风险自身的界定、测量、监控和管理，尚无有效的、系统性的讨论。北京睿信科信息科技有限公司在2014年就已经开始了全球系统性风险指数的研究，2015年西南财经大学全球金融战略实验室与北京睿信科信息科技有限公司合作，进一步展开了对全球系统性风险的定义、测量、监控和管理的研究工作，本期成果就是几年来研究工作的结晶。

（一）全球系统性风险指数体系的局限

尽管全球系统性风险指数体系在理论上和实践上都有所创新，在一些问题的认识上有所突破，但不管是从全球系统性风险指数体系的编制，还是全球系统性风险指数体系本身来看，都存在着各自的局限之处。

从全球系统性风险指数体系的编制来看，存在着如下五个局限：一是注重了全球系统性风险指数评测体系的统一，但对于各个国家的差异重视得不够；二是按照全球系统性风险指数体系全球统一、日常波动的数据要求，全球系统性风险指数体系的指标选择相对受限；三是从全球化和金融化（主要是市场化）出发，将全球系统性风险指数体系主要确定为金融市场指标，对于一些金融化深度不够，金融市场不太发达国家的数据评估而言的确可能存在着不准确的情况，所以在国别系统性风险指数中加入了经济潜力风险指标和经济物价风险指标；四是受指标选择受限和大批量数据处理的压力，指数编制中一些合理化的方法暂时未能应用，有待今后的进一步完善；五是在统一时间轴的要求下，受不同指标数据开始时间不一致的影响，采用了“模糊精确”的指导思想，在指数编制过程中采用了分段拟合的方法。

从全球系统性风险指数体系本身来看，也存在着5个方面的不足：一是全球系统性风险指数本身是双指数运行，或者是双指数分两段运行；二是区域系统性风险指数和行业系统性风险指数有待开发，目前只完成了“一带一路”倡议区域系统性风险指数评估，未来还有待于进一步开拓；三是实时的变化不能充分体现在本报告之中，需要系统加以实时地维护和展现；四是目前的全球系统性风险指数体系偏重预警，未来还可考虑将其他一些指标加以动态化，复合加到目前的动态系统性风险指数体系当中，加强系统性风险预警的有效性和准确性；五是国别系统性风险指数的横向比较存在着一定的局限性，依赖于各国的全球化水平，因此当前只有参考价值。

（二）全球系统性风险指数体系的应用

全球系统性风险指数并不是一个指数，而是可以被看成一个指数体系，最高层次是全球系统性风险指数，下面可以是区域、国家、省市维度的指数，它也可以是金融机构维度的指数，也可以是金融市场维度的指数，还可以是行业维度的指数。

如果这个认识是恰当的，那么，全球系统性风险指数体系与国别系统性风险指数体系、行业风险指数体系和机构风险指数体系、市场风险指数体系就构成了一个全球的监测网络。这个监测网络可以为国际组织、国家政府、企业和金融机构、全球资产配置的个人所用。由于指数本身是风险与机遇的度量，是从自己角度出发对全球系统性风险与机遇的把握，行为的选择作出独立的决策。

除了规避风险把握机遇之外，对于国际组织、国家政府和国际机构而言，更为重要的是如何改善治理和管理水平。对于国际组织是改善全球治理水平，促进全球共治水平的不断提升；对于国家政府而言，是如何改善国家治理水平，注重全球系统性风险可能给自身带来的负面影响，不断提高自身国家掌控系统性风险的能力，把握国家面临的全球系统性机遇和国家发展的系统性机遇；对于国际机构与跨国公司而言，是如何提升自己的管理水平，使自己在全球系统性风险前变得更强大。

第二节　新世界新格局下的全球系统性风险指数编制

一、新全球系统性风险指数的假设

所谓的全球系统性风险，其本质都是国家的系统性风险，并且主要是关键国家的系统性风险。从全球金融危机来看，一些发展中国家出现的系统性风险，会波及发达国家和全球市场，但对于全球金融市场的影响会逐渐消退，持续时间并不会太长，产生的负面影响也相对较小；而一些发达国家出现的系统性风险，常常会波及全球所有国家和市场，持续时间会比较长，产生的负面影响也相对较大。

本报告以为，中国目前主要是全球系统性风险的对冲项，但也不能排除自身出现系统性风险的可能。更为重要的是，本报告的指数是测量各个国家的风险与机遇，测量的是不确定性，将中国纳入全球系统性风险指数的监测范围，说明中国在世界格局的变化中有重要的地位和作用。

二、世界格局的变化导致全球系统性风险变化

2008年，美国次贷危机引发了全球金融风暴，导致全球经济发展长期停滞。在这个过程中，中国经济保持了良好的增长势头，人民币也被纳入了SDR（特别提款权，Special Drawing Rigsht）之中。因此，本报告在编制全球系统性风险指数的同时，必须反映这种变化。事实上，中国的崛起给全球带来了极大的发展空间。在全球金融风暴的影响下，中国除了自身稳定的经济发展和金融安全之外，也是平衡发达国家金融对发展中国家冲击的重要的砝码。同时，原有的发达国家自身也成为全球系统性风险的重要来源。

基于此，本报告在全球系统性风险指数的编制中，从1993年起，除美国外，将中国、欧元区的德国与法国以及日本和英国都纳入相应指数当中，各自按GDP权重进行加权平均。为何要从1993年起才加入其他国家的相关指数呢？尽管2008年以前，美国经济和金融体系对世界具有较强的支配性，大家很少会预料到美国会产生影响全球的系统性风险，但实际上，以美元霸权为基础的美国一直是全球系统性风险的重要来源，德国、法国、日本和英国都居于从属地位，中国有时也不得已处于从属地位。回溯到1993年，可以比较两个指数从1993年以来的变化。

为何没有将一些其他发展中大国纳入全球系统性风险指数呢？原因很简单，尽管这些大国对全球系统性风险有重要的影响，但仅当其会影响到全球系统性重要国家及其处置和解决问题的机制与方式时，才会真正导致全球系统性风险。

当然，G20（二十国集团）已经是一种不错的方式，后期本报告的指数将会逐步纳入对G20系统性风险的监测。事实上，我们针对186个国家或经济体系统性风险的监测指数，可以随时监测186个国家或经济体的系统性风险，查找和警报国家系统性风险源，进而关注它们可能会对全球造成的影响。

三、新全球系统性风险指数的子指数及其算法

新的全球系统性风险指数，除属于全球的大宗商品指数外，还有股指、汇率、国债和货币市场，同时还加入了经济潜力空间比值，从而复合成为一个由6个子指数构成的整体的全球系统性风险指数。①

---

① 经仔细分析数据指标和编制后的CDS（信用违约互换，Credit Default Swap）风险指数，我们放弃了CDS子风险指数。

在新的全球系统性风险指数的5个子风险指数中，德国、法国、中国、日本和英国的股指、汇率的算法，以及大宗商品风险指数的算法，与原来的全球系统性风险指数一致，更新了原来货币市场和国债风险指数的算法。

在按原来的方法计算各国的指数后，再按2015年各国GDP占六国GDP之后的比重，再加权获得该市场的子风险指数。其他子指数也类似。其中，2015年美国、中国、日本、德国、法国和英国的GDP权重分别为43.0%、26.3%、9.9%、8.1%、5.8%和6.8%。

考虑到国债收益率10年期和2年期收益率及两者利差的周期性特点，考察了六国利差的最大值与最小值之间的距离的一半，美国为2.8295%，日本为1.621%，德国与法国为2.005%，中国为1.255%，英国为2.281%，六国利差的均衡位置大致为1.9981%，可取2%，即下面公司中的A值。利用此公式（A-每个波动率的绝对值）/A × 100获得每个国家的国债风险指数，再按各国GDP权重加权得国债子风险指数。

货币市场子风险指数仍然是利用各国3个月拆借利率（发达国家为LIBoR[①]，中国为3个月拆借利率）减去3个月国债掉期的利差，以利差为核心来进行风险指数的衡量。各国货币市场子风险指数由信用风险和周期性风险两个指数各占50%构成。其中，信用风险指数以各国最大值的平均值为A值（为2.97%，取整数3%），代入公式（A-各国各时期相应利差值）/A × 100。周期性风险指数将A=3代入如下公式取得：[A-ABS（A-各国各时期相应利差值）] /A × 100。

各国经济潜力空间比值的百分取值为3倍。获得各国经济潜力风险指数后，再按各国GDP权重获得经济潜力空间比值风险指数。

四、全球系统性风险指数的算法

将已求得的各子风险指数简单平均或几何平均即得全球系统性风险指数（其中，货币市场风险指数是从2002年3月15日放入的）。同时，经过比较，几何平均指数较简单平均指数更能体现全球系统性风险趋势。故我们用6个主要国家六大子风险指数的几何平均值来测度全球系统性风险指数。

---

① LIBoR，伦敦同业拆借率，全称London InterBank Offered Rate，是大型国际银行愿意向其他大型国际银行借贷时所要求的利率。

第三节 国家与区域系统性风险指数编制

从本质上讲，全球系统性风险指数也是以国家系统性风险指数为基础的。国家系统性风险即一个国家存在的系统性风险，主要是指其经济金融风险。由于国家政治社会生活的各个层面，以及对内对外面临的处境、应对措施，都会或多或少地体现在经济金融活动当中，因此，国家系统性风险也不仅仅是经济金融风险。正如美国、欧洲和中国既有的风险评级公司的出发点依赖于其所在的国家或经济体，各有各的合理性，体现了各自的优点，但由于不是全球统一的标准，也各有各的缺点。比如，如果以金融市场指标来看，发达国家占优势；如果以外汇储备等指标来看，中国这样的国家占优势。本报告尝试寻找一个可以评估全球所有国家的统一标准，因此我们在金融市场指标外，引入了经济潜力空间比值指标。一般而言，发展中国家经济潜力比值较高，而发达国家经济潜力比值则比较低，这也就解释了为什么发展中国家的经济增速比发达国家高，直接投资也会进入发展中国家。在这样的框架体系下，将全球以同一标准去度量风险与机遇，也就具有了合理性。

一、国家系统性风险指数的指标选择与数据说明

对于一个国家系统性风险的把握，通常的做法就是要构建这个国家的整个系统，先把握住这个国家的整体情况，然后才能对这个国家面临的系统性风险作出评判。然而，对一个国家系统性风险的把握，核心在于其变化性和可预测性。前面已经在系统性风险里讲过风险与机遇的内在统一性，这里强调数据的可获得性与全球逻辑的一致性。

通常可见的情况是，本报告所涉的186个国家或经济体都有的数据，并且时间基本相同的数据，有时并不多。从时间间隔较长的历史数据来看，这类数据要多一些，但随时波动的数据并不多。

好在金融市场及其相关指标常常是国家系统性风险最敏感的代表者，即循着异常的市场风险指标，也常常能回溯到系统性风险的根源。

因此，考虑到相关要求，我们采取了相对简单的处理方式，即采取了主要金融市场指标及其相关指标，有的国家或经济体有些指标没有，我们直接作空缺（0）处理，取其有的指标占相应权重处理。有的国家或经济体有的指标没有达到同一的时间起点，取其自己的时间起点。通过这种既简单又精确同时也是模糊的方式，我们构建了186个国

家或经济体的系统性风险指数。其包括相应的指标为股指、汇率、经济潜力空间比值、国债和CDS等5个指标，各占20%的权重。而后在进行具体运算中，发现CDS指标对于发达国家过于友好，并且是少数西方金融机构参与的金融交易，有被误导性，因此，将国家系统性风险指数的五维度改为四维度，去除了CDS指标，将权重修订为各25%。

二、国家系统性风险指数五大分指数的具体算法

（一）股指风险指数的算法

首先，计算日、周、月、季、半年和年波动率，以工作日计算，周、月、季、半年和年的天数分别为6日、23日、64日、128日和256日。为更好地看资产的价格泡沫化或紧缩情况，还可以考虑两年和三级的波动性率。目前暂没有进行进一步扩展。

其次，计算出各种波动率的最大值和最小值，以两者的绝对值的最大值（将定为A）作为基准将有关波动率百分化。不过，由于达到绝对值最大的时候不多，我们常常采用替代值来替代最大值。通常而言，股指日、周、月、季、半年和年的A值分别是5%、10%、20%、30%、40%和45%。价值评判的基本逻辑是下跌不好，过多上涨意味着即将下跌或跌后反弹，也不一定好，适度上涨好。基本算法是（A–每个波动率的绝对值）/A×100。由此得到每类波动率的风险指数，如日波动率风险指数、周波动率风险指数、月波动率风险指数、季波动率风险指数、半年波动率风险指数和年波动率风险指数。

最后，设日波动率风险指数和周波动率风险指数的权重分别为10%，月波动率风险指数和季波动率风险指数的权重为15%，半年波动率风险指数和年波动率风险指数分别为25%，加权得出综合风险指数。

（二）汇率的风险指数算法

汇率的风险指数算法基本上同道指风险指数算法。其中，代表日、周、月、季、半年和年的A值分别是2%、4%、8%、11%、13%和20%。

（三）国债指数的风险指数算法

考虑到国债收益率10年期和2年期收益率及两者利差的周期性特点，考察了六国利差的最大值与最小值之间的距离的一半，美国为2.8295%，日本为1.621%，德国与法国为2.005%，中国为1.255%，英国为2.281%，六国利差的均衡位置大致为1.9981%，可取2%，即下面公司中的A值。利用此公式（A–每个波动率的绝对值）/

A×100获得每个国家的国债风险指数，再按各国GDP权重加权得到国债子风险指数。

（四）经济潜力空间比值的风险指数算法

本报告将各国经济潜力空间比值的百分取值为3倍，获得各国经济潜力风险指数后，再按各国GDP权重获得经济潜力空间比值风险指数。

（五）经济物价风险指数算法

首先，以2年期国债收益率为基础，首先计算日、周、月、季、半年和年波动率，以工作日计算，周、月、季、半年和年的天数分别为6日、23日、64日、128日和256日。

其次，计算出各种波动率的最大值和最小值，以两者的绝对值的最大值（将定为A）作为基准将有关波动率百分化。不过，由于达到绝对值最大的时候不多，本报告常常采用替代值来替代最大值。通常而言，2年期国债收益率波动率的日、周、月、季、半年和年的A值分别是5%、10%、20%、30%、40%和45%。基本逻辑是下跌不好，过多上涨意味着即将下跌或跌后反弹，也不一定好，适度上涨好。基本算法是（A–每个波动率的绝对值）/A×100。由此得到每类波动率的风险指数，如日波动率风险指数、周波动率风险指数、月波动率风险指数、季波动率风险指数、半年波动率风险指数和年波动率风险指数。

最后，设日波动率风险指数和周波动率风险指数的权重分别为10%，月波动率风险指数和季波动率风险指数的权重为15%，半年波动率风险指数和年波动率风险指数分别为25%，加权得出综合风险指数。

三、国家系统性风险指数算法

在实际运算中，所有国家或经济体都有汇率和经济潜力空间比值，也具有相应的汇率风险指数和经济潜力风险指数。但是，不是所有的国家或经济体都有国债指标、股指指标，相应地，国债风险指数和股指风险指数也仅是部分国家才有。经过仔细研究发现，对于没有相关指标的国家，其金融市场和经济的发达程度也相对较低，我们采取“取0”处理，具有相应的合理性。

同时，自1981年1月1日以来的交易日中，不是所有的指标和风险子指数都是从1981年1月1日就开始有数据的，因此对于缺乏数值阶段的风险子指数，我们将其假设为0。

此外，由于用的美国统一的交易日作为所有国家的时间轴，有部分国家可能面临着交易日不一致的情况，在取时间对齐后，仍然可能会出现脱漏值。针对这种情况，我们通常采用前一交易日值代替没有的值。

最终，以股指、汇率、经济潜力空间比值、国债和经济物价5个子风险指数为基础，各占20%的权重计算国别系统性风险指数。因为等权重，其实也是简单的算术平均算法。

四、区域系统性风险指数算法

区域系统性风险指数的编制不是以区域的指标放入国家系列中进行百分化，而是以区域内各国或经济体的系统性风险指数，根据各自所占的GDP权重加权而得到的。

这样处理有两个方面原因：一是大多数区域几乎不存在如国家一些的市场价格指标，或者很难计算出这些指标；二是即便通过一些方法计算出这些指标，这些指标的百分化也存在着标准难以统一的问题。

事实上，一些区域内部还存在着一些子区域，那么，在区域系统性风险指数的编制中，是直接以各国GDP权重加权各国系统性风险指数得到区域系统性风险指数呢？还是以各子区域内GDP权重加权子区域内各国系统性风险指数得到子区域系统性风险指数，然后再根据子区域在区域内GDP权重加权各子区域系统性风险指数得到区域系统性风险指数呢？事实上，这两种方法获得的区域系统性风险指数是一致的，但第二种方法的好处是对一些大的区域的子区域可以有更好地把握与理解。

第四节　全球行业系统性风险指数的编制

一、行业的分类

在我国2017年修订的《国民经济行业分类》（GB/T4754–2017）中，行业的定义是“从事相同性质的经济活动的所有单位的集合”，即每一个行业类别都按照同一种经济活动的性质划分。行业也有共性和个性，为了便于统计，按照行业共性或相似性，和2020年出版的报告比较，2021年的报告也分为17个门类，按照行业个性或相同性，我们将其分为64个（和2020年比较，新增康养行业和港口行业）小类（子行业），这是我们的通用分法，本章描述相关内容时，就是采用64个小类作为行业的分类方法。需要说明的是，这种分类不是一成不变的，对小类行业，我们在实践中，为了研究方便或根据客户的具体需求，归类某类企业有相似或相同业务，重新集合成一个新的行业，为客户提供个性化定制需求。

17个门类的大类行业分类如下。

第一类，金融业，包括银行业、投资银行业、投资管理业、保险业、房地产投资信托业和金融支持服务业6个子行业。

第二类，科技业，包括代工业、网络硬件与IT服务业、电脑及电子消费业、移动电话业、半导体业和软件业6个子行业。

第三类，能源业，包括油气提炼及销售业、油气生产业、油气勘探生产与支持业、综合石油与煤业、油气服务与设备业、新能源设备业和生物燃料业7个子行业。

第四类，汽车业，包括汽车制造业、汽车配件业2个子行业。

第五类，资源性行业，包括容器与包装业、林业与纸业、建筑材料业、钢铁原料供应业、钢铁业、基本金属业、贵金属业和有色金属业8个子行业。

第六类，化工业，包括特种化学品业、农用化学品业和基本及多种化学制品业3个子行业。

第七类，必需消费品业，包括农产品与农用产品业、食品包装业、烟草业和饮料业、必需消费品批发与零售业5个子行业。

第八类，电力及天然气公共事业，包括天然气和公共事业网络业、电力公用事业2个子行业。

第九类，非必需消费品业，包括成衣设计业、奢侈品业、房屋建筑业、服饰销售业、消费品百货与卖场业、旅游博彩业、航空业和餐饮业8个子行业。

第十类，通信业，包括互联网有线和卫星业、出版与广播业、广告娱乐业和电信业4个子行业。

第十一类，医疗与保健业，包括生物科技和制药业、医疗设备、器械业和医疗设施与服务业和康养业4个子行业。

第十二类，交通物流行业，包括交通运输设施业、海运业和物流服务业和港口业4个子行业。

第十三类，国防航空航天业。

第十四类，建筑业。

第十五类，机械业。

第十六类，工业服务业。

第十七类，电器设备业。

需要特别重复申明的是，我们分的这17个门类，主要是便于统计使用，每个门类的行业，企业的主营业务有某些相关性而已。64个行业，就是根据不同企业主营业务的相同点或相似点的企业归类至一个具体行业中。本章提到的行业概念，就是指64个行业之一，是指按小类分的行业。

二、行业系统性风险指数的说明

（一）标杆企业的选择

企业是组成行业的主要部分，64个行业中，我们针对每个行业，优选30—50家上市公司，也就是行业的标杆企业。关键企业，主要是考虑企业的主营业务，企业的市值、影响力和企业发布公开数据的即时性等因素。当然，关键企业的存在，在全球行业系统性风险指数系统也是动态变化的，也就是说，某一时段可能淘汰某企业，某一时段可能纳入某企业。有的企业由于开展业务较多，且多个业务都是主营业务，这时，该企业也可能归入多个行业中，即标杆企业在64个行业中，可能出现多次。64个行业的标杆企业，请参考全球风险管理平台网站（www.sunrisk.cn）中的“行业风险”菜单。

（二）企业系统性风险指数基本算法

采用企业的金融市场价格指标，作为构建企业系统性风险指数体系的基础，用以监测与预警企业系统性风险。通常情况下，指标统一采用起始时间为1993年1月1日，指数统一时间为1994年1月1日。

企业系统性风险指数算法通常有三步。

第一步，计算企业风险子指数，包括股价风险指数、PE（市盈率）风险指数算法、PB（市净率）风险指数、市值风险指数、资本金风险指数、资本金充足率风险指数、ROA（资产收益率）风险指数、每股现金及有价证券价值风险指数8个企业子指数。[①]这8个企业子指数的算法一样，每种子指数具体计算方法如下：计算日、周、月、季、半年和年波动率，以工作日计算，周、月、季、半年和年的时间分别为6日、23日、64日、128日和256日。为更好地看资产的价格泡沫化或紧缩情况，还可

① 资本充足率是巴塞尔协议对银行监管的重要指标，通常是指资本占风险资产的权重。为了统一指标和维度，对非银行机构或企业的资本充足率指标，我们用了简单算法，即权益占资产的比重。

以考虑两年和三级的波动性率。目前暂没有进一步扩展。

第二步，计算出各种波动率的最大值和最小值，以两者的绝对值的最大值（将定为A）作为基准将有关波动率百分化。不过，由于达到绝对值最大的时候不多，本报告采用替代值来替代最大值。通常而言，股指日、周、月、季、半年和年的A值分别是5%、10%、20%、30%、40%和45%。基本逻辑是下跌不好，过多上涨意味着即将下跌或跌后反弹，也不一定好，适度上涨好。基本算法是（A−每个波动率的绝对值）/A×100。由此得到每类波动率的风险指数，如日波动率风险指数、周波动率风险指数、月波动率风险指数、季波动率风险指数、半年波动率风险指数和年波动率风险指数。

第三步，在得到企业子指数的基础上，计算企业系统性风险指数，企业系统性风险指数是由8个企业子指数按照一定比例复合而成，具体比例是：股价风险指数权重占20%、PE风险指数权重占20%、PB风险指数权重占15%、市值风险指数权重占15%、资本金风险指数权重占5%、资本金充足率风险指数权重占5%、ROA风险指数权重占10%、每股现金及有价证券指数权重占10%。

三、行业总指数的计算说明

（一）行业系统性总风险指数算法

根据全球各种企业的业务特征，采用重新划分的64个行业，依据行业的数据作为计算全球行业系统性风险指数的基础，形成全球行业系统性风险指数。全球行业系统性风险指数，就是用这64个行业中的每个行业风险指数与相应行业市值为权重加权而成。

行业系统性风险指数，是由企业的风险指数按照企业市值权重复合而成，每个行业的采样企业个数不同。64个行业，也就是有64类行业系统性风险指数。

企业风险指数，是企业的8个企业子指数按照一定比例复合而成，具体比例同前文所述。

行业的股价风险指数、PE风险指数、PB风险指数、市值风险指数和资本金风险指数等子指数，均由企业的股价风险指数、PE风险指数、PB风险指数、市值风险指数和资本金风险指数等按照企业市值权重分别复合而成。

（二）市值权重

市值权重，是企业风险指数和行业风险指数生成时，相应指数（企业指数、行业指数)占有比例。本报告把某企业某一天的市值除以该行业所有企业某一天的市值和，得到的数值，便是计算该企业风险指数和该行业风险指数的市值权重。对于企业某日期没有数值时，该企业不纳入计算范畴。本报告列举64个行业的每一个行业的一天（2021年8月31日）占总行业的市值比重，该权重值即计算全球行业系统性风险指数（2021年8月31日）的权重数值。读者可以大概了解计算全球行业系统性风险指数时，64个行业中每个行业在总行业的大概比重值（参见下表）。

2021年8月31日各行业市值权重排名表

排名	行业名称	权重值（%）	排名	行业名称	权重值（%）
1	互联网、有线和卫星业	7.61	33	油气提炼及销售业	0.69
2	软件业	7.44	34	基本及多种化学制品业	0.64
3	半导体业	6.36	35	投资管理业	0.62
4	银行业	6.23	36	建筑材料业	0.60
5	生物科技和制药业	5.59	37	天然气和公共事业网络业	0.55
6	油气生产业	5.50	38	航空业	0.50
7	移动电话业	5.22	39	旅游博彩业	0.50
8	电脑及电子消费业	5.00	40	交通运输设施业	0.49
9	医疗设备与器械业	3.10	41	汽车配件业	0.48
10	饮料业	2.85	42	钢铁业	0.47
11	金融支持服务业	2.73	43	代工业	0.37
12	网络硬件与IT服务业	2.46	44	基本金属业	0.36
13	汽车制造业	2.43	45	海运业	0.35
14	电器设备业	2.29	46	广告娱乐业	0.34
15	工业服务业	2.26	47	农用化学品业	0.33
16	电力公用事业	2.19	48	容器与包装业	0.33
17	必需消费品批发与零售业	2.08	49	贵金属业	0.30
18	奢侈品业	2.06	50	建筑业	0.28
19	医疗设施与服务业	2.04	51	农产品与农用产品业	0.26
20	电信业	1.97	52	油气服务与设备业	0.25
21	保险业	1.77	53	出版与广播业	0.21
22	投资银行业	1.37	54	综合石油与煤业	0.21
23	房地产投资信托业	1.37	55	有色金属业	0.19

续表

排名	行业名称	权重值（%）	排名	行业名称	权重值（%）
24	餐饮业	0.99	56	港口业	0.19
25	新能源设备业	0.94	57	成衣设计业	0.16
26	服饰销售业	0.90	58	林业与纸业	0.16
27	特种化学品业	0.89	59	钢铁原料供应业	0.13
28	物流服务业	0.86	60	消费品百货与卖场业	0.12
29	烟草业	0.85	61	生物燃料业	0.06
30	食品包装业	0.85	62	康养行业	0.04
31	机械业	0.83	63	油气勘探生产与支持业	0.03
32	房屋建筑业	0.73	64	国防航空航天业	0.03

资料来源：北京睿信科全球风险管理平台（www.sunrisk.cn）。

第2章
全球系统性风险的经济根源与趋势

导读

2021年，新型冠状病毒变异并继续在全球传播，但由新型冠状病毒感染引发的恐慌显著下降，由疫情引发的全球经济联系的中断已基本恢复，加之全球宽松的货币政策与财政政策的刺激，全球金融市场出现了让人意外的走势，泡沫化风险日趋严重。在经济复苏的同时，大宗商品价格的上涨、供应链的不时中断和宽松政策的刺激，给全球带来了通货膨胀的压力。2022年，疫情风险预计会继续下降，对经济的影响将更加温和，但随着美联储缩减定量宽松货币政策并可能加息，将导致全球金融市场的价值重估，泡沫破裂的风险大幅上升。

新型冠状病毒感染从一个外生变量变成经济和金融市场的内生变量，并引发了相关的宏观财政政策和货币政策的应对。宏观政策在不确定性的世界里发挥了重要作用，但在疫情逐步消退之际，可能正在酝酿着新的风险，需要宏观政策的实时调整。

事实上，疫情的冲击并不能掩盖全球经济系统性风险的根源。那就是全球有着发达国家和新兴市场经济体与发展中经济体的两个经济形态，发达国家有滞胀的风险，远未能恢复到正常的商业周期，新兴市场与发展中经济体处于正常的商业周期中，但面临着美联储加息和全球资产价值重估带来的风险，背后是国际货币体系中美元为首的霸权影响。正是因存在着国际货币地位，发达国家才能采用定量宽松货币政策，其本质是对新兴市场与发展中经济体的掠夺。

随着美国经济复苏和通货膨胀上升，美联储缩表加息脚步临近，给全球高度泡沫化的股市和房地产市场带来冲击，同时，美联储收紧货币政策，将进一步开启美元上升通道，其他国家货币汇率可能面临着贬值压力；因美元升值和2022年开始的全球经济复苏放缓，全球大宗商品价格可能面临压力；美联储基准利率上升，全球货币市场、债券市场和信贷都面临着价值重估，全球金融市场的动荡不可避免，将给部分新兴市场经济体带来较大压力，严重的可能会出现金融危机。

第一节 全球货币基金组织（IMF）对全球经济、金融和财政状况的分析

一、IMF对全球经济形势的判断：经济将继续复苏

（一）全球经济将继续复苏

新型冠状病毒感染影响还未消失，但全球经济也在持续复苏。疫情造成的“断层”似乎将持续更长时间，这是因为各国短期经济走势的分化将对中期经济表现产生持久影响。这种差距主要是由各国疫苗获取能力和早期政策支持力度不同造成的。新冠病毒变异株德尔塔和奥密克戎的迅速传播，给疫情的持续时间带来了一定的不确定性。各国开展政策选择的难度加大，且涉及多方面的挑战，包括就业增长疲软、通货膨胀上升、粮食安全问题、人力资本积累倒退、气候变化等，而当局的政策余地则较为有限。

IMF曾预计全球经济将在2021年增长5.9%，在2022年增长4.9%（2021年的预测值较2021年7月《世界经济展望》更新的预测值下调0.1个百分点，参见图2-1）。IMF下调2021年全球增长预测值的原因是发达经济体和低收入发展中国家的预测增速放缓。其中，发达经济体预测增速放缓在一定程度上是供给中断造成的；低收入发展中国家预测增速放缓则主要是由疫情恶化所致。一些出口大宗商品的新兴市场和发展中经济体的短期经济前景有所改善，这部分地抵消了上述两组国家前景的恶化（参见图2-2）。IMF预计就业增长将在总体上继续滞后于产出复苏。

（实际GDP，年百分比变化）	2020	预测值 2021	预测值 2022
世界产出	−3.1	5.9	4.9
发达经济体	−4.5	5.2	4.5
美国	−3.4	6.0	5.2
欧元区	−6.3	5.0	4.3
德国	−4.6	3.1	4.6
法国	−8.0	6.3	3.9
意大利	−8.9	5.8	4.2
西班牙	−10.8	5.7	6.4
日本	−4.6	2.4	3.2
英国	−9.8	6.8	5.0
加拿大	−5.3	5.7	4.9
其他发达经济体	−1.9	4.6	3.7
新兴市场和发展中经济体	−2.1	6.4	5.1
亚洲新兴市场和发展中经济体	−0.8	7.2	6.3
中国	2.3	8.0	5.6
印度	−7.3	9.5	8.5
东盟五国	−3.4	2.9	5.8
欧洲新兴市场和发展中经济体	−2.0	6.0	3.6
俄罗斯	−3.0	4.7	2.9
拉丁美洲和加勒比	−7.0	6.3	3.0
巴西	−4.1	5.2	1.5
墨西哥	−8.3	6.2	4.0
中东和中亚	−2.8	4.1	4.1
沙特阿拉伯	−4.1	2.8	4.8
撒哈拉以南非洲	−1.7	3.7	3.8
尼日利亚	−1.8	2.6	2.7
南非	−6.4	5.0	2.2
备忘项			
新兴市场和中等收入经济体	−2.3	6.7	5.1
低收入发展中国家	0.1	3.0	5.3

图 2-1　IMF 对世界经济展望的预测

资料来源：IMF，《世界经济展望》，2021 年 10 月。

具体来看，全球实质GDP增长率受供给中断对私人投资的影响较大（参见

图2–2）。就投资率来看，发达国家自20世纪90年代后呈现下降趋势：1989年达26.36%，2000年下降至24.43%，2009年下降至20.09%的历史最低点后反弹，2019年反弹至22.63%，2020年因疫情影响下降至22.25%，2021年反弹至22.43%，预计在2022年达23.1%后会出现下降。相反，新兴市场与发展中经济体投资率从20世纪90年代以来则一直呈现出上升趋势，2018年已上升至32.89%，2019年略有下降，尽管受疫情的影响，在2020年已经开始持续的反弹（参见图2–3）。

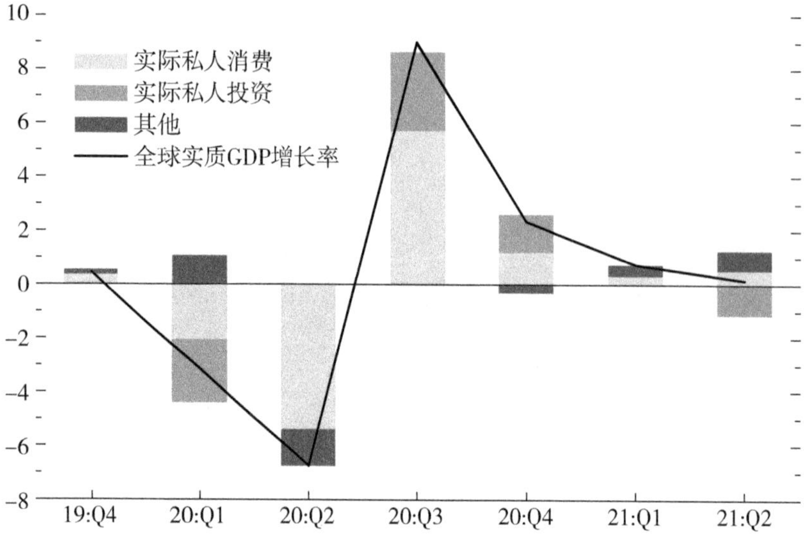

图2–2 全球实质GDP增长率受供给中断对私人投资的影响较大（%）

资料来源：IMF，《世界经济展望》，2021年10月。

图2–3 全球投资率变化趋势（%）

资料来源：IMF。

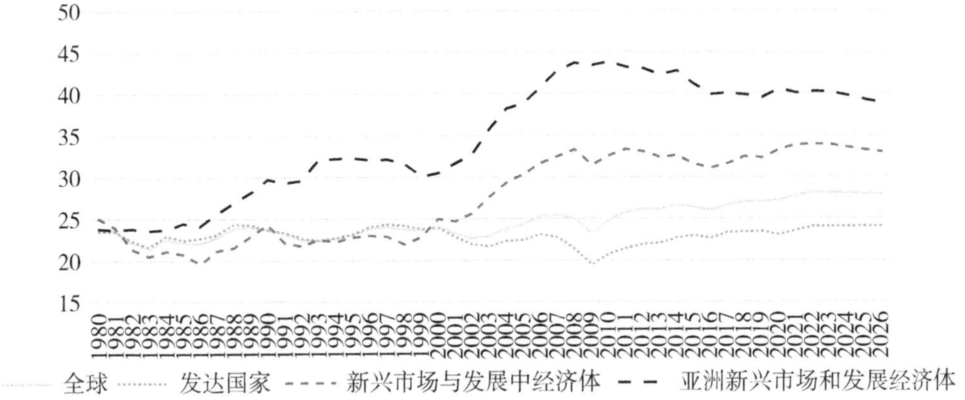

图 2-4　全球储蓄率变化趋势（%）

资料来源：IMF。

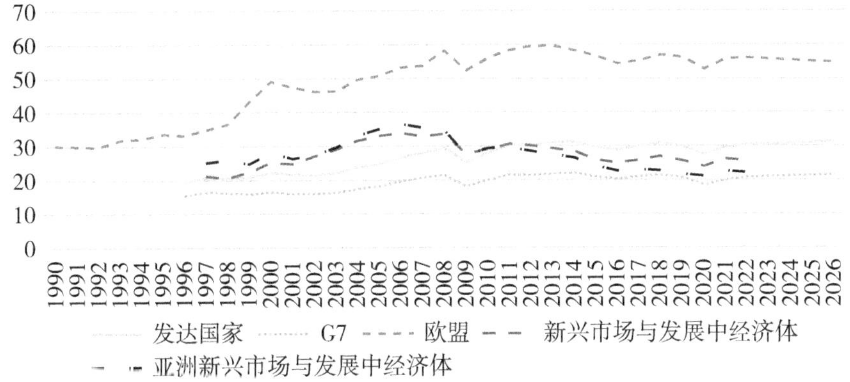

图 2-5　全球不同经济体出口占 GDP 比重变化趋势（%）

资料来源：IMF。

总体而言，IMF认为增长风险偏向下行，即认为经济将继续增长。

（二）通货膨胀风险上升

美国以及一些新兴市场和发展中经济体的总体通货膨胀率迅速上升（参见图2-6）。IMF认为，在大多数情况下，通货膨胀上升反映了与疫情有关的供需错配问题以及大宗商品价格相对一年前低水平的上涨（参见图2-7）。IMF预计大部分价格压力预计将在2022年消退。在一些新兴市场和发展中经济体，价格压力预计将持续下去，因为食品价格居高不下，油价上涨存在滞后效应，以及汇率贬值导致进口品价格上升。然而，通货膨胀前景存在巨大的不确定性。这种不确定性主要来自新型冠状病毒感染的未来走势、供给中断的持续时间，以及通货膨胀预期在该环境下的演化情况。

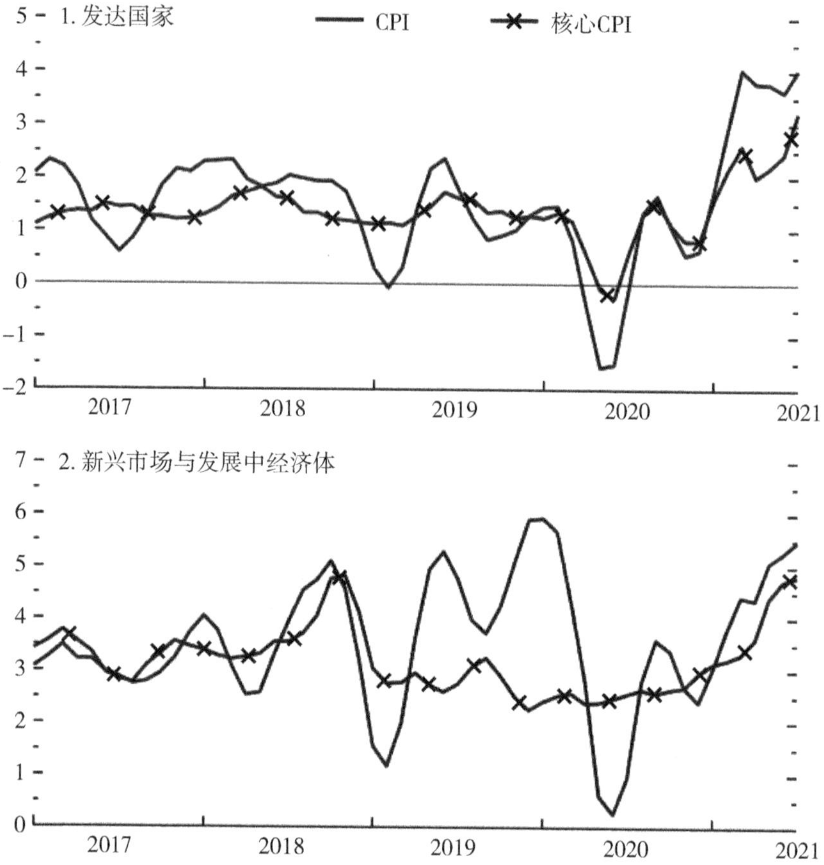

图 2–6　全球通货膨胀趋势（3 个月移动平均，年化增长率，%）

资料来源：IMF,《世界经济展望》，2021 年 10 月。

图 2–7　大宗商品价格（以美国 CPI 进行平减，2014=100）

资料来源：IMF,《世界经济展望》，2021 年 10 月。

IMF认为，通货膨胀风险偏向上行，意味着发达国家将更快地缩减定量宽松货币政策甚至加息。如果疫情导致的供需失衡比预计持续更长时间（包括在供给潜力的破坏比预计更为严重的情况下），那么通货膨胀风险可能变为现实，从而导致价格压力更为持久、通货膨胀预期不断上升，这将使发达经济体比预期更快推动货币政策回归常态。

事实上，大宗商品价格的上涨已经增加了供给端的成本压力，供给端成本压力的上升通常会传导给消费品价格，从而推升了通货膨胀率的上行。供给端的成本压力可以从中美等国的生产者物价指数（PPI）来判断。从美国来看，自2021年以来，每月PPI同比快速上升，从1月的1.8%上升至4月的6.3%，商品从1月的1.2%上升至4月的10.7%，服务从1月的2%上升至4月的3.8%；出口从1月的3.7%上升至4月10.8%，其中商品出口从1月的4.4%上升至4月的13.2%，服务从1月的2.6%上升至7.4%。从中国来看，自2021年以来，每月PPI同比快速上升，从1月的0.3%上升至4月的6.8%。其中，生产资料同比从1月的0.5%上升至4月的9.1%，生活资料同比从1月的下降0.2%转化为上升至4月的0.3%。短期内大宗商品价格大幅下行的可能不大，供给端的成本压力高企，通货膨胀率的持续上行压力较大。从中国来看，2021年CPI（消费者物价指数）同比从1月下降0.3%到4月的上升0.9%；从美国来看，2021年CPI同比从1月下降1.4%到4月的上升4.2%。事实上，全球供给端出现了两种情况，一是成本大幅上升，二是部分产品供给中断或延迟。对于一些不能有效转移价格上涨影响的产品，厂家可能会采取暂停生产或不生产的策略。

（三）疫苗普及与宏观政策压力上升

IMF认为，应通过多边工作加快全球疫苗供给，向受到资金约束的经济体提供流动性和债务减免，并采取措施适应和缓解气候变化——这些措施依然至关重要。提高全球疫苗普及率仍是政策的重中之重。同时，各方还应推进大面积检测，加大对治疗方法的研发投入。此外，还必须确保资金受到约束的国家能够继续开展基本支出，同时履行其他支出义务。IMF最近开展了6500亿美元规模的特别提款权普遍分配，这为有关国家提供了其亟须的国际流动性。此外，各方必须加大力度减少温室气体排放——目前各方的行动和承诺还不足以防止全球过快升温。国际社会还应化解贸易紧张局势，取消2018年至2019年实施的贸易限制措施，加强基于规则的多边贸易体系，以及就全球最低企业税率最终达成一致——全球最低企业税率将避免各国开展“逐底竞争”，帮助各国获得更多资金来进行重大公共投资。在国家层面上，各国应继续根据本地疫情防控情况和经济形势调整政策组合，以期实现最大限度的可持续就业，同时维护政策框架的公信力。

第一，财政政策。各国的政策重点取决于其所处的疫情阶段。医疗卫生支出仍是重点所在。由于新型冠状病毒感染带来的影响持续不退、一些国家财政空间有限，各国应提高救助措施和转移支付的针对性，为受影响最大的群体提供支持；同时，还应通过提供再培训和支持措施，促进劳动力的重新配置。在防疫政策可以有效执行的情况下，各国应将重点转向保障经济复苏和投资长期结构性目标的措施。各国应将有关举措纳入中期框架，同时实施可信的收入和支出措施，以确保债务可持续性。

第二，货币政策。一般情况下，各国央行能够不囿于临时性的通货膨胀压力，避免贸然收紧货币政策，直到底层价格变化变得更加清晰为止。尽管如此，各国央行应也做好准备，在经济复苏快于预期或通货膨胀预期上升的风险迫近时，快速采取行动。如果在就业依然低迷的情况下通货膨胀持续上升，通货膨胀预期发生变化的风险变得更为明确，那么可能需要通过收紧货币政策来遏制价格压力，即使这会导致就业恢复得更慢。如果等到就业形势好转后再收紧货币政策，通货膨胀可能会以自我实现的方式上升，这会损害政策框架的公信力并增加不确定性。随着这种怀疑情绪的不断加重，私人投资将被拖累，这将导致就业复苏步伐放慢，而这恰恰是央行推迟收紧货币政策时力图避免出现的结果。相反，在通货膨胀压力得到控制、通货膨胀预期仍低于央行目标、劳动力市场依然不景气的情况下，货币政策可以继续保持宽松。在当前这种前所未有的环境下，就未来货币政策做出透明、清晰的沟通更加重要。

第三，为疫情后的经济做好准备。IMF必须应对疫情后经济带来的挑战，扭转疫情导致的人力资本积累倒退，促进与绿色技术和数字化有关的新增长，减轻不平等问题，并确保可持续的公共财政。基础投资研究对于促进生产率增长的重要性。

二、IMF对全球金融状况的判断：金融脆弱性上升

（一）呼吁加强全球政策协作和债务豁免

IMF在2021年10月《全球金融稳定报告》中认为，围绕通货膨胀前景的不确定性尤其巨大，这些不确定性主要源于大流行的路径、供应中断的持续时间以及通货膨胀预期在这种环境下可能的演变。尽管通货膨胀预期似乎已得到很好的锚

定，但通货膨胀风险可能促使发达经济体实现比预期更快的货币正常化。许多国家更高的债务水平和巨大的政府融资需求也是脆弱性的根源，特别是在万一全球利率上升速度超过预期的情况下。因此，政策选择变得更加困难，面临着就业增长放缓、通货膨胀上升、粮食不安全、人力资本积累受挫以及回旋余地有限的气候变化等多方面挑战。因此，避免国际贸易和供应链中断、加快全球疫苗获取速度、为受约束的经济体提供流动性和债务减免以及缓解和适应气候变化的多边努力仍然至关重要。

在存在产出缺口、通货膨胀压力得到遏制、通货膨胀预期与央行目标一致的情况下，货币政策应保持宽松。然而，如果复苏的速度快于预期或者如果通货膨胀预期正在上升，央行应该做好迅速行动的准备。因此，就货币政策前景进行透明和明确的沟通至关重要，以避免通货膨胀预期脱锚，防止金融动荡。

确保财政拮据的国家能够在履行其他义务的同时继续进行必要的支出至关重要，故应高度重视最近普遍分配特别提款权在提供急需的国际流动性方面的预期贡献。在国家层面，政策优先事项应继续适应当地流行病和经济状况，旨在克服仍在演变的卫生危机，促进包容性复苏，同时保护政策框架的信誉。随着复苏的推进，决策者需要将重心转向旨在扭转危机伤痕的措施。

财政政策应保持支持性，但需要目标明确、精细调整，并根据具体国家的情况进行调整。在疫苗接种率高、资金成本低的国家，财政政策应该逐步从应对新型冠状病毒感染的紧急措施转向促进向更具弹性和包容性的常态化措施。在疫苗接种率较低、资金约束更为严格的国家，与卫生相关的支出和保护弱势群体仍然是首要任务。随着各国回归危机前GDP趋势，重点应该转向确保财政可持续性，包括建立可信的中期财政框架，这也将促进财政透明度提高和治理实践的健全。鉴于此种情况可能对发展中经济体的预算收入产生长期负面影响，需要进一步努力在中期调动收入，提高支出效率。国际社会已经为减轻低收入国家的财政脆弱性提供了关键支持，但还需要提供更多支持，包括在尽早及时实施G20共同框架等多边举措的背景下通过债务减免等决策。

（二）部分行业和新兴市场的金融脆弱性上升

一些行业的金融脆弱性继续上升，其中包括非银行金融机构、非金融公司和住房市场，部分原因是大量的政策刺激掩盖了这些行业的金融脆弱性。长期极端宽松的金融条件虽然是维持经济复苏的需要，但也可能导致资产估值过度紧张，进一步加剧金融脆弱性。决策者应该先发制人，解决脆弱性问题，避免遗留问题的累积。它们还应该收紧选定的宏观审慎工具，以应对脆弱性加剧的问题，同时避免金融条件的广泛收紧。

一些新兴和前沿市场仍面临巨大的融资需求。尽管资本流动的前景有所改善，货币状况仍然大体上保持宽松，但发达经济体货币政策立场的突然变化可能导致金融状况急剧紧缩，对资本流动产生不利影响，并增加面临债务可持续性担忧的国家的压力。这些国家的政策反应需要集中在实施结构改革、重建缓冲区以及加强金融市场治理和基础设施上。

三、IMF对全球财政状况的判断：复苏不确定下的积极财政政策

（一）复苏不确定下的积极财政政策

IMF在2021年10月发布的《世界财政监测报告》中指出，随着世界努力控制新型冠状病毒感染的传播，财政政策仍然是解决仍然在发展的疫情的关键，这仍然是不确定和不平等的疫苗接种在各国之间的标志。尽管病毒变异株德尔塔与疫情的再度失控有关，但财政支持和疫苗接种（特别是在发达经济体）挽救了无数人的生命，促进了经济复苏。疫苗与病毒及其变种之间的相互作用是未来不确定性的因素之一。因此，财政政策需要适应不断变化的条件。

在许多发达经济体，财政政策仍然是宽松的，正在转向通过绿色转型、数字转型和其他长期投资加强经济。欧盟和美国宣布或批准的大型财政计划将在2021年至2026年将累计增加全球GDP4.6万亿美元。预计2022年即将出台的国家预算将采取更多措施（包括在欧洲）。相反，在新兴市场经济体和低收入发展中国家，疫苗的低可用性阻碍了增长，政府正在将支出转向解决与大流行相关的优先事项。高利率和低政府收入使低收入发展中国家提供财政支持和偿还债务的能力受到限制。

总体而言，财政政策仍然是积极的，财政赤字在2021年平均下降了约2个百分点。然而，赤字仍远高于疫情前水平，特别是在发达经济体。预计2022年赤字将进一步减少近3个百分点，并在2026年恢复到疫情前水平（参见图2-8）。新兴市场经济体和低收入发展中国家的财政状况不如发达经济体，预计产出和税收收入不会恢复到危机前的水平，赤字的减少将主要通过减少支出来实现。

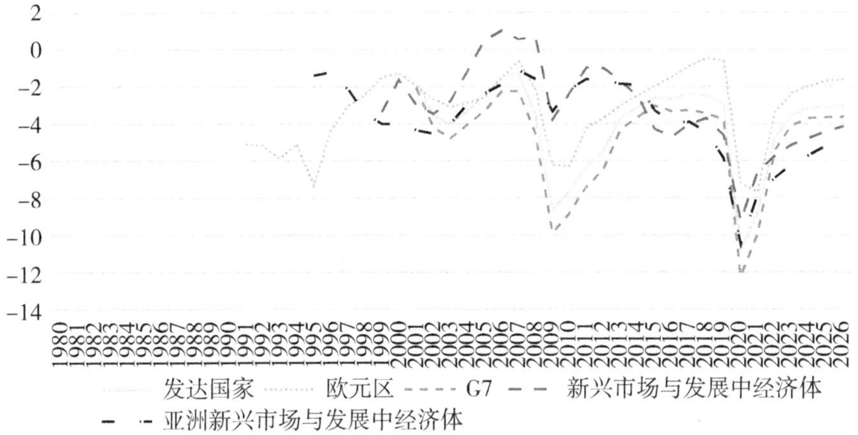

图 2-8　财政收支余额占 GDP 比重（%）

资料来源：IMF。

IMF预计全球政府债务将保持在创纪录的高位，接近2021年，但低于2021年的GDP水平，至2026年将略有下降（参见图2-9）。各国中央银行（特别是发达经济体）和国内银行业大规模购买政府债务，有助于遏制新借贷成本。债务累积导致政府融资需求总量增加。许多低收入发展中国家可能需要进一步的国际援助，在某些情况下还需要债务重组。

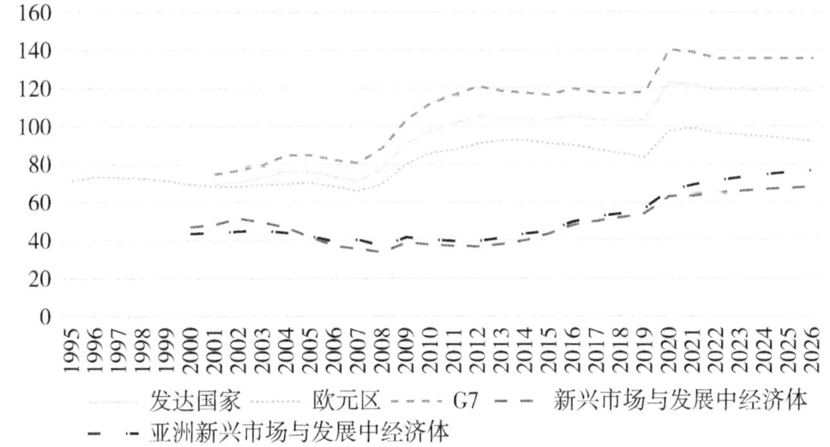

图 2-9　政府债务余额占 GDP 比重（%）

资料来源：IMF。

财政前景的风险增加了。扩大疫苗生产和交付，特别是向新兴市场和低收入发展中国家提供疫苗，将限制新型冠状病毒感染导致的诸多情况对全球经济的进一步损害。另外，新冠病毒的新变种、许多国家的低疫苗覆盖率以及一些人接受疫苗接种的延迟可能造成新的损害，并增加公共预算的压力。或有负债的实现，包括贷款和担保计划，也可能导致政府债务意外增加。

大量的政府融资需求是经济脆弱性的一个来源，特别是在新兴市场和低收入发展中国家，那里的融资条件对全球利率非常敏感，各国中央银行已经开始提高短期参考利率。

财政政策需要灵活应对这些挑战，促进全球经济转型，使其更具生产力、包容性、绿色性，并对未来的健康危机或其他危机具有恢复力。与此同时，确保透明度和问责制、规划重建财政缓冲的中期路径以及在实现可持续发展目标方面取得进展至关重要。实现这些目标的关键包括以下几点。

第一，国际合作对于解决疫苗、治疗、防护设备供应方面的跨国不平等至关重要。国际货币基金组织对特别提款权的普遍分配刺激了全球流动性，国际社会也为低收入发展中国家提供了宝贵的金融支持。然而，还需要通过赠款、贷款和G20债务减免共同框架等举措做更多的工作。

第二，在一些国家，应该增加对高质量物质资本、教育和医疗的公共投资；财政转移支付应该更好地针对工人的再培训和再分配；社会安全网应该得到加强。

第三，根据复苏周期和速度调整财政政策至关重要，同时实现财政和货币政策的正确组合。如果私人需求的复苏速度超过预期，就应该收紧财政政策，因为这将降低利率突然上升的风险，从而破坏全球经济复苏的势头。

第四，由于获得低成本借款变得更加困难，特别是对新兴市场和低收入发展中经济体而言，各国政府应加强其财政政策的可信度。这需要在中期调动更多的收入，提高支出效率。

在“后疫情时代”，全球供应链将面临的风险与不确定性包括如下几点：第一，“后疫情时代”并不意味着疫情的结束，而是新型冠状病毒感染对人类生活和生产的限制有所下降。因此，新型冠状病毒感染的存在仍然会对全球供应链产生周期性、中断性和效率性的安全冲击；第二，经济的快速恢复对全球供应链产生了价格上的安全冲击，即价格大幅上涨对供应安全带来的连锁性冲击；第三，大宗商品价格过快、过度上涨通常会带来商品价格的快速下跌，会对商品出口国家的生产和经济运行产生较大的负面影响；第四，大宗商品价格的快速上涨与美元的持续贬值直接相关，并与股市过度泡沫化同时存在，可能会抑制经济增长推动通货膨胀上升，从而出现“滞胀”现象，同时导致股市泡沫的破裂。

应对措施可以有：第一，仍然需要控制好相关突发情况，尤其是德尔塔变异株、奥密克戎变异株带来的新型冠状病毒感染扩散对全球供应链的冲击；第二，保证作为大宗商品定价货币的美元的基本稳定，防范商品领域的过度投机，保证大宗商品价格处于供求关系决定的合理区间内；第三，坚持全球化，防范中美贸易战和科技战限制全球供应链和产业链的中断或变形；第四，中国在积极融入全球供应链的同时，也要在全球产业链的创新发展中积极争取更有利的位置，确保经济安全。

第二节　全球经济周期分化酝酿系统性风险

一、全球经济复苏分化酝酿系统性危机

美国拜登政府实施的大规模经济刺激计划是在“无上限”的定量宽松货币政策后极度扩张的财政政策，1.9万亿美元刺激计划、正在拟定中的大规模扩大基础设施建开支和试图通过加税大规模增加未来的税收，使美国财政政策具有福利主义的特点。这是美国力图走出当前的经济困境，并与中国竞争的努力之一。具体来看，美国大规模经济刺激计划对美国和全球会有什么影响呢?

美国大规模经济刺激计划对美国会产生以下3个方面的正面影响：第一，会刺激美国经济增长；第二，为美国退出极度宽松的定量宽松货币政策创造条件；第三，经济刺激会增加就业，同时会促进美国社会的稳定。

美国大规模经济刺激计划也可能会使美国陷入危局，主要体现在以下几个方面。第一，导致物价上涨，引发严重的通货膨胀危机。曾担任过财政部长的萨默斯表示，1.9万亿美元经济刺激计划是“我们在过去40年里采取的最不负责任的宏观经济政策”，将带来巨大的风险。第二，通货膨胀的上升和货币政策的收紧，必然会导致美国金融市场的大幅动荡，极度泡沫化的美国股票市场泡沫可能破裂。第三，可能会出现“滞胀”。物价上涨和美联储因通货膨胀不得不提升利率，社会融资利率水平也将大幅提升，加上增加的企业税务压力，美国经济可能会出现增长停滞。第四，加剧美国财政赤字和债务压力。经济增长乏力，国债发行收益率大幅上升，企业税收可能下降，美国财政赤字和债务规模都可能进一步扩大。

对其他国家而言，美国大规模刺激政策会增加需求，对世界经济有一定的推动作用。但是，世界经济在各国巨额的债务压力和发达国家定量宽松货币政策的压力下，很难回到正常的经济轨道之上，发达国家股票市场泡沫的破裂可能带来较大的全球影响，新兴市场经济体可能会因美元重回升值通道而不断出现危机。

全球经济复苏的不同步存在着较大的系统性风险，有爆发局部或全球系统性危

机的可能：发达国家金融市场泡沫破裂会影响全球经济方面，也可能会引发新兴市场经济体危机，从而触发全球系统性危机；一定区域的新兴市场经济体出现危机，也可能导致发达国家金融市场泡沫破裂，从而爆发全球系统性危机。

二、国际收支平衡与国际资金流动趋势

（一）发达国家国际收支平衡趋势

自2013年始，发达国家经常账户和金融账户一改2000年以来的双赤字现象，出现了双盈余现象。经济账户盈余从2012年的529亿美元上升至2017年的4917亿美元，然后下降至2020年的1738亿美元，2021年可能上升至2455亿美元，到2066年可能上升至4427亿美元；金融账户盈余从2013年的2495亿美元上升至2017年的4486亿美元的峰值，然后收缩至2020年的164亿美元，预计2021年将反弹至2826亿美元，2026年将反弹至4500亿美元（参见图2-10）。发达国家的经常账户盈余说明发达国家的贸易条件改善，同时国际投资收益等上升，这是积极现象。发达国家金融账户盈余说明发达国家流出资金大于流入资金，这得益于两个因素：一是发达国家定量宽松货币政策和零利率政策甚至负利率政策拥有了大量低成本资金，资金的富裕和低成本，让其有更大的流出空间；二是发达国家资金过剩市场容纳能力有限，不得不加大对外投资。如果是从单个国家来看，因为国际收支平衡的关系，经常账户与金融账户不可能同时出现盈余或赤字，两者相加之和为零，如果有差额，通常称之为国际收支净误差与遗漏。

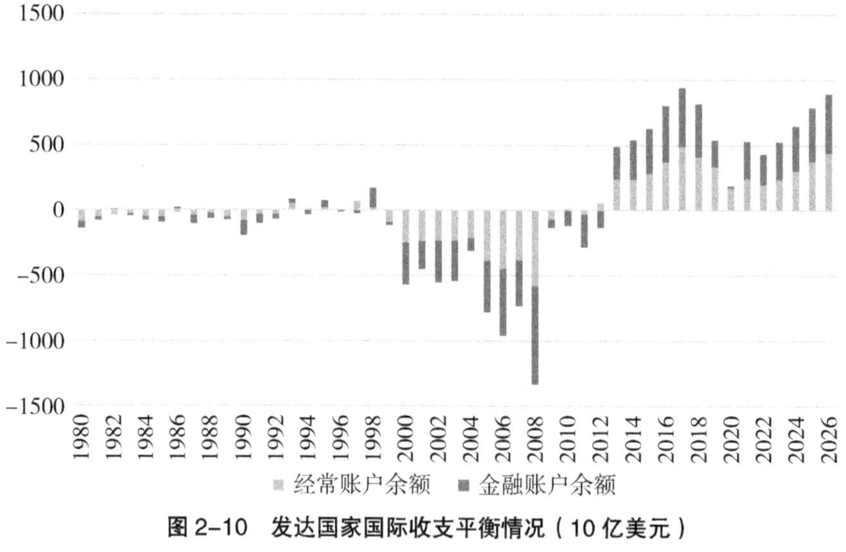

图2-10 发达国家国际收支平衡情况（10亿美元）

资料来源：北京睿信科全球风险管理平台（www.sunrisk.cn）。

就发达国家金融账户余额的构成来看，直接投资净额自20世纪80年代以来，原本不断上升的净流出转为较为波动，从2015年始有时净流出，整体走向平衡；组合投资（证券组合投资）净额一改20世纪80年代以来的净流入为主的情况，波动起来，从2014年以来以净流出为主，但2021—2023年可能有小幅的净流入；其他投资（银行信贷与贸易融资等）净额整体仍然较为波动，但净额绝对值大幅引人注目，自2018年始以净流出为主；外汇储备整体保持着上升趋势；金融衍生品投资净额在2008年全球金融风暴后呈现出大幅缩减和净流入的情况，但自2016年时出现持续的净流出情况，表明发达国家对金融衍生品的投资热情有所回升（参见图2–11）。

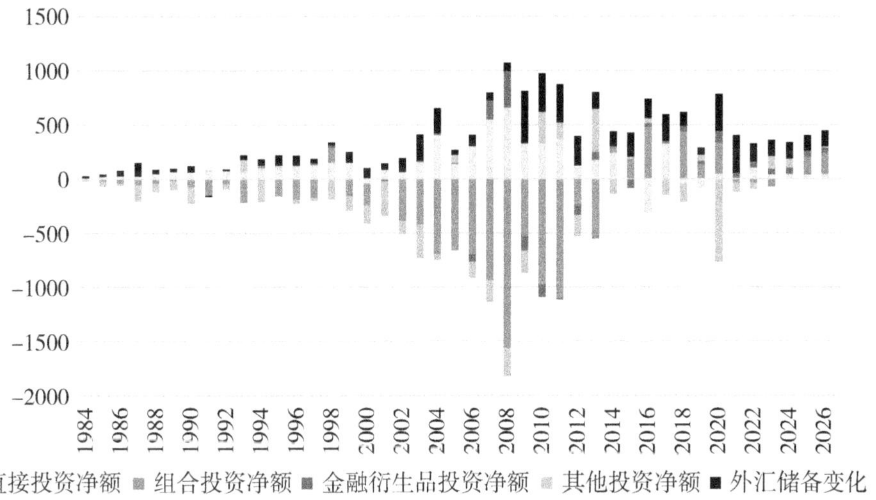

图2–11　发达国家金融账户余额构成（10亿美元）

资料来源：北京睿信科全球风险管理平台（www.sunrisk.cn）。

从整体来看，发达国家国际收支平衡存在着改善趋势。

（二）新兴市场与发展中经济体国际收支平衡趋势

自2015年以来，新兴市场与发展中经济体经常账户和金融账户一改21世纪以来的双盈余状况，出现了双赤字的情况。从2015年至2019年，双赤字情况的改善十分明显。不过，从2020年始，再度出现了双盈余情况，但预计可能仅会持续到2022年（参见图2–12）。

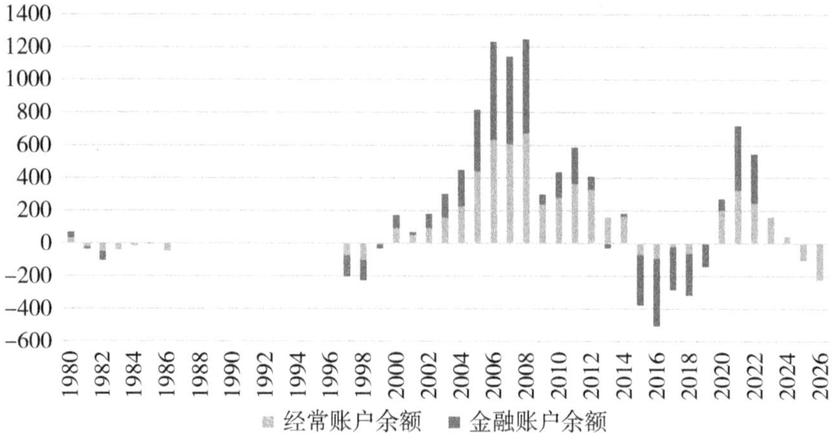

图 2-12 新兴市场与发展中经济体国际收支平衡趋势（10 亿美元）

资料来源：北京睿信科全球风险管理平台（www.sunrisk.cn）。

就新兴市场与发展中经济体金融账户余额的构成来看，自1997年以来（事实上自20世纪80年代以来皆保持这一趋势），净直接投资净额仍然保持净流入的情况，预计2022年将净流入4330亿美元；组合投资净额自2009年始基本保持着净流出的情况，其他投资自1997年以来基本保持着净流出的情况；外汇储备自1997年以来基本保持持续增加的趋势，但在2015—2016年出现了较大幅度的下降，此后缓慢恢复；金融衍生品投资净额基本平衡（参见图2-13）。

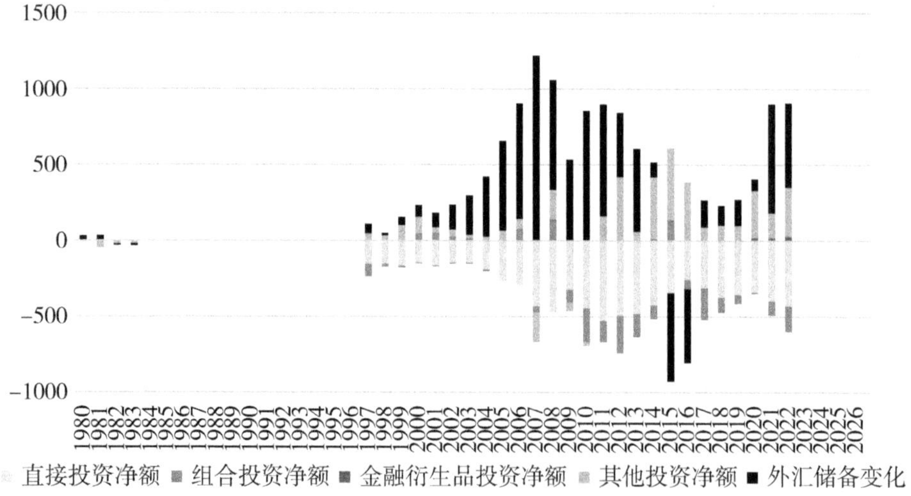

图 2-13 新兴市场与发展中经济体金融账户净额构成趋势（10 亿美元）

资料来源：北京睿信科全球风险管理平台（www.sunrisk.cn）。

从整体来看，新兴市场与发展中经济体国际收支平衡存在着恶化趋势，2020年开始才会小有改善。

（三）新兴市场与发展中经济体的外债风险

发达国家因有着国际货币的支撑，其资本账户具有可自由兑换的特点，国内金融市场开放，似乎不存在着外债的问题。新兴市场与发展中经济体的货币不具有国际货币地位，即使是资本账户可自由兑换和金融市场的开放，对外借债或国际投资往来就可能存在着外债问题。

随着国际投资往来日益频繁，新兴市场与发展中经济体的外债负担不断上升：从1980年的5541亿美元上升至2022年的12.71万亿美元，43年的时间里增长了近22倍；外债还本付息总额也从1990年的1831.4亿美元上升至2022年的4.47万亿美元，33年的时间里增长了23.4倍（参见图2–14）。

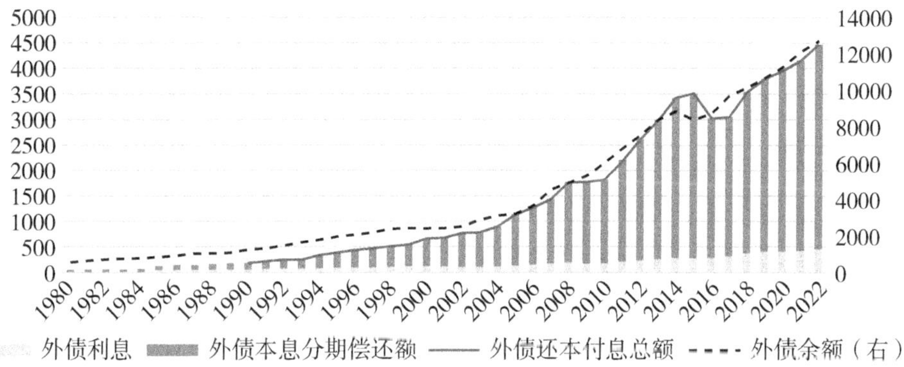

图 2–14　外债余额和还本付息总额的结构变化趋势（10 亿美元）

资料来源：北京睿信科全球风险管理平台（www.sunrisk.cn）。

从新兴市场与发展中经济体外债余额、利息和还本付息等占GDP比重趋势来看，随着发达国家零利率和负利率货币政策的实施，外债利息负担有所下降但外债偿还压力整体处于上升趋势。外债余额占GDP比重从1989年50.80%的最高值波动中下滑，2012年降至26.50%，2020年反弹至32.60%，2021年可能会略有下降；外债利息占GDP比重从1985年的超过2.00%下降至2011年的0.78%，2020年才恢复到1.20%，2021年可能回落到1.10%；外债还本付息总额占GDP比重却处于高位，2015年达12.93%，2021年降至10.80%（参见图2–15）。

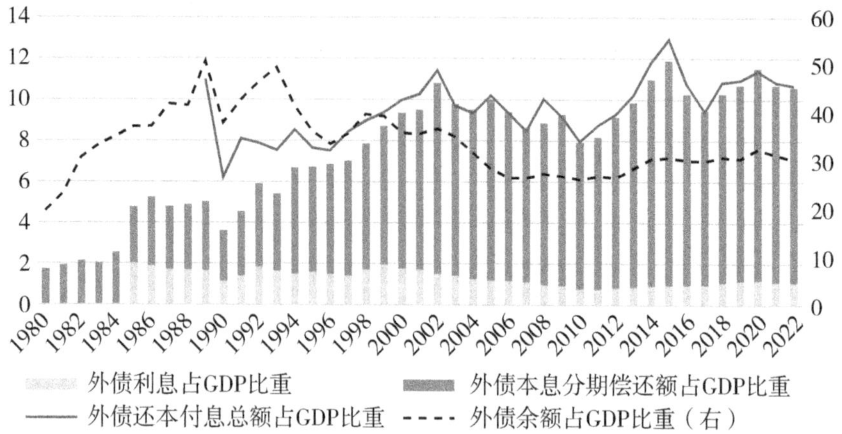

图 2–15 外债余额、利息和还本付息等占 GDP 比重趋势（%）

资料来源：北京睿信科全球风险管理平台（www.sunrisk.cn）。

从新兴市场与发展中经济体外债余额、利息和还本付息等占商品和服务出口比重的趋势来看，随着发达国家零利率和负利率货币政策的实施，外债利息负担有所下降但外债偿还压力整体处于上升趋势。外债余额占商品和服务出口比重从1986年260.60%的最高值波动中下滑，2008年降至73.30%，2020年反弹至137.40%，2021年开始可能会略有下降；外债利息占商品和服务出口比重从1986年的17.40%最高值下降至2011年的2.60%，2020年才恢复到5.10%，2021年可能回落到4.30%；外债还本付息总额占商品和服务出口比重却处于高位，2020年达48.40%，2021年降至41.00%（参见图2–16）。

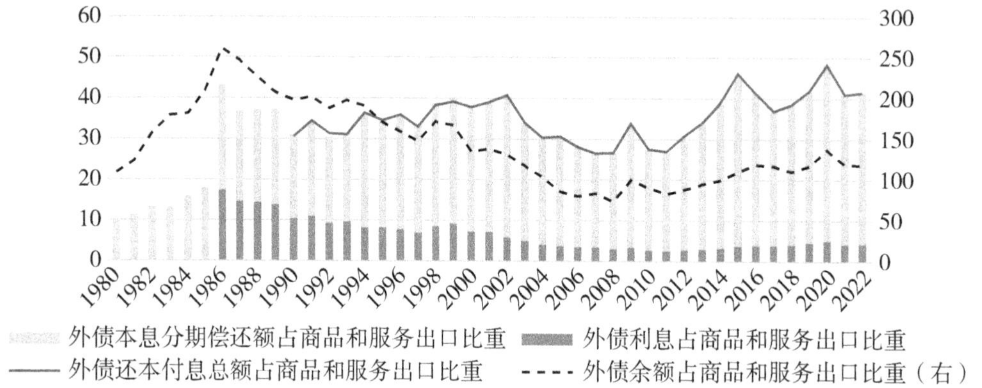

图 2–16 外债余额、利息和还本付息等占商品和服务出口比重趋势（%）

资料来源：北京睿信科全球风险管理平台（www.sunrisk.cn）。

三、全球经济周期分化酝酿长期重大系统性危机

IMF预测，2022年之后，全球经济增速预计将在中期内（5年内，即2026年）放缓至3.30%，略低于1980—2021年的增长率均值3.36%。一般而言，全球GDP增长率低于3.00%即达到全球衰退。按照IMF的预测，到2026年全球可能面临着再一次的衰退（参见图2–17）。不过，如果全球泡沫破裂引发局部金融危机，全球性衰退甚至可能在2022年和2023年就会到来。

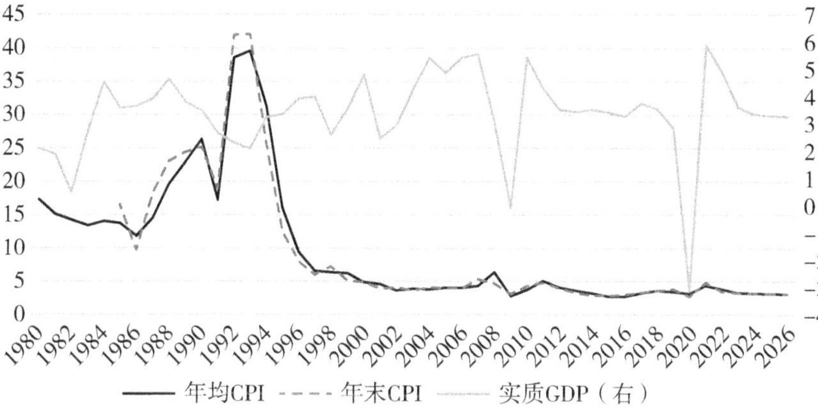

图 2–17　全球经济周期趋势（%）

资料来源：北京睿信科全球风险管理平台（www.sunrisk.cn）。

IMF预计，发达经济体的产出水平将超过新型冠状病毒感染爆发前的中期预测，这主要反映了美国将进一步提供的大规模政策支持，包括提高增长潜力的措施。不过，IMF对发达经济体实质GDP增长率的中期预测是1.59%，低于1980—2021年的增长率均值2.33%。根据IMF的预测数据，G7、欧元区、美国和日本实质GDP增长率的中期预测分别为1.40%、1.38%、1.70%和0.49%，比各自的1980—2021年的增长率均值2.10%、1.42%、2.57%和1.77%。从事实来看，发达国家从全球金融风暴开始（日本从20世纪80年代末泡沫破裂开始），目前还没有回到正常的商业周期之中，中期内也很难恢复到正常的商业周期。IMF认为，新兴市场和发展中经济体的疫苗推广速度较慢，提供的政策支持也通常少于发达经济体，因此它们将遭受持续的产出损失。但事实可能与IMF预测的情况有出入，因为新兴市场和发展中经济体的商业周期仍然存在着向上的动力，情况可能比发达国家要好，GDP增长率比IMF预计的可能还要高一些（参见图2–18）。

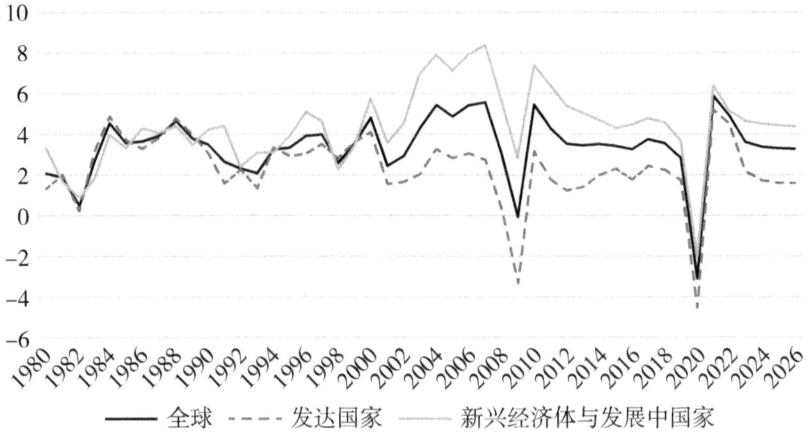

图 2–18 全球经济增长的经济体结构（%）

资料来源：北京睿信科全球风险管理平台（www.sunrisk.cn）。

第三节 全球市场泡沫化趋势与美联储货币政策的影响

进入2022年，随着全球经济复苏恢复正常水平，美联储缩表加息，全球金融市场泡沫可能破裂，可能会给全球带来局部金融危机，尤其是给新兴市场经济体带来危机。

一、全球股市泡沫积聚

（一）全球股市泡沫情况

全球股市泡沫化不仅仅体现在发达国家股指自2020年3月全球疫情暴发以来的大幅上涨，还体现在其PE值和PB值创下自全球风暴爆发后的新高。

就月度PE值来看，英国富时100股指在2020年10月30日达到了243倍的峰值，纳斯达克指数在2020年11月30日达到了71倍的峰值，道琼斯工业平均指数在2020年8月31日达到33倍，标普500指数在2021年3月31日达到了40倍的峰值，德国DAX指数在11月30日达到了66倍，法国CAC40指数在2020年12月31日达到了57倍，日经225指数在2020年8月31日达到38倍，澳洲标普200指数在2021年3月31日达到了58倍的峰值（参见图2–19）。受2021年经济复苏和企业盈利上升的影响，尽管主要发达国家股指的PE值在达到峰值后都在逐步下降，但整体来看，仍然处于较高水平，股指都处于极高位置，股指的泡沫化特征仍然明显。随着经济复苏放缓，股指的泡沫化程度可能还会反弹。

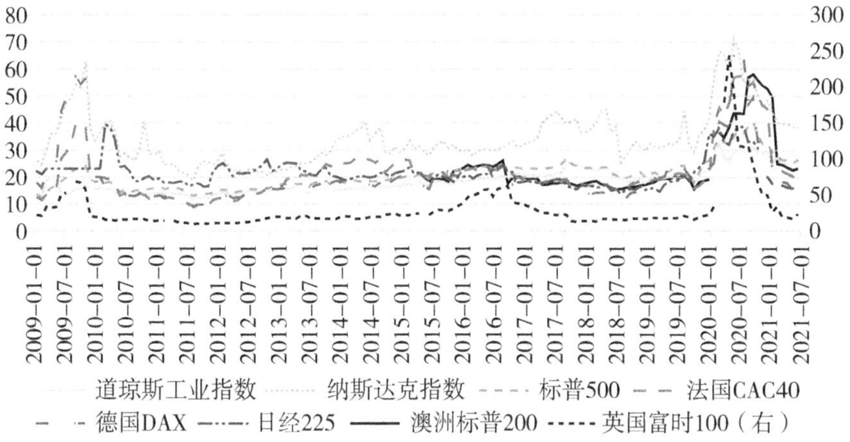

图 2-19　主要发达国家股指市盈率变化趋势

资料来源：北京睿信科全球风险管理平台（www.sunrisk.cn）。

不过，全球疫情暴发后，新兴市场经济体的PE值都有明显上涨，但较全球金融危机爆发时后新兴市场经济体股指市盈率有很大的差距。当然，部分股指具有一定的泡沫化特征，比如深证成指、印度SENSEX30、韩国综合指数、俄罗斯RTS指数等，PE值都先后达到了30倍左右。其中，受俄乌局势不断恶化的影响，俄罗斯RTS指数及PE值都已经出现了明显的下降（参见图2-20）。

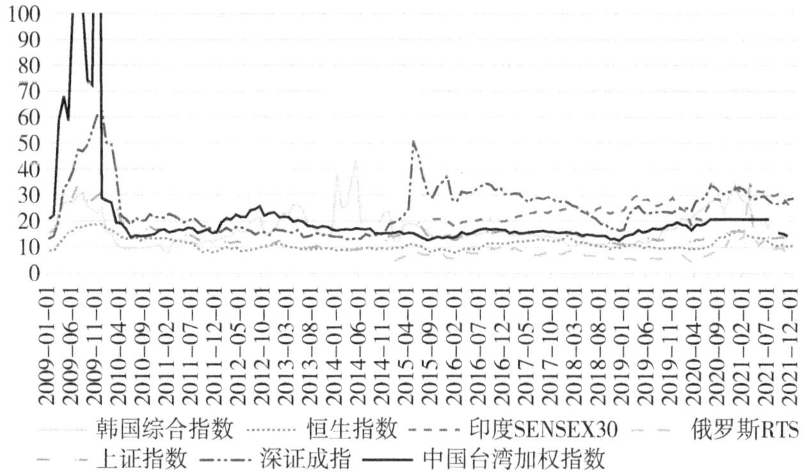

图 2-20　主要新兴市场经济体股指市盈率（PE）变化趋势

资料来源：北京睿信科全球风险管理平台（www.sunrisk.cn）。

从日度PB值来看，主要发达国家分为两个阵营：美国三大指数都出现了持续的大幅上升，道琼斯工业平均指数2020年8月31日达7.74倍的峰值，纳斯达克指数在2020年12月30日达6.45倍，标普500指数在2022年年初达到了4.78倍的峰值，远比

2000年时美国新经济泡沫破裂前要高，也比全球金融风暴爆发后要高。德国DAX指数、法国CAC40指数、日经225指数和澳洲标普200指数PB值上升不大，峰值都在2.5倍以内，泡沫化程度可能比美国略低（参见图2-21）。

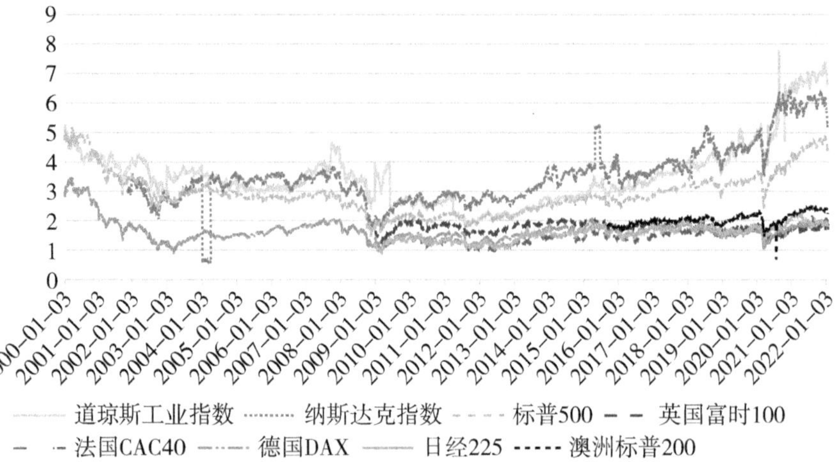

图2-21 主要发达国家股指市净率变化趋势

资料来源：北京睿信科全球风险管理平台（www.sunrisk.cn）。

从日度PB值来看，主要新兴市场经济体也分为两个阵营：深证成指、印度SENSEX30和中国台湾加权指数较高，处于2—4倍之间，存在一定的泡沫化情况；韩国综合指数、俄罗斯RTS指数、恒生指数和上证指数较低，基于处于2倍以下，泡沫化相对较低（参见图2-22）。

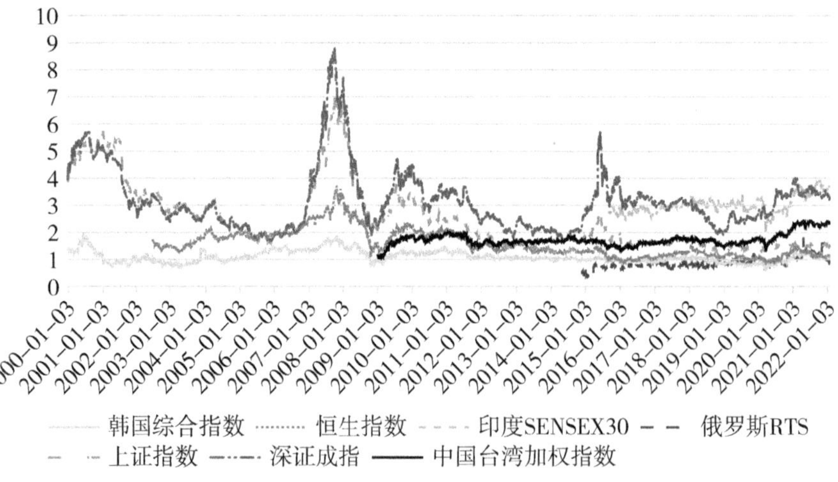

图2-22 主要新兴市场经济体股指市净率变化趋势

资料来源：北京睿信科全球风险管理平台（www.sunrisk.cn）。

（二）美股的泡沫化成因

全球股市泡沫积聚，本报告以美国为例进一步解析其成因。

美国股市走势与美国经济基本面背离不仅发生在新型冠状病毒感染大流行期间，还发生在美国次贷危机引发的全球金融风暴之后，共同的特点都是极度宽松的货币政策（零利率和定量宽松货币政策）的支持。全球金融风暴后美联储定量宽松货币政策推动了美国超过腰斩的股市的反弹，但在美联储开始加息并逐步退出定量宽松货币政策之后，美国股市出现了较大幅度的下跌。

美国股市上涨主要受零利率和“无上限”定量宽松货币政策的支持，不是美国股市的常态。因为美国股市作为其经济和社会生活的“晴雨表”，特征十分明显，多类机构和基金都深度参与其中。美联储通过“无上限”定量宽松货币政策缓解了金融市场的恐慌，又通过零利率的融资成本促进金融机构和投资者进行股市投资获益，进一步推动了美国股市的上涨，但这种上涨显然仍然是脱离经济基本面的，有显著的泡沫化特征，这个泡沫化特征也成了美国股市的一个基本特征。

（三）美国为何可以用定量宽松货币政策来支持股市的“繁荣”

因为美元世界货币的性质使美联储可以采用“无上限”的定量宽松货币政策，这实际上是全球其他经济体对美元和美国金融体系的依赖所致。事实上，只有具有国际货币地位的发达国家才能采用定量宽松货币政策，国际货币地位越高的发达国家，采用定量宽松货币政策的规模也越大。从2020年3月至2022年，美联储、欧洲央行、日本央行和英国央行总体购债规模预计分别为4万亿美元、2.24万亿美元、1.18万亿美元和1.16万亿美元。除了新兴市场经济体货币的国际化可能限制发达国家过度扩张的定量宽松货币政策以外，新兴市场经济体实力上升并逐步脱离发达国家金融体系也会限制发达国家定量宽松货币政策的实施力度。

（四）美国股市的未来趋势

新型冠状病毒感染全球大流行之后，本已泡沫化的美国股市迎来了较大幅度的下跌，但在美联储“无上限”定量宽松货币政策的刺激下，美国三大股指不仅收回了跌幅，并不断创下阶段新高或历史新高，似乎只涨不跌。

当前影响美国股市走势的主要因素有以下3个方面。一是美国疫情的持续情况。截至2022年3月1日，美国累计确诊病例已超过8000万例，累计死亡病例接近100

万例，疫情的持续趋势给经济复苏和企业经营带来了较大的压力，也使美国股市的泡沫化加剧。二是美国“无上限”定量宽松货币政策的持续时间。美国股市在疫情大流行情况下的“疯涨”实质上货币政策的结果，一旦“无上限”定量宽松货币政策出现退出迹象，股市的泡沫将破裂。三是美国股市的泡沫化程度。泡沫化程度越高，泡沫破裂产生的危害越大，主要发达国家和部分新兴市场经济体也可能难以幸免。

美国股市近些年总体持续着牛市。在疫情出现转折、经济开始复苏的时候，金融市场相当于消耗了长期以来的货币政策利好，就看谁“跑”得快了。只要金融市场出现大的波动，美国股市泡沫破裂是必然的，甚至是剧烈的，称美国股市可能发生海啸也可能不为过。而且，全球股市也难以幸免。

二、全球房地产泡沫

全球金融风暴后，发达国家采取了定量宽松货币政策和低利率甚至零利率或负利率货币政策，房地产按揭贷款利率极低，个别地方甚至出现了房地产贷款负利率。即使后来相关利率有所上升，但上升幅度也不大。因此，即使离地产市场在短期内受到疫情的冲击，发达国家的房地产市场近年来也显现大幅反弹的势头，远远超过了2008—2010年全球金融风暴爆发后的低点，显示出较大的泡沫特征，与发达国家股市一起成为“双泡沫”。当然，房地产市场的泡沫程度普遍较股市泡沫程度要低，但房地产泡沫很严重的新西兰，其房地产泡沫要显著大于股市泡沫。

（一）全球房贷利率已降至极低水平

美国房地产30年期固定贷款利率在2018年9月底时为4.72%，此后随着经济增长放缓以及美联储降息等情况出现而逐步下滑，2020年年底达到2.67%的低点，2021年9月反弹至2.87%。欧元区房地产贷款利率从2011年的4%持续下降至2021年7月的1.61%。2021年8月，日本房地产按揭贷款10年期固定利率为2.60%，2015年2月以来一直处于3.00%以下。英国房地产按揭贷款10年期固定利率自2013年2月以来显著下行，从4.50%下降至2021年7月的2.60%。法国1年以上的房地产按揭贷款利率从2012年3月的4.12%下降至2021年7月的1.12%，1年以下的房地产按揭贷款利率从2012年2月的3.80%下降至2021年7月的1.23%。德国1—5年的房地产按揭贷款利率从2011年9月的3.50%下降至2021年7月的1.32%。其他欧元区国家大致接近。

2021年8月，澳大利亚住房标准贷款利率从2011年10月的7.80%下降为4.52%。2021年7月，丹麦按揭贷款利率1年以内为3.18%，1—5年为3.35%，5年以上为1.63%（2019年8月5日，丹麦第三大银行Jyske银行决定以每年-0.5%的固定利率向购房者发放10年期贷款）。2021年7月，瑞士2年期房地产按揭贷款固定利率为1.01%。加拿大5年期房地产按揭贷款利率从2019年7月的5.40%下降至2021年9月的4.80%。瑞典住房贷款利率从2011年2月的4.15%下降至2021年7月1.52%。事实上，全球金融风暴和欧债危机后，房地产成为发达国家维持经济动力的重要手段，自然难免走向泡沫化。一些新兴市场经济体和发展中国家也因为流动性泛滥和低利率，形成了一定规模的房地产泡沫。

（二）低利率推动了房价大幅上行

低房贷利率、刺激经济的需要和家庭财富保值的需要，推动了房地产价格的上行。根据BIS的全球房地产数据，美国二手住房每平方米价格指数（假设2000年1月为100），2006年第一季度达到193，上涨了93.00%；2011年第二季度下降至133，较2006年的高点下降了31.00%；此后一直上涨，2021年第一季度达240.3，较2011年低点上涨了180.45%。美国居民新房每平方米价格指数（假设2005年为100），2007年第一季度达107.2的高点，较2000年第一季度上涨了44.00%；2009年第一季度下降至92.7，较2000年高点下降了13.50%；此后波动中持续上涨，2021年第一季度上涨至156.5，较2009年低点上升了68.80%。当然，美国不同州的房地产价格水平不一，有的区域泡沫大一些，有的区域泡沫小一些，城市的泡沫化程度差异更大。欧元区，每平方米居民住房价格指数（2015年为100）2008年第二季度达104.1的高点，较2000年第一季度上涨了58.00%；欧债危机后在2014年第一季度下降至98.4，较2008年高点下降了5.50%；此后波动中持续上涨，2021年第一季度上涨至129.9，较2014年低点上升了32.00%。欧元区各国房地产价格表现不一，大多数国家基本上较2000年翻一番。

（三）房地产泡沫化明显

根据彭博以房价租金比、房价收入比、名义和实际房价年增长率、房贷年增长率等指标进行的全球房地产泡沫排名，泡沫化程度最高级前24名国家分别是新西兰、加拿大、瑞典、挪威、英国、丹麦、美国、比利时、奥地利、法国、荷兰、德国、葡萄牙、瑞士、澳大利亚、哥伦比亚、西班牙、希腊、韩国、芬兰、意大利、爱尔兰、冰岛和日本。

随着全球通货膨胀的快速上升，新兴市场经济体和发展中国家收紧货币政策，自然会给这些国家经济体的房地产市场带来了较大压力，存在着泡沫率先破裂的可能。对于发达国家而言，目前定量宽松货币政策尚未取消，利率政策收紧尚有一段时间，房地产按揭贷款利率上行时间会更滞后，而且，固定利率的按揭贷款对利率上升不是那么敏感。因此，除个别发达国家如新西兰、加拿大、瑞典等可能面临着货币政策收紧泡沫破裂的压力外，其他国家泡沫破裂的压力暂时较小，甚至要排在股市泡沫破裂压力之后。

三、美联储政策变化与外汇市场趋势

（一）美联储可能到来的货币政策将助美元由弱转强

受通货膨胀压力持续上升的影响，美联储货币政策的确已经转向，逐步减缓并退出定量宽松货币政策已成为必然。尽管美联储主席鲍威尔一再安慰市场情绪，但这只是为了避免给市场造成较大的波动。

受逐步退出定量宽松货币政策甚至加息的影响，美联储正在转向的货币政策整体可能有助于抑制美元的弱势，但美元可能会处于一个区间波动的格局，比如主要在88至103的区间内波动。美元未来走势主要取决于美联储退出定量宽松货币政策的速度和力度，以及美联储调整利率等政策的力度和幅度，而美联储力图保证金融市场稳定和经济恢复增长的同时，也不愿意经济过热、通货膨胀保持在高位，也不愿意股市泡沫过度膨胀。当然，如果出现全球性的危机，美元可能会升破103。

（二）影响美元未来走势的主要因素

美元作为世界性货币，影响其未来走势的因素可以从以下4个层面展开。第一，美国的经济和通货膨胀状况，因为这会决定美联储的货币政策。如果经济过热、通货膨胀快速上升，美联储收紧货币政策会提振美元走势。第二，美国的金融市场状况，尤其是美国股市的状况。如果美国股市泡沫破裂并进而引发全球股市泡沫破裂，美元通常会出现先贬值后升值的情况。第三，新兴市场经济体金融稳定性和全球金融市场稳定性。如果新兴市场经济体出现危机并波及全球金融市场，美元流动性会短缺，美元资产成为避险资产，美元可能会升值。第四，美元作为世界货币地位的稳定性。美元作为世界货币地位越稳定，美元的汇率走势对美国越有利，美联储调控美元也越方便。

（三）美元在全球货币体系中的地位可能受到损害

美元目前在全球货币体系中有着世界性货币的作用，是其他货币的定价基准，是大宗商品定价的基准，是国际投资和贸易的主要货币，也是国际支付的常用货币，还是各国外汇储备的主要货币。美联储“无上限”的定量宽松货币政策的施行和美国大量借贷外债的行为即依赖于美元的这种地位。通常而言，如果能逐步正常退出定量宽松货币政策并退出零利率政策，并且维护美国债务水平的可持续性，美元在全球货币体系中的地位不会被轻易冲击，更多的可能是增加些对美元和美元资产的疑虑和小心，但对美元和美元资产的信任还是能够勉强维持，美元在全球货币体系中的地位也是其他货币在短时间内所不能替代的。

不过，美元在全球货币体系中的地位也存在着两种实质性下降的可能：第一，美国不断飙升的债务难以持续，美国金融市场体系出现危机或崩溃，美元和美元资产成为一种高风险资产，美元在全球货币体系中的地位会大幅下降，如果不能很好地修复，这种下降可能会成为实质性下降；第二，如果全球货币体系中出现一种可与美国竞争性制衡的经济体或经济区域，这个经济体或经济区域拥有良好的金融市场体系，货币汇率也相对稳定，相应货币资产能够不断提升对全球资金的吸引力，相应货币的国际化水平不断提升，会对美元在全球货币体系中的地位形成实质性的影响。

四、美联储加息对黄金市场的影响

美联储加息对黄金市场可能产生不利影响。

继2019年上涨18.33%、2020年上涨25.07%后，国际黄金价格从2020年12月31日的1897.53美元/盎司下降至2021年12月23日的1788.51美元/盎司，下降了5.73%，这是一个弱势盘整的局面。

经过本报告对历年国际黄金价格与通货膨胀水平的测算，黄金资产的抗通货膨胀属性不是很明显。比如，2021年就是全球通货膨胀年，但国际黄金价格却出现了小幅下行；2020年因疫情全球经济大幅出现严重通缩，但国际黄金价格却大幅上涨。

观察历年国际黄金价格走势与当时的国际市场环境发现，国际黄金价格与主要国家如美国货币政策的宽松紧密相关，而美国货币政策的宽松程度，通常与面临的危机相关，如2000年美国新经济泡沫破裂后，美联储大幅降息，国际黄金价格在2001、2002和2003年分别升值2.46%、24.77%和19.37%；2008年美国次贷危机后，美联储大幅降息并推出大规模的定量宽松货币政策，国际黄金价格在2008、2009、2010和2011年大幅上升；2019年随着美联储降息和疫情的出现，国际黄金价格在2019年和2020年也大幅上涨。事实上，黄金资产主要是抗风险功能，价格随着风险的上升和货币政策的宽松而上行，随着风险的下降和货币政策的收紧而下行。

预计影响国际黄金价格走势的因素有如下4个方面：一是美联储快速收缩定量宽松货币政策并加息以应对持续上升的通货膨胀，这会给国际黄金价格会带来压力；二是尽管新型冠状病毒感染因奥密克戎变异株的出现还会给经济和社会生活带来较大压力，但随着疫苗的广泛接种，新型冠状病毒感染对经济的影响会有一定的好转，这也可能会给国际黄金价格带来压力；三是美联储加息可能导致发达国家股市和债市泡沫破裂，可能会导致局部危机，这会给国际黄金价格带来支撑；四是局部地缘政治形势的紧张，可能会给国际黄金价格带来支撑。综合4个方面的情况来看，压力超过支撑，2022年国际黄金价格可能呈现先弱后升的震荡走势，整体可能以弱势整理为主。

五、美联储加息对新兴市场经济体的影响

当前新兴市场经济体整体来看处于正常的商业周期，经济增长较为强劲，通货膨胀水平相对较高。其面临的主要风险有以下5个方面。第一，在疫情冲击下经济的脆弱性。新兴市场经济体都是全球产业链中的重要一环，在疫情的冲击下，经济受到了较大的影响，体现了新兴市场经济的脆弱性。第二，金融市场的脆弱性和泡沫化。新兴市场经济体资本账户开放，货币自由浮动，投机资金进出容易，金融市场在全球主要发达国家定量宽松货币政策影响下也呈现出了泡沫化的情况，一有风吹草动，都可能引发泡沫破裂和资金外逃，进而引发货币贬值，严重的可能出现金融危机。第三，美联储货币政策收紧的冲击。美联储货币政策收紧，包括定量宽松货币政策的逐步退出和加息，可能导致全球资金回流美国和其他主要发达国家，进而影响新兴市场经济体金融市场和汇率。第四，发达国家股市泡沫破裂对新兴市场经济体金融市场的连带影响。第五，美国的打压可能要求新兴市场经济体站队的风险和对全球产业链冲击的风险。

美联储政策转向包含两个内容：一是退出定量宽松货币政策；二是加息。退出定量宽松货币政策意味着美联储对美国经济和外部环境的认识发生改变，认为美

国经济和金融市场已经渡过了艰难时期，市场的情绪得到恢复，如果不逐步退出可能出现认知刚性，在不断扩大泡沫的同时忽略风险，带来系统性金融风险。加息政策意味着美联储对美国经济的恢复有了信心，同时也高度担心通货膨胀带来的巨大压力。

美联储政策退出定量宽松政策对新兴市场经济体产生的影响是间接的，但新兴市场经济体会以此为依据更激进地应对通货膨胀压力，加息可能会更为大胆。但最大的风险是新兴市场经济体面临的金融市场泡沫破裂和资金外逃，以及相应的货币贬值和金融危机。

美联储加息对新兴市场的影响是直接的，除了根据需要确认加息应对通货膨胀压力之外，更重要的可能是应对金融市场受到发达国家金融市场泡沫破裂冲击的影响，不排除部分新兴市场经济体暂缓加息或采取更加宽松货币政策的可能。

2022 年新兴市场经济体面临的最大挑战可能是美联储政策的转向，以及可能出现的金融市场泡沫破裂与资金外逃，严重地可能会出现金融危机。

2022 年新兴市场经济体的货币政策可能会出现前紧后松的情况。由于通货膨胀压力大，加之美联储政策转向，新兴市场经济体的货币政策前期可能会出现加速紧缩的情况，随着美联储货币政策转向确认，尤其是加息确认，美国股市泡沫破裂可能导致新兴市场经济体资金外逃、泡沫破裂，新兴市场经济体可能会放松货币政策或者维持前期货币政策不动。因此，2022 年的新兴市场经济体的货币政策可能出现前紧后松的情况。

第四节　“降息”后的中国货币政策趋势①

尽管美联储退出定量宽松货币政策并加息的预期越来越高，部分新兴市场经济体多次加息，但中国货币政策独立性不断上升，可能出现逆向放松趋势。

一、央行“降息”的市场驱动

中国人民银行授权全国银行间同业拆借中心公布，2021 年 12 月 20 日贷款市场报价利率（LPR）为：1 年期 LPR 为 3.8%，5 年期以上 LPR 为 4.65%。其中，1 年期 LPR

① 此节内容曾发表于腾讯原子智库。

较2021年11月22日LPR下降5个基点，5年期保持不变。这是央行在2021年12月6日决定于2021年12月15日下调金融机构存款准备金率0.5个百分点、2021年12月9日决定自2021年12月15日将金融机构外汇存款准备金率从7%上调2个百分点至9%后的“降息”，具有较强的货币政策导向性。

传统的人民币1年期贷款基准利率自2015年9月24日降至4.35%以来一直保持不动。之所以称此次LPR利率下调5个基点为“降息”，是因为自2019年8月17日中国人民银行改革完善LPR形成机制，由18家报价行根据最优质客户贷款利率，按公开市场操作利率加点形成的方式报价，并包括1年期和5年期以上两个品种，每月20日（遇节假日顺延）9点前，各报价行以0.05个百分点为步长，向交易中心提交报价，交易中心去掉最高和最低报价后进行算术平均，并向0.05%的整数倍就近取整计算得出LPR，于当日9点30分发布。自2019年8月20日新的LPR首次发布以来，LPR逐步下行，较好地反映了货币政策取向和市场供求变化，市场化程度明显提高。截至2021年12月20日，1年期和5年期以上LPR分别累计下降0.45%和0.2%（参见图2-23）。

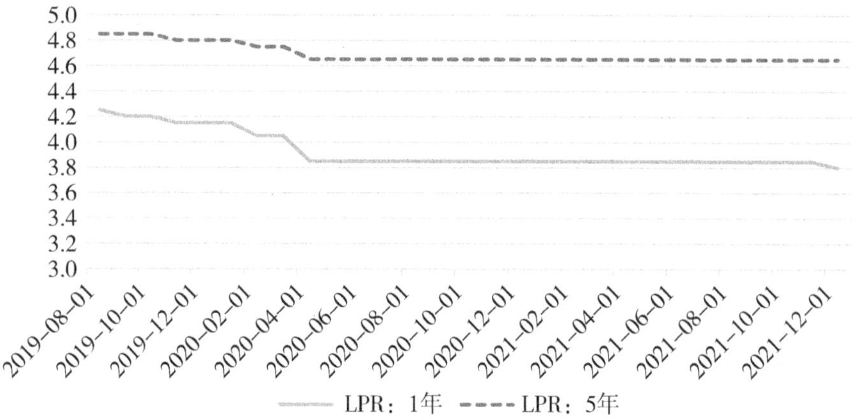

图2-23 LPR1年期和5年期走势（%）

资料来源：北京睿信科全球风险管理平台（www.sunrisk.cn）。

其中，公开市场操作利率主要是指中期借贷便利（MLF）利率。受2019年底新型冠状病毒感染和经济疲弱等因素的影响，MLF利率从2019年8月15日的3.3%下降至2020年4月15日的2.95%，此后一直保持在2.95%的水平。同时，1年期LPR与1年期MLF利率的利差从2019年8月15日的1.01%上升至2020年4月15日的1.10%的峰值后开始下降，2020年5月15日至2021年11月15日维持在0.9%，2021年12月20日已收缩至0.85%（参见图2-24）。这在一定程度上说明，在央行公开市场操作利率保持不变的情况下，1年期LPR的下降，具有更多的市场驱动因素。

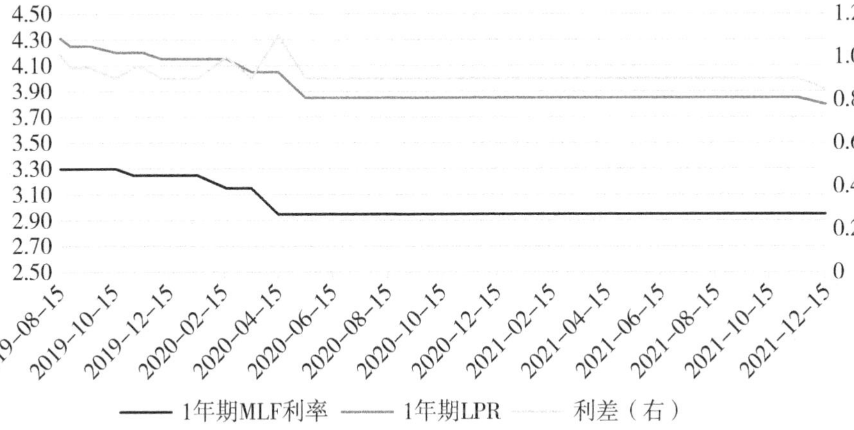

图 2-24　1 年期 LPR 与 MLF 利率与利差趋势（%）

资料来源：北京睿信科全球风险管理平台（www.sunrisk.cn）。

金融机构积极运用LPR定价，目前新发放贷款利率已基本参考LPR来定价，存量浮动利率贷款定价基准转换于2020年3月如期启动，并已于2020年8月末完成。企业平均贷款利率2019年7月为5.32%，2020年7月为4.68%，2021年9月为4.59%。2019年9月已较2019年7月下降0.73%，明显超过了同期LPR降幅，充分体现了LPR改革增强金融机构自主定价能力、提高贷款市场竞争性、促进贷款利率下行的作用。

二、"降息"的内部经济动因

此次"降息"有着内部经济压力因素。第一，经济增长有一定的疲弱之势。2021年前三季度，中国GDP同比增长9.80%，两年平均增长5.20%，比上半年两年平均增速回落0.1个百分点。分季度看，一季度同比增长18.30%，两年平均增长5.00%；二季度同比增长7.90%，两年平均增长5.50%；三季度同比增长4.90%，两年平均增长4.90%（参见图2-25）。第二，最终消费支出较为疲弱，固定资本投资出现负增长。受疫情的影响，最终消费支出、固定资本投资和净出口在第一季度增幅较大后，都出现了明显的回落。最终消费支出在第三季度时同比仅增长3.86%，固定资本投资同比负增长0.03%，净出口同比增长1.06%。受内需疲弱的影响，PPI向CPI传导不畅，与CPI呈现背离之势（参见图2-26）。第三，从第三季度的数据来看，货币供给较为紧张。2021年11月，M0、M1和M2同比分别增长7.20%、3.00%

和8.50%，较2008年以来的月度均值分别低了1.35%、8.76%和5.01%，尤其是代表企业活力的M1大幅低于平均水平，表明企业经营压力极大。第四，国内新型冠状病毒感染零星出现，尤其是奥密克戎变异株可能给经济带来较大压力，也是“降息”考虑的因素之一。

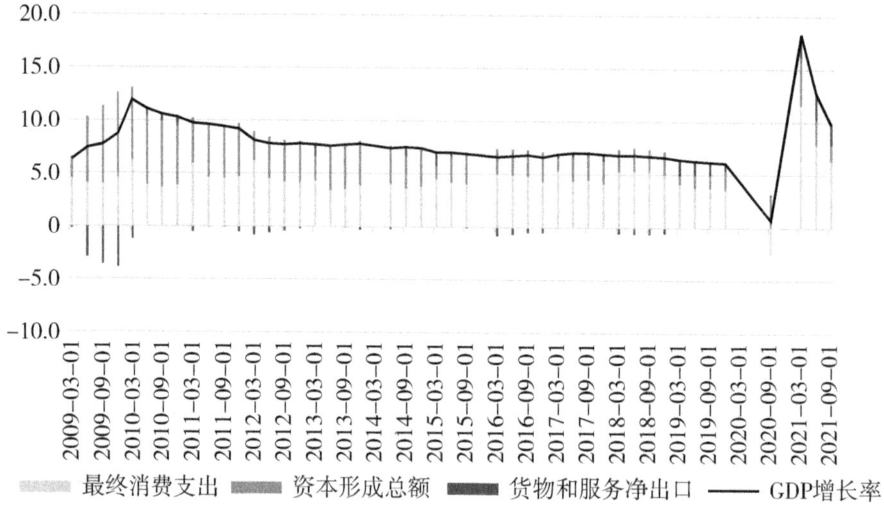

图 2–25　中国 GDP 增长率与三大板块的贡献（%）

资料来源：北京睿信科全球风险管理平台（www.sunrisk.cn）。

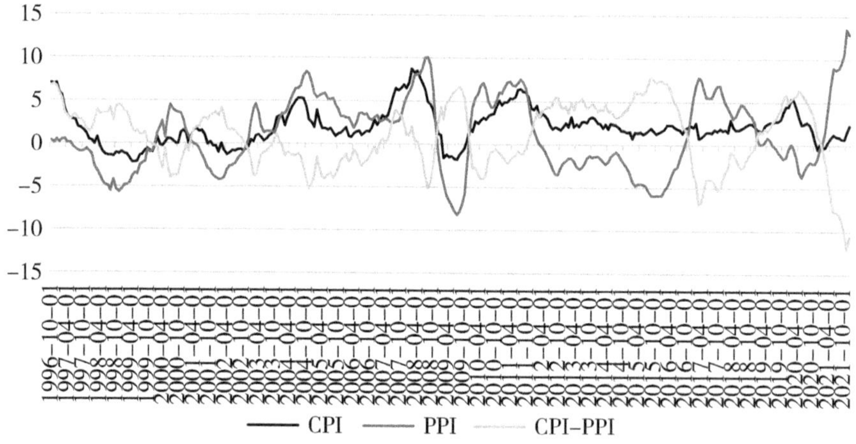

图 2–26　PPI 与 CPI 的背离趋势（%）

资料来源：北京睿信科全球风险管理平台（www.sunrisk.cn）。

三、央行“降息”的系统性风险压力

此次“降息”有着内外部系统性风险压力上升的因素。内部系统性风险压力来自房地产市场的压力，具体体现在4个方面：一是以华夏幸福和恒大地产等企业为代表的房企高债务压力且融资困难所产生的系统性风险；二是房价下跌可能带来的泡沫破裂的风险，尤其是在三四五线城市；三是房价下跌带来的地方土地财政不能持续而导致的地方政府不能近期偿债的风险；四是房价下跌可能导致房地产断供给金融机构带来的风险，同时居民财富缩水也会给消费带来的较大压力。

外部系统性风险压力主要在于3个方面：第一，全球经济在2022年面临着较大下行压力，尤其是偏离正常经济周期且陷入滞胀的发达国家，可能继续成为全球增长的拖累，新冠病毒奥密克戎变异株全球传播也可能增加全球经济下行压力。第二，美联储可能不得不加紧缩减定量宽松货币政策，并不得不多次加息应对大幅上升的通货膨胀，可能给全球经济和金融市场带来压力。刚结束的12月美联储货币政策会议暗示定量宽松货币政策可能在2022年3月完全停止，2022年将有3次加息，加息幅度暂定0.90%。第三，全球金融市场，尤其是发达国家的金融市场的过度泡沫化，在美联储缩减定量宽松货币政策并加息的情况下，股市、债市泡沫破裂可能产生局部金融危机，尤其是可能给新兴市场经济体带来较大风险甚至危机。因此，此次“降息”或许也有着时机上的提前考量。

四、密集货币政策背后的考量

事实上，2021年12月以来密集的货币政策出台，与12月8至10日召开的中央经济工作会议精神直接相关，有着如下4个方面的考量。

第一，对经济形势有重要的新定位。中央经济工作会议指出，“在充分肯定成绩的同时，必须看到我国经济发展面临需求收缩、供给冲击、预期转弱三重压力”。而且，受奥密克戎变异株快速传播，以及美联储缩减定量宽松货币政策和加息的影响，全球经济增长将面临较大的下行压力。中央经济工作会议要求“财政政策和货币政策要协调联动，跨周期和逆周期宏观调控政策要有机结合。实施好扩大内需战略，增强发展内生动力”，并强调要坚持“外防输入、内防反弹”，科学精准地做好新型冠状病毒感染的相关工作。

第二，对房地产市场监管的纠偏。中央经济工作会议指出，“要坚持房子是用来住的、不是用来炒的定位，加强预期引导，探索新的发展模式……支持商品房市场更好满足购房者的合理住房需求，因城施策促进房地产业良性循环和健康发展”。实际上是对前期房地产市场投机与泡沫化的化解，同时也是对房地产企业融资限制的政策进行适当纠偏，对已经出现问题的房地产企业进行恰当的风险化解。

第三，加强对内外部系统性风险的应对。中央经济工作会议指出，“要正确认识和把握防范化解重大风险”。除了房地产市场风险和金融风险等内部风险之外，我国还面临着外部金融市场泡沫破裂风险的冲击以及跨境资金快速流动和人民币汇率大幅波动的风险。这也是跨周期和逆周期宏观政策的应用。

第四，人民币汇率的稳定。2021年12月15日将金融机构外汇存款准备金率从7%上调2个百分点至9%，核心是防范人民币过度升值，保持人民币汇率的基本稳定。自疫情暴发以后，人民币兑主要货币短期大幅升值，给出口带来了一定压力。至2021年12月9日，美元兑人民币、欧元兑人民币、日元兑人民币汇率分别贬值9.34%、7.83%和12.58%（参见图2-27）。尽管在疫情期间中国在以完整的产业链保障世界需求方面取得了较好的成绩，但随着疫情压力逐步下降，人民币大幅升值给出口带来的压力正在上升。人民银行自2007年5月将外汇存款准备金率由4%提高到5%，到2021年5月宣布上调2个百分点，期间长达14年未作调整，2021年6月15日上调至7%，12月上调至9%。外汇存款准备金率上调，银行需要更多的外汇流动性以满足上调外汇存款准备金率的要求，银行间购买外汇、卖出人民币的交易增加，外汇需求上升，人民币供应扩大，人民币汇率升值压力减轻或出现短期贬值。

图2-27 国内市场主要货币兑人民币的即期汇率

资料来源：北京睿信科全球风险管理平台（www.sunrisk.cn）。

随着美联储缩减定量宽松货币政策并加息的预期上升，未来美元有进一步升值的空间。从美元兑人民币NDF（无本金远期交割外汇交易）的走势来看，意味着美元升值幅度从1%提升到了2021年12月的3%左右（参见图2-28）。因此，从这个角度上讲，央行提升外汇存款准备金率有让人民币汇率回归基本稳定的目的。因此，这也可以说是跨周期和逆周期宏观政策的应用。

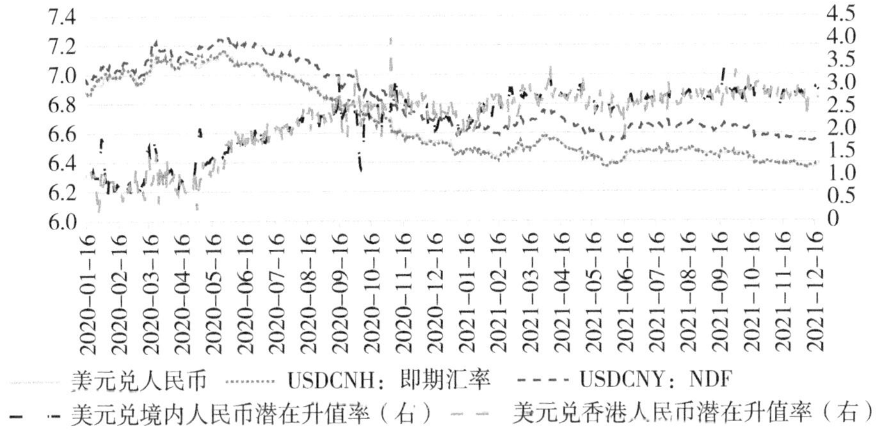

图 2-28　美元兑人民币 NDF 意味着未来美元升值幅度（%）

资料来源：北京睿信科全球风险管理平台（www.sunrisk.cn）。

五、2022 年的货币政策趋势

事实上，即使在面临着发达国家零利率政策甚至负利率政策，以及定量宽松货币政策，中国主张稳健的货币政策，保持了货币政策的定力，为中国的货币政策预留了较大的政策空间，为宏观经济增长和稳定赢得了重要筹码。当然，这背后存在着商业周期的差异。目前中国等新兴市场经济体仍然处于正常的商业周期之中，而美欧日等发达经济体不仅远未恢复到正常的商业周期，还陷入尴尬的滞胀局面。

中国货币政策正日益显示出其独立性，并有着进一步放松货币政策的空间。尽管面临着美联储缩减定量宽松货币政策并加息的预期，以及部分新兴市场经济体央行加息，预计2022年中国的货币政策仍将以稳健为主，在促进经济稳定增长、汇率基本稳定的同时，有效地防范内外部系统性风险压力。

第3章 全球系统性风险趋势：概况

导读

2020年9月以来，新型冠状病毒感染在不同国家和地区反反复复，伴随着全球经济多年来积累的内在结构性矛盾，导致全球系统性风险指数多数时间在50线水平下方运行，2021年8月后开始回升，最高点在2021年8月31日，为54.52点，最低点在2021年5月7日，为41.54点。监测全球动态系统性风险指数，可以看到风险指数逐步回升，全球动态系统性风险压力有所减轻，但当前指数水平离2019年疫情前的水平，仍然有较大差距，通过监测取样2021年数据，指数数值全部在预警警报范围内，没有一天到达55点及以上水平。2021年，尽管全球许多国家在一段时间内经济陷入停滞和衰退，金融市场大幅动荡，但在全球央行货币政策和财政部财政政策的支持下，全球系统性风险指数低点较2008—2009年全球金融风暴、2000年美国高科技泡沫破裂和1997—1998年亚洲金融风暴时要高。

在我们跟踪的261天（2020年9月1日—2021年8月31日）中，每一天都触发了全球系统性风险报警，无一例外！其中，触发五级警报（50—55）天数为195天，触发四级警报（45—50）天数为42天，触发三级警报（40—45）天数为24天，没有触发特级警报、一级警报和二级警报。但全球系统性风险较上一统计年度（2019年9月1日—2020年8月31日）有显著好转。

2020年我们预测过，全球系统性风险可能仍在积聚更多的动能，全球过度宽松的货币政策和财政政策、过度泡沫化的金融市场可能酝酿着金融危机。事实上，2021年，没有出现影响大的金融危机，反倒是2021年全球出现供应链混乱，多数国家出现通货膨胀水平创新高和经济滞涨通缩现象，像是在积蓄能量，像是爆发危机的前奏。金融危机什么时候到，不好预测。其中，发达国家的系统性风险上升趋势有所减缓，但过度宽松的财政货币政策和过度泡沫化的金融市场或许酝酿着较大规模的金融危机。中国的系统性风险指数有小幅上升趋势，离警报范围较远，但在较为严峻的外部环境下，仍需高度关注系统性风险趋势。

和2020年的报告一样，我们通过双重透视法①对186个国家和地区的动态系统性风险指数和静态系统性风险指数进行处理，区分了全球系统性风险较低或改善的国家和地区、系统性风险较高的国家和地区、已经发生系统性风险的国家和地区和可能将爆发系统性危机的国家和地区。从2021年静态系统性风险指数来看，由于不少国家和地区有效控制了疫情的蔓延，只有少数国家和地区的风险指数下降，即风险上升，分别为圣基茨和尼维斯、叙利亚、安提瓜和巴布达、中国香港特别行政区和苏丹5个国家和地区；从动态系统性风险指数的周期性来看，秘鲁、毛里塔尼亚、斯里兰卡、阿富汗、伊朗、匈牙利、塞舌尔、黎巴嫩、沙特阿拉伯、爱沙尼亚、捷克、蒙古、哥斯达黎加、科威特、厄瓜多尔、加纳、中国香港特别行政区、约旦和缅甸等国家和地区，这些国家和地区的系统性风险要引起重视。

对于基于国（地）别动态和静态系统性风险指数基础上构建的区域动态和静态系统性风险指数，本报告也用双重透视法对区域进行了风险分类分析。从动态系统性风险指数来看，可能需要高度关注秘鲁、毛里塔尼亚、斯里兰卡、阿富汗、伊朗、匈牙利、塞舌尔、黎巴嫩、沙特阿拉伯、爱沙尼亚、捷克、蒙古、哥斯达黎加、科威特、厄瓜多尔、加纳、中国香港特别行政区、约旦和缅甸等国家和地区的系统性风险指数。动态系统性风险指数达到70以上，未来可能面临下降趋势的区域，但也有爆发系统性危机的可能。今后两年本报告可能需要高度关注东盟、南亚、独联体和中低等收入国家的系统性风险趋势，而上合组织、"金砖国家"、"一带一路"沿线国家和新兴市场经济体的系统性风险也需要关注。

第一节　全球系统性风险体现的趋势

一、全球系统性风险趋势

2020年3月中旬，全球系统性风险指数到达2009年以来的最低值20.8，虽然2021

① 有关双重透视法概念描述，请参阅拙作《2019—2020全球系统性风险报告》，中国法制出版社2019年版的相关章节。

年全球进行了大规模的疫苗接种，但新型冠状病毒感染传播的反复、疫苗资源之争、经济“好坏参半”式复苏和大国之间的产业链非良性竞争，增大了全球系统性风险的不确定性。2021年，全球经济开启了逐渐治愈的过程，本报告通过监测全球动态系统性风险指数，可以看到指数在逐步回升，风险压力有所减轻，但指数水平距2019年疫情前的水平，仍然有较大差距。本报告监测取样2021年数据，全部在警报范围内，没有一天到达55点及以上水平，全球系统性风险警报短期内不会解除。

回溯全球系统性风险指数历史走势，自1994年以来，全球系统性风险指数准确地体现了1997—1999年的亚洲金融风暴（指数降至40线水平以下）、2000年美国新经济泡沫破裂（指数降至40线下）、2008—2010年的全球金融风暴（指数剧降至5）、欧债危机（指数在30—50线徘徊）、2015年开始的美联储缩表危机和2018年的全球贸易战，其间，全球系统性风险指数多次击穿50线。受疫情影响和人们对经济的悲观预期，全球系统性风险指数变化呈现大幅波动，总体呈下降趋势，2020年1月1日—2020年12月31日，在取样的262天中，有213天的全球系统性风险指数小于50点，占81.3%，其中2020年3月18日为最低值——20.8点，事实上，2020年全球系统性风险已经爆发。

进入2021年，因全球扩散的疫情及复杂的地缘政治因素，全球系统性风险指数的反弹受到较大压力，从2021年1月1日—2021年8月31日，全球系统性风险指数全部小于55点，且小于50点的天数占总数的78.2%，说明全球系统性风险并未远去（参见图3-1）。事实上，2022年全球仍然受疫情影响，加之“堰塞湖”股市风险、英国“硬脱欧”风险后遗症、印巴冲突、复杂紧张的中东和东欧等地的地缘政治冲突等对全球经济造成的负面影响，仍然存在着引发全球系统性危机的可能。

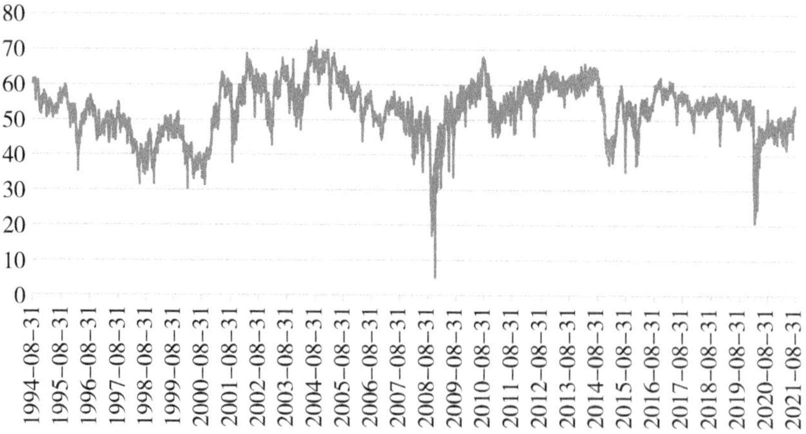

图3-1 全球系统性风险指数趋势

资料来源：北京睿信科全球风险管理平台（www.sunrisk.cn）。

二、美国系统性风险趋势

美国是全球的超级大国之一。继2020年因疫情出现经济衰退后，2021年，在美国经济的恢复过程中，受制于全球供应链问题、高昂的物流成本、国内严重通货膨胀、巨额债务到期和未解决的贸易争端等因数，经济增长因数非常脆弱，前景黯淡。在2021年中，美国系统性风险指数超过一半的时间击穿50线。

从历史上看，美国系统性风险的出现，都和当时的风险事件相关。比如，20世纪80年代美国系统性风险指数多次击穿50线，是系统性风险较高的阶段，主要与第二次石油危机、经常出现账户赤字和财政赤字的“双赤字”、经济滞胀和美苏对抗的冷战等相关；20世纪90年代初的储蓄银行危机导致了其系统性风险的上升，此后持续改善，但在1995年强势美元政策提出后，伴随着美元的升值和新科技泡沫出现的是通货膨胀的大幅上行，以及美联储不断地加息，直到2000年美国新科技泡沫破裂，美联储开始降息，2002年美元进入贬值趋势，美国系统性风险趋势才有所改善；至2004年美联储开始加息始，美国系统性风险指数再度下行，直到2007年停止加息后开始反弹，于2008年9月达到高点后大幅下降，主要是与美国房地产泡沫积聚与次贷危机爆发并引爆全球金融风暴相关。

次贷危机之后，美国自2007年8月开始，美联储先后10次大规模降息，从5.25%降至0%—0.25%区间，同时也于先后启动3轮量化宽松政策，这期间，系统性风险指数从2008年11月12日26.30点持续上升到2013年2月18日75.33点最高点，反映了美国推出降息及量化宽松刺激政策取得的成绩。当美联储宣布退出量化宽松货币政策后，美国进入加息通道，系统系风险指数在2015年3月6日下降至43.42的低点。自2013年2月开始，从美国系统性风险趋势图来看，美国系统性风险指数呈阶梯式下降，也就是说美国的系统性风险在逐年上升，疫情更是加重了美国系统性风险上升的趋势。经统计，从2021年1月1日至2021年8月31日，共有174个交易日，其中在预警警报范围内（小于55）有121天，在警报范围内的天数占总天数的69.5%，说明2021年，美国系统性风险趋向严重，没有缓解迹象。

截至2021年8月31日，美国系统性风险指数为50.59，仍然处在五级警报范围内。近两年，为应对疫情，美联储无限量“放水”导致美国股指虚高，市场对美国股市和债市存悲观预期，加上全球经济的不确定性及美国通货膨胀水平仍将保持高位，美国股市和债市存在巨大风险，后期可能大幅波动。我们预计，美国系统性风险指数将下降至40线甚至20线左右，存在着再次爆发系统性危机的可能（参见图

3–2）。

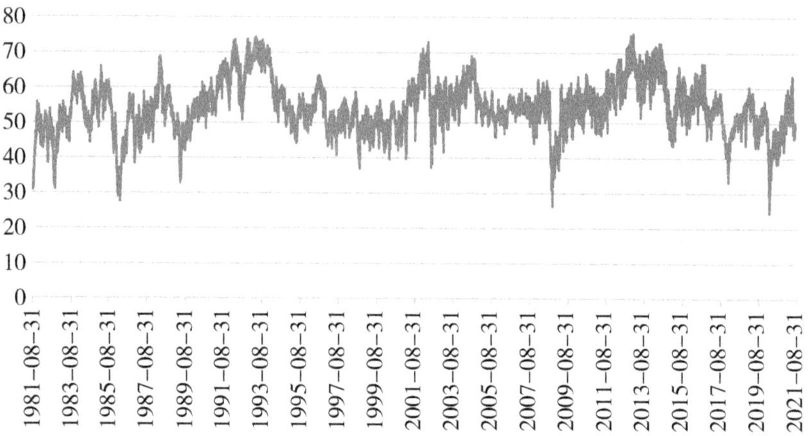

图 3–2　美国系统性风险指数趋势

资料来源：北京睿信科全球风险管理平台（www.sunrisk.cn）。

三、中国系统性风险趋势

中国在新型冠状病毒感染爆发这一全球公共卫生安全危机中，与世界携手抗疫，作出了重要贡献，并提供了成功借鉴，成为2020年唯一实现GDP正增长的国家，2021年，疫情虽然给全球经济带来了不确定性，但中国控制疫情有效性是确定的，经济稳定发展也是确定的，间接体现在中国系统性风险指数图上，即为其指数基本上都在50水平线上运行。

近些年来，中国作为经济快速增长的发展中国家，是世界经济增长的重要支撑力量。随着金融革命的展开，汇率恢复到合理的区间中，中国系统性风险不断下降，并且风险指数在2004年6月2日达到历史高点。随着人民币汇率改革和股票市场改革，以及其他金融市场的变革，系统性风险指数进入波动调整状态，并随着全球金融风暴而显著下行，近年来在50—70的区间波动。

从系统性风险指数展示的系统性风险来看，中国的系统性风险主要分布在4个阶段：一是集中分布在1992年前的11年里，二是零散分布在1992—1996年，并以1994年为主，主要是1992—1993年经济过热宏观调控所致；三是2008年受全球金融风暴的影响；四是2014年开始中国处于经济转型期，主要是受中国经济新常态下投资下滑和外需下降的影响。2015年以来，系统性风险指数主要在50—80的区间波动，但中间有几次下破50线和上破80线。受中美贸易战及新型冠状病毒感染的影响，中国系统性风险指数从71左右（2019年11月）的水平开始下滑跌落至47.46（2020年11月24日）。2020年，中国成为防范全球系统性危机的重要支撑力量，中国经济的正增长，可能是大国中的唯一。经统计，从2021年1月1日到2021年8月31日，共有174个交易日，其中在预警警报范围内有8天，在警报范围内的天数占总天数的4.6%，说明2021年，中国系统性风险较小，经济发展已进入健康轨道。

截至2021年8月31日中国系统性风险指数为67.44，估计未来仍然以50—70的区间的小幅波动为主，虽然风险较小，但仍然要小心防范系统性风险转化为系统性危机（参见图3–3）。房地产泡沫的上升、货币政策宽松期接近尾声、中美贸易战全面升级和中美贸易战的持续性、疫情对世界经济的持续影响等因素将会导致中国系统性风险指数有继续波动，后续走势需要密切关注。

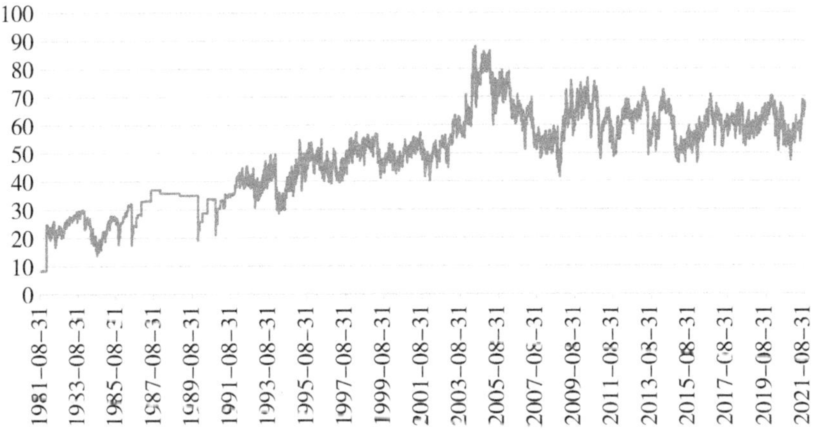

图3–3　中国系统性风险指数趋势

资料来源：北京睿信科全球风险管理平台（www.sunrisk.cn）。

四、德国系统性风险趋势

德国是欧元区的核心支柱，也是欧盟的支柱。德国在财政领域更是以谨慎为主，加上其强大的自主技术创新能力，使德国经济具有较强的韧劲。德国是出口导向型的经济，出口对德国经济有着重大影响。继因疫情出现经济衰退后，2021年，德国经济在恢复过程中，受制于全球供应链问题、原材料稀缺、高昂的物流成本和未解决的贸易争端等，使经济增长依赖出口的德国产生了较大影响，在2021年中，德国系统性风险指数多次击穿50线。

从德国系统性风险指数图来看，早期由于缺乏国债风险指数和经济物价风险指数，其系统性风险指数偏低。从频率区间的分布来看，两德统一后，德国系统性风险指数主要在30—80之间波动。从指数小于50的年度分布来看，分别为1984—1994年、1997—2003年、2006—2009年和2015年，既体现了自身早期面临的风险，也体现了全球的系统性风险，尤其是美国的系统性风险，如1982年和1983年美联储加息、德国跟随加息；1991年的两德统一和巨额的财政压力与通货膨胀压力，以及紧缩的货币政策与1992—1993年的欧洲货币危机的影响；1997—1999年的亚洲金融风暴；2000—2002年的美国新经济泡沫破裂、加息和国债风险；2006—2009年的经济潜力风险和追随美国加息带来的国债风险，以及后期的全球金融风暴。从2014年4月18日至2015年3月11日，德国系统性风险指数从62.2的相对高点下降至18.39的低点，比2008年10月24日全球金融风暴期间的低点22.73还要低。此后，德国系统性风险指数在波动中持续上升，2018年7月19日上升至68的高点后略有下滑，受疫情影响，2020年3月9日，抵达30.4低点，此后逐步反弹，2020年8月31日，德国系统性风险指数为47.5。经统计，从2021年1月1日—2021年8月31日，共有174个交易日，其中德国的系统性风险指数在预警警报范围内有119天，占总交易日的68.4%，说明2021年上半年，德国系统性风险仍然没有远去。

截至2021年8月31日，德国系统性风险指数为55.35，估计未来仍然以50—60的区间波动为主，德国系统性风险指数有继续波动，后续走势需要密切关注（参见图3–4）。

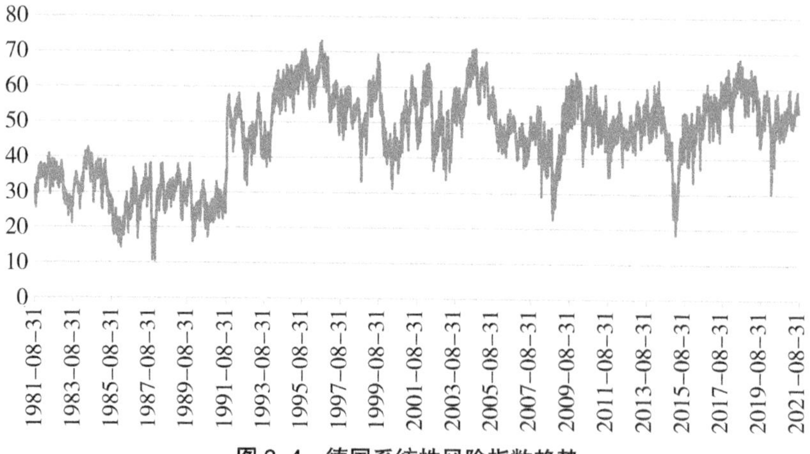

图3–4　德国系统性风险指数趋势

资料来源：北京睿信科全球风险管理平台（www.sunrisk.cn）。

五、法国系统性风险趋势

法国是最发达的工业国家之一，在核电、航空、航天和铁路方面居世界领先地位，国内生产总值位居世界第六，也是欧元区的核心支柱之一。因疫情的出现，作为经济增长引擎的汽车、航空等传统优势产业持续低迷，对外贸易更是如履薄冰，法国GDP出现大幅下滑，同比实际减少8.3%，超过了2008—2009年全球经济危机时的影响，并创下了自第二次世界大战以来的衰退纪录。2021年，在法国经济恢复的过程中，为扭转经济颓势，法国政府于当年年初强势推出大规模经济复苏刺激计划，积极推进“后疫情复苏”计划，因受新型冠状病毒感染后期影响，全球贸易处于低潮期，供应链紧张，法国工业原材料资源又严重依赖资源，这给2021年法国经济恢复带来了不利影响。从法国系统性风险指数图中可以看到，2021年一年，法国系统性风险指数多次击穿50线。

从法国系统性风险指数的走势来看，系统性风险指数主要集中于30—70之间波动。整体来看主要分为以下5个阶段。

第一阶段：1981年1月1日—1996年8月27日，系统性风险指数处于上升期。在1991年12月以前，20世纪70年代至80年代前期资本主义社会的石油危机爆发，资本主义国家经济进入滞胀期，法国系统性风险指数处于较低水平缓慢上升。1982年至90年代初，资本主义经济又进入了低速增长时期；1991年12月，系统性风险指数出现一个显著增加的跨度，这与1991年12月11日“马约”的签订密不可分；1991年年底至1992年2月指数稳定在50上下波动之后，在1992年2月之后及1993年再次出现大幅下跌波动，这与1992—1993年欧洲货币危机，包括法郎危机相关。

第二阶段：1996年8月28日—2004年10月4日，系统性风险指数处于先下行再恢复的第一个周期。2000年法国股市泡沫随美国新经济泡沫的破裂而破裂，2000年5月3日指数值跌至最低点35.36。

第三阶段：2004年10月5日—2014年1月20日，系统性风险指数处于先下行再恢复的第二个周期。2008年全球金融风暴和2012—2013年欧债危机的爆发导致法国系统性风险指数于2008年10月31日跌至31.54，随后逐步恢复，在2014年1月20日，指数值达到64.25。

第四阶段：2014年1月21日—2018年12月31日，系统性风险指数处于先下行再恢复的第三个周期。2015年美联储宣布退出定量宽松货币政策并之后逐步开始加息。法国系统性风险指数于2015年3月11日，指数值跌至23.24，后恢复至50以上。2016年风险分析预测公司Verisk Maplecroft也指出法国的经济安全环境比南非、阿根廷、巴西甚至阿富汗等新兴市场经济体更为脆弱，是被判断为“高风险”的唯一发达经济体，从此可知法国整体更易受到全球金融大事件的影响而产生风险波动。

第五阶段：2019年至2020年年底，指数呈下行走势，最高值为69左右，2020年3月19日，指数值为32.98。2019年法国面临了诸多困难，比如“黄马甲事件”“提升油价”“英国脱欧不决事件”“欧洲制造业整体下滑”“欧元区多国债务问题”等，另外受全球贸易和经济下滑等因素影响，法国经济增长的动力被削弱。新型冠状病毒感染卷席世界，法国没有幸免，法国央行法兰西银行6月9日预计，2020年第二季度法国国内生产总值环比将萎缩约15%，全年将创纪录地下降10%以上。在“封城”期间停滞后重启缓慢，法国经济需要至少两年的时间，才能从新型冠状病毒感染引发的危机中恢复。

进入2021年，法国系统性风险指数开始反弹，经统计，从2021年1月1日—2021年8月31日，共有174个交易日，其中系统性风险指数在预警警报范围内有120天，比德国多一天，在警报范围内的天数占总天数的69.0%，说明2021年上半年，法国系统性风险仍然没有远去。截至2021年8月31日，法国系统性风险指数为55.77，法国系统性风险较低，发生系统性风险的可能性较低，预计未来很有可能继续在50线上方波动（参见图3–5）。

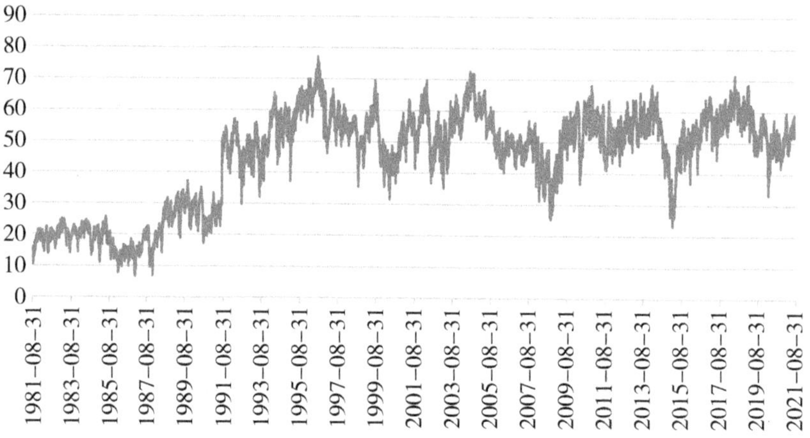

图3–5　法国系统性风险指数趋势

资料来源：北京睿信科全球风险管理平台（www.sunrisk.cn）。

六、日本系统性风险趋势

2020年，在疫情的冲击下，内外需求低迷，日本经济全面萎缩。2021年，日本虽然举办了延期的奥运会，但日本经济的恢复速度没有提升，受制于疫情反复、政府债务高企、劳动力不足、创新力下降和老龄化程度严重等因素，日本经济恢复受挫，2021年，日本系统性风险指数几乎都在50线下运行。

从历史上看，自20世纪80年代开始，日本进入日元国际化阶段，尤其是在1985年9月“广场协议”之后，日元进入大幅升值，日本经济金融泡沫化日益严重，最终泡沫破裂导致日本经济陷入了泥淖之中。日元过度升值是日本经济的核心症结，日本经济经过银行重组和财政平衡，以及走向宽松货币政策和零利率政策，更在安倍经济学的指引下，走向QQE和负利率政策，仍然难说日本经济的未来会十分乐观。

从日本系统性风险指数小于50的时间分布来看，1984—1991年系统性风险较为显著，其余各年份都存在，但较当时频率有所下降，其中几个比较严重的年份分别是1998年亚洲金融风暴期间（209天）、2008年和2009年的全球金融风暴期间（分别为206天和249天）、2013年至2017年（分别为257、161、261、258和250天）。从2018年1月1日到2019年9月25日，日本系统性风险指数有234天小于50（参见图3-6）。

日本系统性风险指数体现出多次触底反弹的情况，而且，其系统性风险指数主要处于50以下的区间波动，表明其系统性风险非常不稳定。尽管其系统性风险指数从2016年6月24日的14上升至2018年7月25日的58.5，8月至9月初仍然在47—56之间波动，2019年年初至2020年8月31日，多次跌落40线下，2020年3月9日，跌到最低点28点附近，这表示日本经济非常脆弱。

进入2021年，日本系统性风险指数虽开始反弹，但风险仍然较大，经统计，从2021年1月1日—2021年8月31日，共有174个交易日，其中日本系统风险指数在预警警报范围内有168天，仅有6天未在警报范围内，在警报范围内的天数占总天数的96.6%，说明2021年上半年，日本系统性风险仍然较大。预计日本未来系统性风险指数仍会在30—60之间波动，还有再次下行至30线的可能。

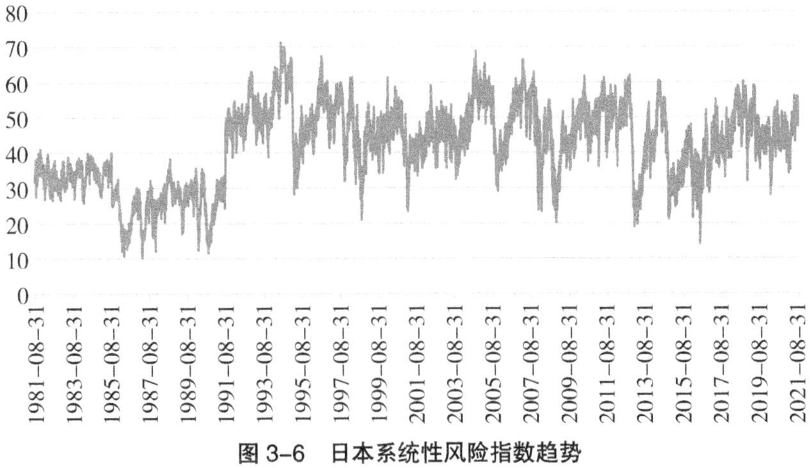

图3-6 日本系统性风险指数趋势

资料来源：北京睿信科全球风险管理平台（www.sunrisk.cn）。

七、英国系统性风险趋势

2020年，英国经济受疫情“蹂躏”，经济合作与发展组织警告称，在全球主要经济体中，英国是受疫情影响最严重的国家之一，英国GDP遭遇了300多年来最大的产出下降，降幅达9.9%，这是自1709年英国遭遇“大霜冻”以来的最大跌幅。2021年，英国“群体免疫论”在现实中屡屡碰壁，难以实现，由于英国抗疫失策，不得不在“严格抗疫”和“经济复苏”的政策选择中来回摇摆，实际上，2021年英国正在进入以经济增长乏力和物价上涨为特征的“滞胀”时期。在取样监测英国系统性风险指数天数中，2021年的所有时间全部在警报范围内，无一例外！

从英国系统性风险指数图来看，指数主要集中40—70之间。从指数小于50的年度分布来看，主要集中于1984—1993年、1997—2010年、2016年和2020年2月后，基本上也体现了全球的系统性风险，尤其是美国的系统性风险，这和英美两国的特殊关系相关，如1982年和1983年美联储加息，英国央行跟随加息；1992—1993年的欧洲货币危机，包括英镑危机；1997—1999年的亚洲金融风暴；2000—2002年的美国新经济泡沫破裂、加息和国债风险；2004—2010年的经济潜力风险和追随美国加息带来的国债风险以及后期的全球金融风暴；2016年的英国脱欧公投计划，给英国及欧盟都带来不确定风险。2018年以来，英国系统性风险指数明显上升。但全球暴发的疫情及英国可能有硬脱欧风险，英国系统性风险指数基本都小于50，最低点为2020年3月18日在17附近，显示英国系统性风险有进一步增大的趋势。

进入2021年，英国系统性风险指数虽开始上升，但风险仍然较大，经统计，从2021年1月1日至2021年8月31日，共有174个交易日，全部在警报范围内，说明2021年上半年，英国系统性风险非常大。截至2021年8月31日，英国系统性风险指数为43.89，仍然处于三级警报范围内。预计英国系统性风险指数还将继续大幅度波动，有再度下跌至30以下甚至击穿20线的可能（参见图3–7）。

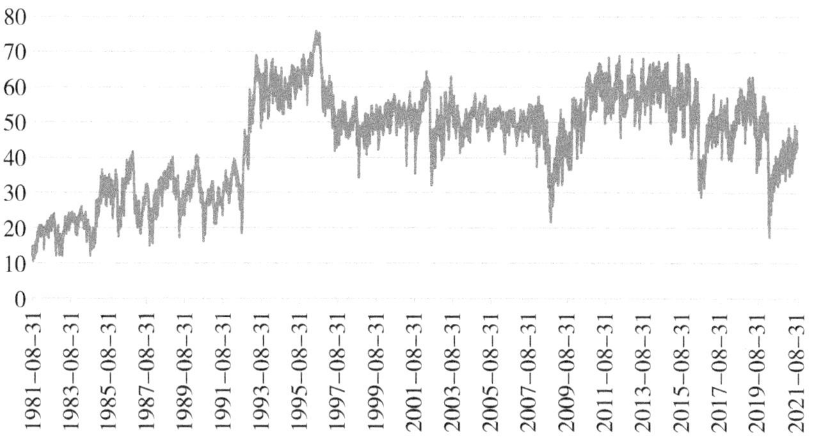

图 3–7　英国系统性风险指数趋势

资料来源：北京睿信科全球风险管理平台（www.sunrisk.cn）。

第二节　全球国别系统性风险趋势

本节在阐述全球国别系统性风险趋势时，采用了和2020年一样的描述方法，利用双层透视法来看全球国别系统性风险趋势，将186个国家或经济体划分为以下4个类别。一是国别系统性风险较低的国家或经济体，主要依据静态系统性风险指数来划分；二是国别系统性风险较高的国家或经济体，从静态系统性风险指数来划分；三是已经发生系统性危机的国家或经济体，主要从动态系统性风险指数的变动幅度来划分；四是将要发生系统性危机的国家或经济体，主要从动态系统性风险指数的变动幅度来划分。

一、系统性风险较低或改善的国家或经济体

（一）系统性风险较低的国家或经济体

根据国别静态系统性风险指数的排名，本报告将指数分在50及以上的国家或经济体，列为国别系统性风险较低的国家或经济体。从2021年的情况来看，系统性风险较低的国家或经济体共有56个。

其中，指数在60以上的经济体共有8个，按照从高到低的顺序排列分别为中国、挪威、瑞士、美国、韩国、澳大利亚、丹麦和瑞典。其中，中国的系统性风险指数最高，为63.5，自2014年以来连续8年名列第一位；挪威和瑞士并列第二，为62.1；美

国名列第四，为62.0。均较2020年有所增大。

指数55—60的经济体共有15个，按指数从高到低的顺序排列分别是新加坡、德国、加拿大、荷兰、卢森堡、新西兰、冰岛、芬兰、智利、日本、爱尔兰、英国、奥地利、中国香港和捷克。

指数50—55的经济体共有33个，按指数从高到低的顺序排列分别是法国、阿联酋、马来西亚、泰国、爱沙尼亚、文莱、以色列、越南、科威特、西班牙、印度尼西亚、保加利亚、巴拿马、不丹、秘鲁、葡萄牙、格鲁吉亚、波兰、立陶宛、毛里求斯、俄罗斯、斯洛伐克和沙特阿拉伯等国（参见表3-1）。

表3-1　2021年静态系统性风险指数排名的国家或经济体（>=50）[①]

国家/经济体	2020年	一直低于50	国家/经济体	2021年	一直低于50	排名
中国	63.2	否	中国	63.5	否	1
挪威	61.8	否	挪威	62.1	否	2
瑞士	61.7	否	瑞士	62.1	否	2
美国	61.6	否	美国	62.0	否	4
韩国	60.8	否	韩国	61.0	否	5
丹麦	60.5	否	澳大利亚	60.9	否	6
澳大利亚	60.3	否	丹麦	60.6	否	7
新加坡	59.8	否	瑞典	60.1	否	8
瑞典	59.7	否	新加坡	59.9	否	9
德国	59.2	否	德国	59.5	否	10
卢森堡	58.6	否	加拿大	58.9	否	11
荷兰	58.6	否	荷兰	58.9	否	11
加拿大	58.5	否	卢森堡	58.8	否	13
新西兰	58.3	否	新西兰	58.7	否	14
冰岛	58.1	否	冰岛	58.5	否	15

① 在2020年发布的《2020—2021全球系统性风险》报告中，少部分国家和经济体2020年数据与此报告中的数据可能存在细微差距，那是因为我们写报告时，采用的是截至2020年9月的数据，2020年10—12月，使用的是预测数据，导致2020年的部分数据指标有一定的误差，本次编写时本报告对2020年10—12月的数据进行了修正。

续表

国家 / 经济体	2020 年	一直低于 50	国家 / 经济体	2021 年	一直低于 50	排名
芬兰	57.1	否	芬兰	57.3	否	16
智利	56.4	否	智利	56.8	否	17
日本	56.3	否	日本	56.6	否	18
爱尔兰	56.0	否	爱尔兰	56.3	否	19
奥地利	55.9	否	英国	56.3	否	20
英国	55.8	否	奥地利	56.2	否	21
中国香港	55.7	否	中国香港	55.6	否	22
捷克	55.3	否	捷克	55.5	否	23
法国	54.6	否	法国	54.9	否	24
马来西亚	54.4	否	阿联酋	54.8	否	25
泰国	54.3	否	马来西亚	54.7	否	26
阿联酋	54.2	否	泰国	54.6	否	27
爱沙尼亚	54.2	否	爱沙尼亚	54.5	否	28
以色列	53.7	否	文莱	54.4	否	29
越南	53.6	否	以色列	54.2	否	30
科威特	53.4	否	越南	54.0	否	31
文莱	53.1	否	科威特	53.6	否	32
西班牙	53.0	否	西班牙	53.2	否	33
印度尼西亚	52.7	否	印度尼西亚	53.0	否	34
保加利亚	52.5	否	保加利亚	52.8	否	35
不丹	52.1	否	巴拿马	52.4	否	36
巴拿马	52.0	否	不丹	52.4	否	37
波兰	51.9	否	秘鲁	52.1	否	38
秘鲁	51.6	否	葡萄牙	52.0	否	39
立陶宛	51.5	否	格鲁吉亚	52.0	否	40
格鲁吉亚	51.5	否	波兰	52.0	否	41
葡萄牙	51.4	否	立陶宛	51.9	否	42
毛里求斯	51.4	否	毛里求斯	51.6	否	43

续表

国家/经济体	2020年	一直低于50	国家/经济体	2021年	一直低于50	排名
俄罗斯	51.1	否	俄罗斯	51.5	否	44
沙特阿拉伯	51.0	否	斯洛伐克	51.3	否	45
斯洛伐克	51.0	否	沙特阿拉伯	51.1	否	46
阿尔及利亚	50.7	否	阿尔及利亚	51.1	否	47
阿塞拜疆	50.7	否	博茨瓦纳	51.0	否	48
卢旺达	50.5	否	卢旺达	50.9	否	49
斯洛文尼亚	50.5	否	尼泊尔	50.9	否	50
博茨瓦纳	50.4	否	斯洛文尼亚	50.9	否	51
尼泊尔	50.4	否	阿塞拜疆	50.8	否	52
比利时	50.3	否	比利时	50.6	否	53
哥斯达黎加	49.9	是	哥斯达黎加	50.3	否	54
匈牙利	49.8	是	匈牙利	50.2	否	55
马耳他	49.8	是	卡塔尔	50.0	否	56

资料来源：北京睿信科全球风险管理平台（www.sunrisk.cn）。

（二）系统性风险有所改善的国家或经济体

2020年新型冠状病毒感染给人类造成了新的麻烦，2021年疫情虽有好转，但还是许多国家和地区的疫情未得到完全控制，只是总体较2020年有所改善，多数经济体相对于2020年，2021年的静态系统性风险指数有所改善，体现出其系统性风险相对有好转。

2020年，静态系统性风险指数上升的国家或经济体共有186个，上升幅度前11名分别是：厄立特里亚、委内瑞拉、圭亚那、基里巴斯、乌干达、乍得、洪都拉斯、文莱、黎巴嫩、加蓬和伊朗，指数上升幅度分别为1.31、1.07、0.91、0.88、0.76、0.71、0.71、0.70、0.70、0.65和0.65（参见图3-8）。

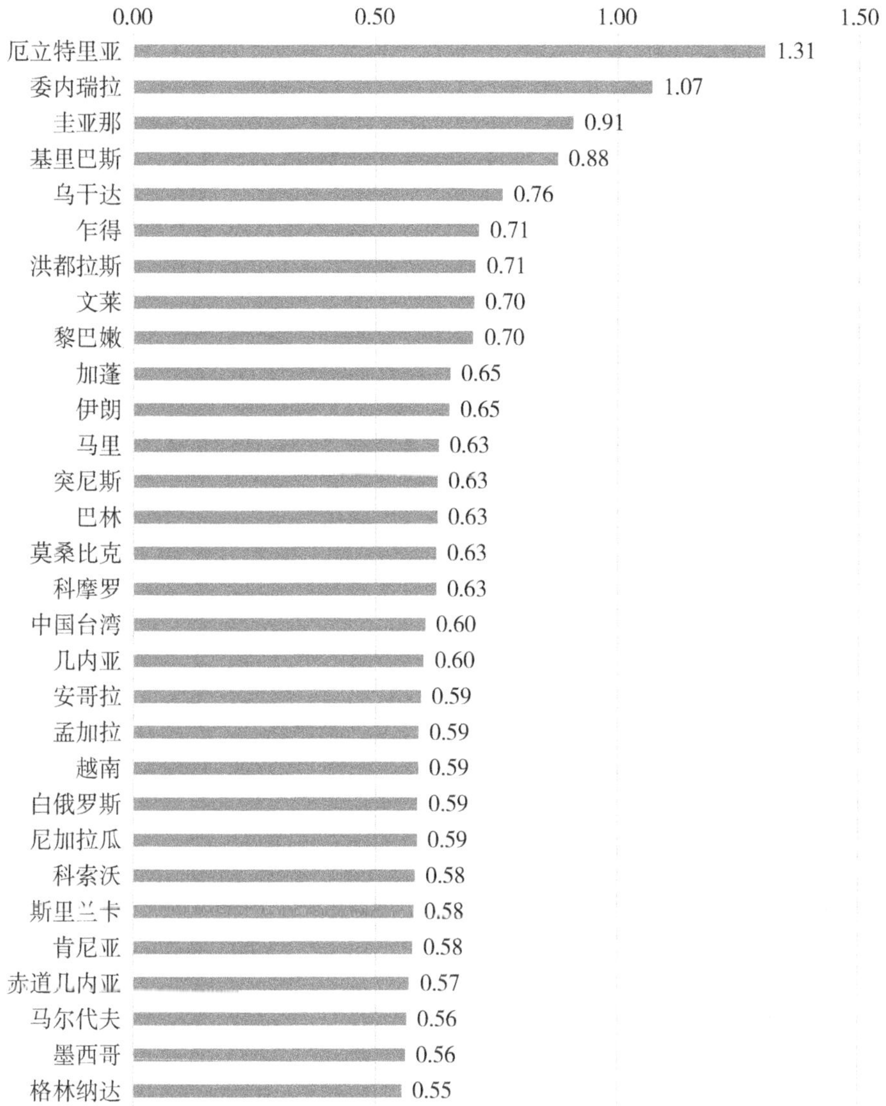

图 3-8　2021 年全球系统性改善的排名前 30 的国家或经济体

资料来源：北京睿信科全球风险管理平台（www.sunrisk.cn）。

二、系统性风险较高的国家或经济体

静态系统性风险指数低于40的国家或经济体，本报告将其称之为系统性风险较高的国家或经济体。从2021年的情况来看，这样的国家或经济体共有37个，它们的系统性风险指数全球排名在150名之后。

其中，静态系统性风险指数低于35的国家或经济体有14个，按从高到低排序分别是中非共和国、帕劳、利比亚、圣基茨和尼维斯、南苏丹、基里巴斯、厄立特里亚、委内瑞拉、苏丹、圣马里约、马绍尔群岛、中国台湾、图瓦卢和瑙鲁等。

静态系统性风险指数在35—40之间的国家或经济体有23个，按从高到低的顺序排列为巴基斯坦、马里、特立尼达和多巴哥、科索沃、津巴布韦、伯利兹、乍得、几内亚比绍、苏里南、波多黎各、刚果（金）、叙利亚、也门、多米尼克、伊拉克、赤道几内亚、巴哈马、布隆迪、土库曼斯坦、密克罗尼西亚、利比里亚、中国澳门和安提瓜和巴布达（参见表3–2）。

而且，2021年所有系统性风险指数低于40的国家或经济体，从1980到2021年，无一例外地，其指数都一直低于50，属于系统性风险较高的国家或经济体。

表3–2　2020年静态系统性风险指数排名的国家或经济体（<40）

国家/经济体	2020年	一直低于50	国家/经济体	2021年	一直低于50	2021年排名
马里	39.9	是	巴基斯坦	39.9	是	156
海地	39.9	是	马里	39.9	是	157
阿富汗	39.8	是	特立尼达和多巴哥	39.8	是	158
巴基斯坦	39.2	是	科索沃	39.7	是	159
科索沃	39.2	是	津巴布韦	39.2	是	160
特立尼达和多巴哥	39.1	是	伯利兹	39.1	是	161
伯利兹	39.0	是	乍得	39.1	是	162
乍得	38.8	是	几内亚比绍	38.8	是	163
几内亚比绍	38.4	是	苏里南	38.4	是	164
伊拉克	38.2	是	波多黎各	38.4	是	165
苏里南	38.1	是	刚果（金）	37.9	是	166
津巴布韦	38.0	是	叙利亚	37.6	是	167
波多黎各	37.9	是	也门	37.6	是	168
多米尼克	37.9	是	多米尼克	37.4	是	169
刚果（金）	37.2	是	伊拉克	37.4	是	170
赤道几内亚	37.1	是	赤道几内亚	37.2	是	171
叙利亚	37.0	是	巴哈马	36.9	是	172
巴哈马	36.6	是	布隆迪	36.8	是	173
布隆迪	36.5	是	土库曼斯坦	36.7	是	174
土库曼斯坦	36.5	是	密克罗尼西亚	36.4	是	175
也门	36.3	是	利比里亚	35.9	是	176
密克罗尼西亚	36.2	是	中国澳门	35.7	是	177
利比里亚	35.7	是	安提瓜和巴布达	35.4	是	178
中国澳门	35.6	是	中非共和国	34.7	是	179
安提瓜和巴布达	35.6	是	帕劳	34.4	是	180

续表

国家/经济体	2020 年	一直低于 50	国家/经济体	2021 年	一直低于 50	2021 年排名
帕劳	34.4	是	利比亚	34.4	是	181
中非共和国	34.0	是	圣基茨和尼维斯	33.0	是	182
利比亚	34.0	是	南苏丹	32.5	是	183
圣基茨和尼维斯	33.7	是	基里巴斯	32.2	是	184
基里巴斯	32.3	是	厄立特里亚	31.7	是	185
厄立特里亚	31.3	是	委内瑞拉	31.0	是	186
委内瑞拉	30.4	是	苏丹	29.5	是	187
南苏丹	29.9	是	圣马里约	29.2	是	188
苏丹	29.5	是	马绍尔群岛	27.7	是	189
圣马里约	29.0	是	中国台湾	26.4	是	190
马绍尔群岛	27.6	是	图瓦卢	26.0	是	191
图瓦卢	25.8	是	瑙鲁	21.6	是	192

资料来源：北京睿信科全球风险管理平台（www.sunrisk.cn）。

三、系统性风险上升较大的国家或经济体

（一）静态系统性风险指数下降的国家或经济体

受疫情的影响，相对2020年，2021年静态系统性风险指数下降的国家或经济体只有5个，整体偏向好转，下降幅度由大到小排序分别为圣基茨和尼维斯、叙利亚、安提瓜和巴布达、中国香港和苏丹（参见图3-9）。

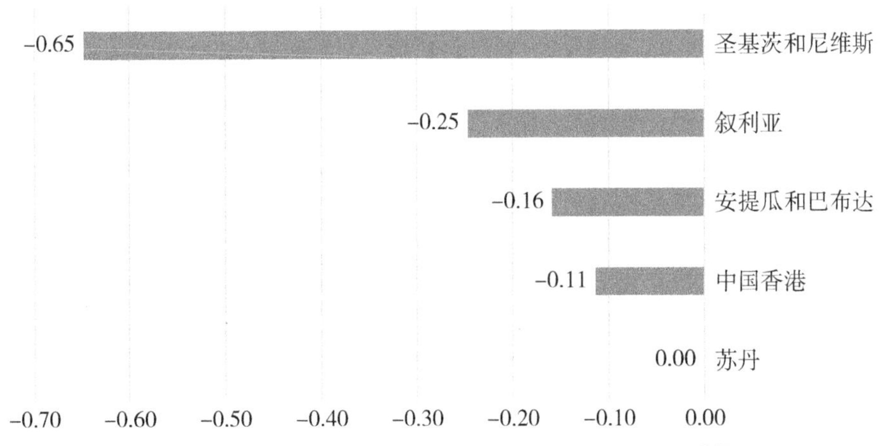

图 3-9　2021 年静态系统性风险指数下降的国家或经济体

资料来源：北京睿信科全球风险管理平台（www.sunrisk.cn）。

（二）动态系统性风险指数下降幅度较大的国家或经济体

2021年8月31日的全球国别动态系统性风险指数较2020年8月31日和2020年12月31日的指数下降了3点以上的国家或经济体分别为31个和24个。其中，相同的国家或经济体有19个。它们分别是：秘鲁、毛里塔尼亚、斯里兰卡、阿富汗、伊朗、匈牙利、塞舌尔、黎巴嫩、沙特阿拉伯、爱沙尼亚、捷克、蒙古、哥斯达黎加、科威特、厄瓜多尔、加纳、中国香港、约旦和缅甸，对这些国家或经济体的系统性风险要加大关注力度。2021年8月31日的全球国别动态系统性风险指数较2020年12月31日的指数下降了7点以上的13个国家或经济体，更要高度关注（参见图3–10和图3–11）。

图3–10 2021年8月31日较2020年8月31日动态系统性风险指数下降情况（<–3）

资料来源：北京睿信科全球风险管理平台（www.sunrisk.cn）。

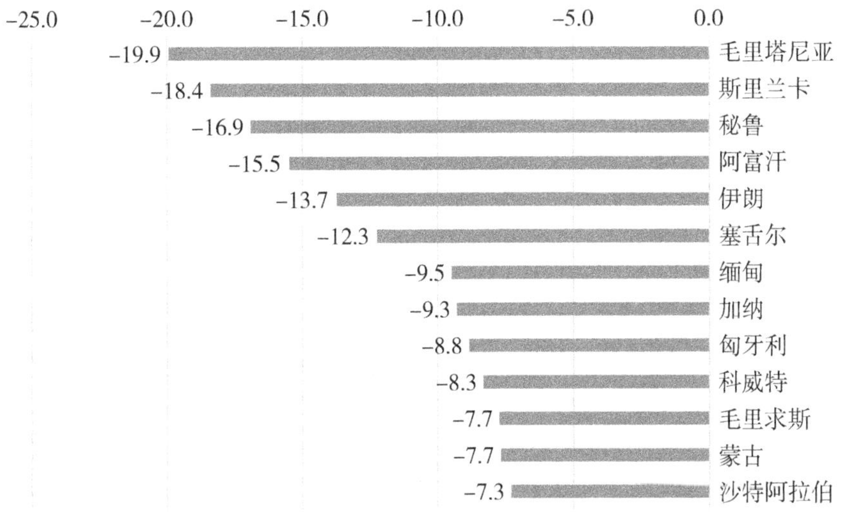

图3-11　2021年8月31日较2020年12月31日动态系统性风险指数下降情况（<-7）

资料来源：北京睿信科全球风险管理平台（www.sunrisk.cn）。

四、可能爆发系统性危机的国家或经济体

除了静态系统性风险指数本身极低和下降的国家或经济体以外，动态系统性风险下降幅度达到一定的水平的国家或经济体有可能发生系统性风险。此外，由于动态系统性风险指数的周期性波动性较强，还有一类情况可能会出现系统性危机，即动态系统性风险指数达到75以上，未来可能面临下降趋势的国家或经济体，也有爆发系统性危机的可能。

根据本报告对动态系统性风险指数的观察，其周期性非常明显，即上行到75以上的高度后一定会下行，充分体现了市场物极必反规律。本报告将2020年8月30日、2020年12月31日和2021年8月31日3个时间点的动态系统性风险指数分别进行排序后，筛选出了超过指数75的国家或经济体，然后将3个时间点涉及的国家的指数都补齐，然后得到了表3-3。表中所有深色的都是未来要高度关注可能出现系统性危机的国家或经济体。这些国家包括：印度、斯里兰卡、印度尼西亚、巴基斯坦、乌克兰、马来西亚、越南、俄罗斯8国。

表3-3　动态系统性风险指数对国家系统性风险的预警

国家或经济体	2020/8/30	国家或经济体	2020/12/31	国家或经济体	2021/8/31
印度	82.23	斯里兰卡	81.26	印度尼西亚	86.81
印度尼西亚	81.17	巴基斯坦	80.16	乌克兰	86.54

续表

国家或经济体	2020/8/30	国家或经济体	2020/12/31	国家或经济体	2021/8/31
斯里兰卡	78.41	印度	78.56	巴基斯坦	84.9
乌克兰	76.78	印度尼西亚	76.1	马来西亚	81.46
越南	75.86	乌克兰	74.69	印度	79.85
哥伦比亚	73.86	菲律宾	74.36	越南	78.44
秘鲁	72.57	越南	71.17	俄罗斯	76.53
菲律宾	71.98	马来西亚	69.15	菲律宾	74.98
南非	71	阿联酋	66.6	阿联酋	68.98
马来西亚	68.93	秘鲁	65.95	泰国	68.56
巴基斯坦	67.83	巴西	63.4	中国	67.44
墨西哥	64.16	墨西哥	63.24	新加坡	65.39
俄罗斯	63.91	哥伦比亚	62.5	克罗地亚	65.27
泰国	63.49	泰国	61.7	墨西哥	65.22
罗马尼亚	63	俄罗斯	61.6	斯里兰卡	62.88
斯洛伐克	62.72	罗马尼亚	61.14	巴西	59.64
阿联酋	61.35	智利	59.7	罗马尼亚	59.59
匈牙利	60.79	厄瓜多尔	58.55	—	—

资料来源：北京睿信科全球风险管理平台（www.sunrisk.cn）。

第三节　全球主要区域系统性风险趋势

本报告利用双层透视法来看全球区域系统性风险趋势，基本将全球主要区域划分为4个类别：一是区域系统性风险较低的区域，主要依据静态系统性风险指数来划分；二是系统性风险较高的区域，从静态系统性风险指数来划分；三是已经发生系统性危机的区域，主要从动态系统性风险指数的变动幅度来划分；四是将要发生系统性危机的区域，主要从动态系统性风险指数的变动幅度来划分。

一、系统性风险较低或好转的区域

（一）系统性风险较低的区域

根据区域静态系统性风险指数的排名，本报告将指数在50及以上的区域，列为系统性风险较低区域。从2021年的情况来看，系统性风险较低的区域共有21个。

其中，60分以上的区域有3个，为北美自贸区、上合组织和APEC组织（亚太经济合作组织），分别为61.1、60.1和60.1，自1993年以来连续27年位列第一位。

55—60分的区域共有11个，按指数从高到低的顺序排列分别是北约组织、金砖国家、发达国家、高收入国家、中高等收入国家、“一带一路”沿线国家、新兴市场经济体、老欧盟、老欧元区、欧盟和欧元区。

50—55分的经济体共有7个，按指数从高到低的顺序排列分别是发展中国家、东盟、新欧盟、中东欧、新欧元区、独联体和中东（参见表3-4）。

表3-4　2021年区域静态系统性风险指数排名

区域名称	2020年	一直低于50	区域名称	2021年	一直低于50	2020年排名
北美自贸区	60.7	否	北美自贸区	61.1	否	1
APEC组织	59.8	否	上合组织	60.1	否	2
上合组织	59.6	否	APEC组织	60.1	否	3
北约组织	58.4	否	北约组织	58.8	否	4
发达国家	58.2	否	金砖国家	58.7	否	5
金砖国家	58.2	否	发达国家	58.6	否	6
高收入国家	58.1	否	高收入国家	58.5	否	7
中高等收入国家	56.9	否	中高等收入国家	57.3	否	8
“一带一路”沿线国家	55.9	否	“一带一路”沿线国家	56.4	否	9
新兴市场经济体	55.8	否	新兴市场经济体	56.3	否	10
老欧盟	55.2	否	老欧盟	55.5	否	11
老欧元区	54.9	否	老欧元区	55.2	否	12
欧盟	54.8	否	欧盟	55.1	否	13
欧元区	54.8	否	欧元区	55.1	否	14

续表

区域名称	2020年	一直低于50	区域名称	2021年	一直低于50	2020年排名
发展中国家	54.4	否	发展中国家	54.9	否	15
东盟	53.2	否	东盟	53.5	否	16
新欧盟	51.4	否	新欧盟	51.6	否	17
中东欧	51.3	否	中东欧	51.5	否	18
新欧元区	50.9	否	新欧元区	51.2	否	19
独联体	50.3	否	独联体	50.8	否	20
中东	49.6	是	中东	50	否	21
南亚	47.8	是	南亚	48.4	是	22
中低等收入国家	47.7	是	中低等收入国家	48.2	是	23
拉美	47	是	拉美	47.5	是	24
欧佩克组织	46.9	是	南美洲	47.3	是	25
南美洲	46.8	是	欧佩克组织	47.1	是	26
中亚	46.5	是	中亚	46.8	是	27
中美洲	45.6	是	北非	46	是	28
北非	45.3	是	中美洲	46	是	29
东非共同体	44.6	是	东非共同体	45.2	是	30
南部非洲	44.3	是	南部非洲	44.8	是	31
南非南特区	42.2	是	南非南特区	42.5	是	32
低收入国家	41.9	是	非洲	42.4	是	33
非洲	41.8	是	低收入国家	42.4	是	34
非洲法郎区	41.4	是	非洲法郎区	41.9	是	35
加勒比	39.5	是	加勒比	39.9	是	36

资料来源：北京睿信科全球风险管理平台（www.sunrisk.cn）。

（二）系统性风险改善的区域

总体来看，因疫情基本得到控制，所有的区域2021年相对于2020年的系统性风险都有所下降。全球各区域，2021相对于2020年所有区域排名大体不变。

2021年相对于2020年，从区域静态系统性风险指数来看，指数上升大于或等于0.5的区域有：北非、非洲、南亚、东非共同体、“一带一路”沿线国家、南部非洲、非洲法郎区、拉美、南美洲、发展中国家、新兴市场经济体、金砖国家、上合组织、独联体、中低等收入国家和低收入国家（参见表3–4）。

二、系统性风险较高的区域

静态系统性风险指数低于40的区域，本报告称之为系统性风险较高的区域。从2021年的情况来看，风险较高的区域有加勒比一个区域。该区域2021年的系统性风险系数相对于2020年虽然稍有提高，但还是处于高风险状态（参见表3–4）。

三、系统性风险上升较大的区域

从2021年8月31日的区域动态系统性风险指数较2020年8月31日和2020年12月31日的指数下降的区域分别为9个和6个。其中有3个区域相同，分别是：欧佩克组织、新欧盟、中东欧。其中，南部非洲、南美、南非兰特区、拉美、新欧盟和欧佩克组织的系统性风险指数下降幅度较大，要高度关注（参见图3–12和图3–13）。

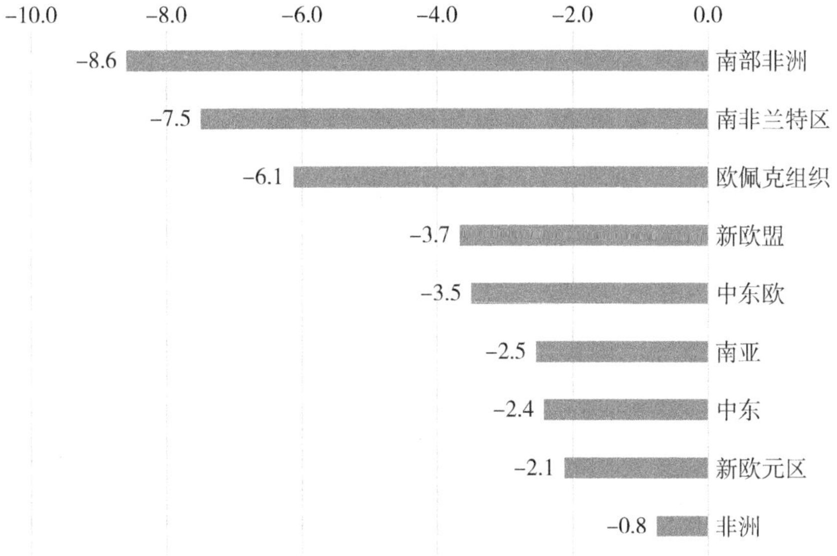

图 3–12　2021 年 8 月 31 日较 2020 年 8 月 31 日动态系统性风险指数下降情况

资料来源：北京睿信科全球风险管理平台（www.sunrisk.cn）。

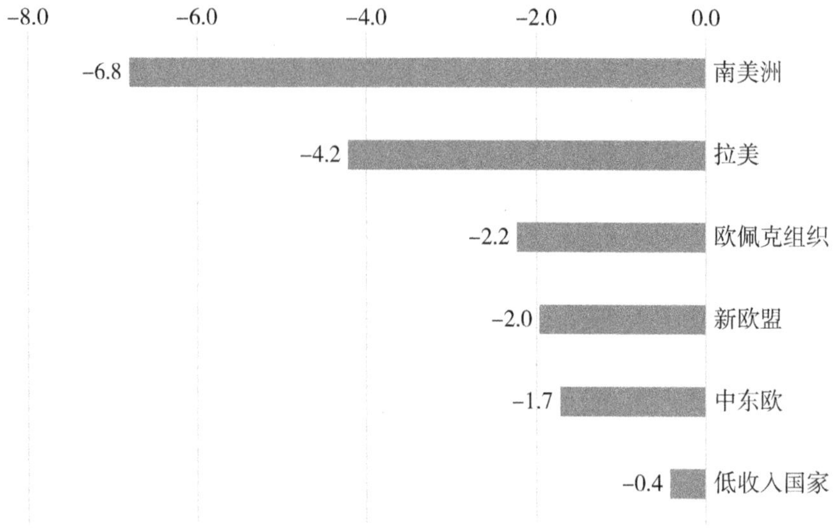

图 3–13 2021 年 8 月 31 日较 2020 年 12 月 31 日动态系统性风险指数下降情况

资料来源：北京睿信科全球风险管理平台（www.sunrisk.cn）。

四、可能爆发系统性危机的区域

除了静态系统性风险指数不高之外，动态系统性风险下降幅度达到一定的水平的区域也有可能发生系统性风险。此外，由于动态系统性风险指数的周期性波动性较强，还有一类情况可能会出现系统性危机，即动态系统性风险指数达到70以上（较国家略低一些），未来可能面临下降趋势的区域，也有爆发系统性危机的可能。

未来两年我们可能需要高度关注东盟、南亚、独联体和中低等收入国家的系统性风险趋势，而上合组织、金砖国家、“一带一路”沿线国家和新兴市场经济体的系统性风险需要关注。

表 3–5 动态系统性风险指数对区域系统性风险的预警

区域名称	2020/8/31	区域名称	2020/12/31	区域名称	2021/8/31
南亚	78.2	南亚	74.6	东盟	76.5
东盟	70.3	东盟	67.9	南亚	75.7
中低等收入国家	69.6	中低等收入国家	66.1	独联体	71.1
独联体	60.4	金砖国家	60.2	中低等收入国家	70.2
上合组织	60.2	上合组织	59.9	上合组织	69.9
金砖国家	59.6	新兴市场经济体	59.5	金砖国家	69.0

续表

区域名称	2020/8/31	区域名称	2020/12/31	区域名称	2021/8/31
新兴市场经济体	59.1	“一带一路”沿线国家	58.9	“一带一路”沿线国家	65.4
“一带一路”沿线国家	58.8	独联体	58.7	新兴市场经济体	65.3
发展中国家	57.6	南美洲	58.2	发展中国家	63.0
南部非洲	55.3	发展中国家	58.1	中高等收入国家	62.8
南非兰特区	55.2	拉美	57.3	APEC组织	58.0

资料来源：北京睿信科全球风险管理平台（www.sunrisk.cn）。

附表1 2021年国家或经济体静态系统性风险指数排名

国家/经济体	2020年	一直低于50	国家/经济体	2021年	一直低于50	2021年排名
中国	63.2	否	中国	63.5	否	1
挪威	61.8	否	挪威	62.1	否	2
瑞士	61.7	否	瑞士	62.1	否	2
美国	61.6	否	美国	62.0	否	4
韩国	60.8	否	韩国	61.0	否	5
丹麦	60.5	否	澳大利亚	60.9	否	6
澳大利亚	60.3	否	丹麦	60.6	否	7
新加坡	59.8	否	瑞典	60.1	否	8
瑞典	59.7	否	新加坡	59.9	否	9
德国	59.2	否	德国	59.5	否	10
卢森堡	58.6	否	加拿大	58.9	否	11
荷兰	58.6	否	荷兰	58.9	否	12
加拿大	58.5	否	卢森堡	58.8	否	13
新西兰	58.3	否	新西兰	58.7	否	14
冰岛	58.1	否	冰岛	58.5	否	15
芬兰	57.1	否	芬兰	57.3	否	16
智利	56.4	否	智利	56.8	否	17
日本	56.3	否	日本	56.6	否	18

续表

国家/经济体	2020年	一直低于50	国家/经济体	2021年	一直低于50	2021年排名
爱尔兰	56.0	否	爱尔兰	56.3	否	19
奥地利	55.9	否	英国	56.3	否	20
英国	55.8	否	奥地利	56.2	否	21
中国香港	55.7	否	中国香港	55.6	否	22
捷克	55.3	否	捷克	55.5	否	23
法国	54.6	否	法国	54.9	否	24
马来西亚	54.4	否	阿联酋	54.8	否	25
泰国	54.3	否	马来西亚	54.7	否	26
阿联酋	54.2	否	泰国	54.6	否	27
爱沙尼亚	54.2	否	爱沙尼亚	54.5	否	28
以色列	53.7	否	文莱	54.4	否	29
越南	53.6	否	以色列	54.2	否	30
科威特	53.4	否	越南	54.0	否	31
文莱	53.1	否	科威特	53.6	否	32
西班牙	53.0	否	西班牙	53.2	否	33
印度尼西亚	52.7	否	印度尼西亚	53.0	否	34
保加利亚	52.5	否	保加利亚	52.8	否	35
不丹	52.1	否	巴拿马	52.4	否	36
巴拿马	52.0	否	不丹	52.4	否	37
波兰	51.9	否	秘鲁	52.1	否	38
秘鲁	51.6	否	葡萄牙	52.0	否	39
立陶宛	51.5	否	格鲁吉亚	52.0	否	40
格鲁吉亚	51.5	否	波兰	52.0	否	41
葡萄牙	51.4	否	立陶宛	51.9	否	42
毛里求斯	51.4	否	毛里求斯	51.6	否	43
俄罗斯	51.1	否	俄罗斯	51.5	否	44
沙特阿拉伯	51.0	否	斯洛伐克	51.3	否	45
斯洛伐克	51.0	否	沙特阿拉伯	51.1	否	46
阿尔及利亚	50.7	否	阿尔及利亚	51.1	否	47
阿塞拜疆	50.7	否	博茨瓦纳	51.0	否	48

续表

国家/经济体	2020 年	一直低于50	国家/经济体	2021 年	一直低于50	2021 年排名
卢旺达	50.5	否	卢旺达	50.9	否	49
斯洛文尼亚	50.5	否	尼泊尔	50.9	否	50
博茨瓦纳	50.4	否	斯洛文尼亚	50.9	否	51
尼泊尔	50.4	否	阿塞拜疆	50.8	否	52
比利时	50.3	否	比利时	50.6	否	53
哥斯达黎加	49.9	否	哥斯达黎加	50.3	否	54
匈牙利	49.8	否	匈牙利	50.2	否	55
马耳他	49.8	否	卡塔尔	50.0	否	56
所罗门群岛	49.7	是	马耳他	49.9	否	57
卡塔尔	49.4	否	摩洛哥	49.7	是	58
土耳其	49.4	否	塞浦路斯	49.7	否	59
塞浦路斯	49.2	否	土耳其	49.7	否	60
摩洛哥	49.2	是	所罗门群岛	49.6	是	61
马其顿	49.2	是	哈萨克斯坦	49.5	是	62
哈萨克斯坦	49.1	是	马其顿	49.5	是	63
拉脱维亚	49.0	是	拉脱维亚	49.3	是	64
阿曼	49.0	否	吉尔吉斯斯坦	49.2	是	65
吉尔吉斯斯坦	48.7	是	克罗地亚	48.9	是	66
克罗地亚	48.6	是	乌兹别克斯坦	48.9	是	67
罗马尼亚	48.4	否	印度	48.8	是	68
阿尔巴尼亚	48.4	是	阿曼	48.8	否	69
乌兹别克斯坦	48.3	是	阿尔巴尼亚、	48.7	是	70
塞尔维亚	48.2	是	塞尔维亚	48.7	是	70
印度	48.2	是	罗马尼亚	48.6	否	72
意大利	48.1	是	阿根廷	48.6	是	70
菲律宾	48.0	是	菲律宾	48.5	是	74
墨西哥	47.9	是	墨西哥	48.5	是	74
斐济	47.8	是	意大利	48.3	是	76
柬埔寨	47.7	是	白俄罗斯	48.3	是	76
阿根廷	47.7	是	亚美尼亚	48.1	是	78

续表

国家/经济体	2020年	一直低于50	国家/经济体	2021年	一直低于50	2021年排名
亚美尼亚	47.7	是	厄瓜多尔	48.1	是	78
白俄罗斯	47.6	是	斐济	48.0	是	80
厄瓜多尔	47.6	是	柬埔寨	48.0	是	80
波斯尼亚和黑塞哥维那	47.5	是	汤加	47.9	是	82
汤加	47.5	是	波斯尼亚和黑塞哥维那	47.9	是	82
乌拉圭	47.3	是	摩尔多瓦	47.5	是	84
摩尔多瓦	47.1	是	乌拉圭	47.5	是	84
巴拉圭	47.1	是	巴拉圭	47.5	是	84
加纳	47.0	是	加纳	47.5	是	84
多米尼加共和国	46.7	是	伊朗	47.4	是	88
伊朗	46.7	是	乌克兰	47.1	是	89
希腊	46.6	是	多米尼加共和国	47.1	是	89
瓦努阿图	46.5	是	黑山	47.1	是	89
玻利维亚	46.5	是	哥伦比亚	47.1	是	89
乌克兰	46.4	是	玻利维亚	46.9	是	93
哥伦比亚	46.4	是	希腊	46.8	是	94
佛得角	46.4	是	佛得角	46.7	是	95
黑山	46.3	是	瓦努阿图	46.7	是	95
斯里兰卡	46.0	是	突尼斯	46.6	是	97
突尼斯	45.9	是	斯里兰卡	46.5	是	98
马拉维	45.7	是	马拉维	46.3	是	99
马尔代夫	45.7	是	塞舌尔	46.1	是	100
塞舌尔	45.6	是	蒙古	46.0	是	101
南非	45.5	是	南非	46.0	是	101
坦桑尼亚	45.3	是	尼加拉瓜	45.9	是	103
蒙古	45.3	是	马尔代夫	45.9	是	103
尼加拉瓜	45.2	是	贝宁	45.7	是	105
巴西	45.2	是	坦桑尼亚	45.6	是	106

续表

国家/经济体	2020年	一直低于50	国家/经济体	2021年	一直低于50	2021年排名
贝宁	45.2	是	巴西	45.5	是	107
洪都拉斯	44.8	是	加蓬	45.4	是	108
加蓬	44.7	是	肯尼亚	45.3	是	109
肯尼亚	44.6	是	洪都拉斯	45.3	是	109
冈比亚	44.6	是	喀麦隆	45.1	是	111
喀麦隆	44.5	是	埃及	44.9	是	112
孟加拉国	44.4	是	冈比亚	44.9	是	112
格林纳达	44.3	是	孟加拉国	44.9	是	112
埃及	43.9	是	圭亚那	44.8	是	115
圭亚那	43.8	是	格林纳达	44.4	是	116
巴林	43.8	是	巴林	44.4	是	116
几内亚	43.5	是	乌干达	44.3	是	118
圣多美和普林西比	43.5	是	几内亚	44.1	是	119
约旦	43.4	是	圣多美和普林西比	43.9	是	120
缅甸	43.4	是	约旦	43.9	是	120
马达加斯加	43.4	是	缅甸	43.8	是	122
危地马拉	43.3	是	危地马拉	43.8	是	122
塔吉克斯坦	43.3	是	塔吉克斯坦	43.6	是	124
乌干达	43.3	是	塞内加尔	43.6	是	124
塞内加尔	43.2	是	巴巴多斯	43.6	是	124
巴巴多斯	43.1	是	马达加斯加	43.5	是	127
萨摩亚	43.1	是	赞比亚	43.4	是	128
塞拉利昂	43.1	是	塞拉利昂	43.4	是	128
赞比亚	43.0	是	萨尔瓦多	43.4	是	130
萨尔瓦多	42.9	是	巴布亚新几内亚	43.2	是	131
巴布亚新几内亚	42.6	是	多哥	43.0	是	132
多哥	42.4	是	吉布提	42.9	是	133
老挝	42.4	是	科特迪瓦	42.6	是	134
科特迪瓦	42.3	是	老挝	42.6	是	134
吉布提	42.2	是	萨摩亚	42.5	是	136

续表

国家/经济体	2020年	一直低于50	国家/经济体	2021年	一直低于50	2021年排名
埃塞俄比亚	42.0	是	毛里塔尼亚	42.5	是	136
毛里塔尼亚	42.0	是	埃塞俄比亚	42.4	是	138
圣卢西亚	41.9	是	斯威士兰	42.3	是	139
布基纳法索	41.7	是	布基纳法索	42.1	是	140
斯威士兰	41.5	是	圣卢西亚	41.8	是	141
圣文森特和格林纳丁斯	41.3	是	牙买加	41.8	是	141
东帝汶	41.3	是	刚果（布）	41.7	是	143
纳米比亚	41.2	是	纳米比亚	41.7	是	143
牙买加	41.2	是	莱索托	41.5	是	145
科摩罗	41.1	是	东帝汶	41.4	是	146
刚果（布）	41.1	是	圣文森特和格林纳丁斯	41.4	是	146
黎巴嫩	40.6	是	科摩罗	41.3	是	148
尼日尔	40.5	是	黎巴嫩	41.2	是	149
安哥拉	40.5	是	尼日尔	40.9	是	150
莱索托	40.3	是	安哥拉	40.9	是	150
莫桑比克	40.2	是	莫桑比克	40.8	是	152
尼日利亚	40.1	是	阿富汗	40.6	是	153
马里	40.0	是	尼日利亚	40.4	是	154
海地	39.9	是	海地	40.3	是	155
阿富汗	39.8	是	巴基斯坦	39.9	是	156
巴基斯坦	39.2	是	马里	39.9	是	156
科索沃	39.2	是	特立尼达和多巴哥	39.8	是	158
特立尼达和多巴哥	39.1	是	科索沃	39.7	是	159
伯利兹	39.0	是	津巴布韦	39.2	是	160
乍得	38.8	是	伯利兹	39.1	是	161
几内亚比绍	38.4	是	乍得	39.1	是	161
伊拉克	38.2	是	几内亚比绍	38.8	是	163
苏里南	38.1	是	苏里南	38.4	是	164

续表

国家/经济体	2020 年	一直低于50	国家/经济体	2021 年	一直低于50	2021 年排名
津巴布韦	38.0	是	波多黎各	38.4	是	164
波多黎各	37.9	是	刚果（金）	37.9	是	166
多米尼克	37.9	是	叙利亚	37.6	是	167
刚果（金）	37.2	是	也门	37.6	是	167
赤道几内亚	37.1	是	多米尼克	37.4	是	169
叙利亚	37.0	是	伊拉克	37.4	是	169
巴哈马	36.6	是	赤道几内亚	37.2	是	171
布隆迪	36.5	是	巴哈马	36.9	是	172
土库曼斯坦	36.5	是	布隆迪	36.8	是	173
也门	36.3	是	土库曼斯坦	36.7	是	174
密克罗尼西亚	36.2	是	密克罗尼西亚	36.4	是	175
利比里亚	35.7	是	利比里亚	35.9	是	176
中国澳门	35.6	是	中国澳门	35.7	是	177
安提瓜和巴布达	35.6	是	安提瓜和巴布达	35.4	是	178
帕劳	34.4	是	中非共和国	34.7	是	179
中非共和国	34.0	是	帕劳	34.4	是	180
利比亚	34.0	是	利比亚	34.4	是	180
圣基茨和尼维斯	33.7	是	圣基茨和尼维斯	33.0	是	182
基里巴斯	32.3	是	南苏丹	32.5	是	183
厄立特里亚	31.3	是	基里巴斯	32.2	是	184
委内瑞拉	30.4	是	厄立特里亚	31.7	是	185
南苏丹	29.9	是	委内瑞拉	31.0	是	186
苏丹	29.5	是	苏丹	29.5	是	187
圣马里约	29.0	是	圣马里约	29.2	是	188
马绍尔群岛	27.6	是	马绍尔群岛	27.7	是	189
图瓦卢	25.8	是	中国台湾	26.4	是	190
中国台湾	25.8	是	图瓦卢	26.0	是	191
瑙鲁	21.2	是	瑙鲁	21.6	是	192

资料来源：北京睿信科全球风险管理平台（www.sunrisk.cn）。

附表2 2021年较2020年静态系统性风险指数全球排名变化情况

国家或经济体	评分变化	国家或经济体	排名变化
伊拉克	–0.8	萨摩亚	–8
圣基茨和尼维斯	–0.6	伊拉克	–7
萨摩亚	–0.6	瓦努阿图	–5
多米尼克	–0.5	马达加斯加	–5
阿曼	–0.2	圣文森特和格林纳丁斯	–5
安提瓜和巴布达	–0.2	阿塞拜疆	–4
中国香港	–0.1	所罗门群岛	–4
马里	–0.1	阿曼	–4
基里巴斯	–0.1	罗马尼亚	–4
圣卢西亚	0.0	斐济	–4
所罗门群岛	0.0	柬埔寨	–4
苏丹	0.0	希腊	–4
马绍尔群岛	0.1	马尔代夫	–4
帕劳	0.1	波兰	–3
格林纳达	0.1	意大利	–3
阿塞拜疆	0.1	坦桑尼亚	–3
马耳他	0.1	东帝汶	–3
波兰	0.1	马里	–3
圣文森特和格林纳丁斯	0.1	卢森堡	–2
沙特阿拉伯	0.1	立陶宛	–2
圣马里约	0.1	多米尼加共和国	–2
丹麦	0.1	洪都拉斯	–2
赤道几内亚	0.1	冈比亚	–2
马达加斯加	0.1	格林纳达	–2
伯利兹	0.1	圣卢西亚	–2
东帝汶	0.2	科摩罗	–2
科摩罗	0.2	多米尼克	–2
瓦努阿图	0.2	赤道几内亚	–2
卢森堡	0.2	丹麦	–1
韩国	0.2	新加坡	–1

续表

国家或经济体	评分变化	国家或经济体	排名变化
捷克	0.2	奥地利	–1
老挝	0.2	马来西亚	–1
中国澳门	0.2	泰国	–1
新加坡	0.2	以色列	–1
罗马尼亚	0.2	越南	–1
斐济	0.2	科威特	–1
乌拉圭	0.2	不丹	–1
意大利	0.2	沙特阿拉伯	–1
马尔代夫	0.2	斯洛文尼亚	–1
土库曼斯坦	0.2	马耳他	–1
密克罗尼西亚	0.2	土耳其	–1
图瓦卢	0.2	马其顿	–1
科威特	0.2	阿尔巴尼亚	–1
保加利亚	0.2	波斯尼亚和黑塞哥维那	–1
利比里亚	0.2	乌拉圭	–1
芬兰	0.2	玻利维亚	–1
布隆迪	0.2	斯里兰卡	–1
毛里求斯	0.2	巴西	–1
坦桑尼亚	0.2	孟加拉国	–1
柬埔寨	0.3	几内亚	–1
科特迪瓦	0.3	圣多美和普林西比	–1
爱尔兰	0.3	约旦	–1
拉脱维亚	0.3	缅甸	–1
希腊	0.3	老挝	–1
挪威	0.3	埃塞俄比亚	–1
不丹	0.3	黎巴嫩	–1
奥地利	0.3	尼日尔	–1
乍得	0.3	安哥拉	–1
马来西亚	0.3	尼日利亚	–1
巴哈马	0.3	科索沃	–1
塔吉克斯坦	0.3	伯利兹	–1

续表

国家或经济体	评分变化	国家或经济体	排名变化
西班牙	0.3	乍得	–1
日本	0.3	几内亚比绍	–1
爱沙尼亚	0.3	巴哈马	–1
巴西	0.3	布隆迪	–1
冰岛	0.3	土库曼斯坦	–1
瑞士	0.3	帕劳	–1
德国	0.3	基里巴斯	–1
苏里南	0.3	厄立特里亚	–1
冈比亚	0.3	委内瑞拉	–1
匈牙利	0.3	图瓦卢	–1
瑙鲁	0.3	中国	0
斯洛伐克	0.3	挪威	0
中国	0.3	瑞士	0
克罗地亚	0.3	美国	0
越南	0.3	韩国	0
荷兰	0.3	德国	0
玻利维亚	0.3	荷兰	0
塞拉利昂	0.3	新西兰	0
佛得角	0.3	冰岛	0
阿尔巴尼亚	0.3	芬兰	0
泰国	0.3	智利	0
法国	0.3	日本	0
土耳其	0.3	爱尔兰	0
阿尔及利亚	0.3	中国香港	0
马其顿	0.4	捷克	0
比利时	0.4	法国	0
尼日尔	0.4	爱沙尼亚	0
尼日利亚	0.4	西班牙	0
卢旺达	0.4	印度尼西亚	0
立陶宛	0.4	保加利亚	0
印度尼西亚	0.4	毛里求斯	0

续表

国家或经济体	评分变化	国家或经济体	排名变化
塞内加尔	0.4	俄罗斯	0
哥斯达黎加	0.4	阿尔及利亚	0
多米尼加共和国	0.4	卢旺达	0
埃塞俄比亚	0.4	比利时	0
巴拿马	0.4	哥斯达黎加	0
布基纳法索	0.4	匈牙利	0
瑞典	0.4	拉脱维亚	0
智利	0.4	塞尔维亚	0
新西兰	0.4	菲律宾	0
斯洛文尼亚	0.4	墨西哥	0
美国	0.4	巴拉圭	0
安哥拉	0.4	加纳	0
海地	0.4	佛得角	0
巴拉圭	0.4	马拉维	0
厄立特里亚	0.4	南非	0
利比亚	0.4	巴林	0
波斯尼亚和黑塞哥维那	0.4	危地马拉	0
加纳	0.4	塔吉克斯坦	0
几内亚比绍	0.4	塞拉利昂	0
纳米比亚	0.4	布基纳法索	0
亚美尼亚	0.4	纳米比亚	0
加拿大	0.4	莫桑比克	0
哈萨克斯坦	0.4	海地	0
塞尔维亚	0.4	苏里南	0
危地马拉	0.4	密克罗尼西亚	0
摩尔多瓦	0.4	利比里亚	0
赞比亚	0.4	中国澳门	0
圣多美和普林西比	0.4	安提瓜和巴布达	0
巴巴多斯	0.4	利比亚	0
汤加	0.4	圣基茨和尼维斯	0
缅甸	0.4	苏丹	0

续表

国家或经济体	评分变化	国家或经济体	排名变化
厄瓜多尔	0.4	圣马里约	0
塞舌尔	0.5	马绍尔群岛	0
英国	0.5	瑙鲁	0
俄罗斯	0.5	澳大利亚	1
科索沃	0.5	瑞典	1
菲律宾	0.5	英国	1
孟加拉国	0.5	巴拿马	1
波多黎各	0.5	秘鲁	1
毛里塔尼亚	0.5	格鲁吉亚	1
南非	0.5	斯洛伐克	1
以色列	0.5	塞浦路斯	1
斯里兰卡	0.5	哈萨克斯坦	1
吉尔吉斯斯坦	0.5	吉尔吉斯斯坦	1
萨尔瓦多	0.5	克罗地亚	1
洪都拉斯	0.5	亚美尼亚	1
塞浦路斯	0.5	汤加	1
秘鲁	0.5	摩尔多瓦	1
约旦	0.5	伊朗	1
博茨瓦纳	0.5	突尼斯	1
格鲁吉亚	0.5	塞舌尔	1
卡塔尔	0.5	加蓬	1
几内亚	0.5	肯尼亚	1
尼泊尔	0.5	喀麦隆	1
喀麦隆	0.5	圭亚那	1
贝宁	0.6	塞内加尔	1
马拉维	0.6	巴巴多斯	1
墨西哥	0.6	萨尔瓦多	1
摩洛哥	0.6	巴布亚新几内亚	1
乌兹别克斯坦	0.6	多哥	1
委内瑞拉	0.6	科特迪瓦	1

续表

国家或经济体	评分变化	国家或经济体	排名变化
澳大利亚	0.6	毛里塔尼亚	1
叙利亚	0.6	巴基斯坦	1
黎巴嫩	0.6	特立尼达和多巴哥	1
中国台湾	0.6	波多黎各	1
阿联酋	0.6	中非共和国	1
多哥	0.6	中国台湾	1
巴布亚新几内亚	0.6	加拿大	2
莫桑比克	0.6	阿联酋	2
巴林	0.6	尼泊尔	2
刚果（布）	0.6	卡塔尔	2
印度	0.6	厄瓜多尔	2
牙买加	0.6	哥伦比亚	2
哥伦比亚	0.6	尼加拉瓜	2
中非共和国	0.6	贝宁	2
巴基斯坦	0.7	赞比亚	2
特立尼达和多巴哥	0.7	斯威士兰	2
葡萄牙	0.7	刚果（金）	2
伊朗	0.7	文莱	3
吉布提	0.7	葡萄牙	3
白俄罗斯	0.7	博茨瓦纳	3
刚果（金）	0.7	摩洛哥	3
尼加拉瓜	0.7	乌兹别克斯坦	3
肯尼亚	0.7	白俄罗斯	3
乌克兰	0.7	蒙古	3
突尼斯	0.7	埃及	3
加蓬	0.7	吉布提	3
阿富汗	0.7	牙买加	3
蒙古	0.7	阿富汗	3
斯威士兰	0.8	叙利亚	3

续表

国家或经济体	评分变化	国家或经济体	排名变化
黑山	0.8	南苏丹	3
阿根廷	0.9	印度	4
埃及	1.0	乌克兰	4
圭亚那	1.0	刚果（布）	4
乌干达	1.0	阿根廷	5
津巴布韦	1.2	黑山	5
莱索托	1.2	津巴布韦	5
文莱	1.3	莱索托	6
也门	1.3	也门	6
南苏丹	2.6	乌干达	7

资料来源：北京睿信科全球风险管理平台（www.sunrisk.cn）。

附表3　区域3个时间节点的动态系统性风险指数

（按2021年8月31日指数大小排序）

区域名称	2020年8月31日	2020年12月31日	2021年8月31日
东盟	70.3	67.9	76.5
南亚	78.2	74.6	75.7
独联体	60.4	58.7	71.1
中低等收入国家	69.6	66.1	70.2
上合组织	60.2	59.9	69.9
金砖国家	59.6	60.2	69.0
“一带一路”沿线国家	58.8	58.9	65.4
新兴市场经济体	59.1	59.5	65.3
发展中国家	57.6	58.1	63.0
中高等收入国家	55.1	56.7	62.8
APEC组织	49.7	52.6	58.0
老欧元区	48.8	48.7	54.1
老欧盟	48.3	48.7	54.0
欧元区	48.8	48.6	53.9

续表

区域名称	2020年8月31日	2020年12月31日	2021年8月31日
欧盟	49.0	49.1	53.7
拉美	52.2	57.3	53.1
南美洲	50.6	58.2	51.4
北美自贸区	43.7	49.0	51.2
北约	44.9	47.7	51.2
东非共同体	45.9	49.1	51.0
新欧盟	54.7	53.0	51.0
发达国家	43.7	47.8	51.0
高收入国家	45.1	47.5	50.9
中东欧	54.3	52.5	50.8
南非兰特区	55.2	37.4	47.7
南部非洲	55.3	41.6	46.7
北非	42.5	43.3	46.0
新欧元区	48.0	45.8	45.9
中东	48.0	45.2	45.5
非洲	44.7	41.4	44.0
中亚	41.4	41.4	42.7
欧佩克组织	48.2	44.3	42.1
低收入国家	36.4	36.9	36.5
非洲法郎区	34.1	33.0	36.2
中美洲	32.4	33.3	33.6
加勒比	30.5	33.2	33.2

资料来源：北京睿信科全球风险管理平台（www.sunrisk.cn）。

第4章
全球系统性风险趋势：市场与经济潜力空间（上）

导读

全球系统性风险指数趋势（市场与经济潜力），由全球系统性风险的6个维度构成：全球汇率市场、全球货币市场、全球股票市场、全球国债市场、全球商品市场和全球经济潜力。这6个维度从6个侧面体现出了全球系统性风险的来源。系统性风险指数都是指风险与机遇的统一，都体现为0—100的数值。这6个方面的趋势，采用指数数值量化风险的大小，指数数值越大，风险越小（机遇越高），指数数值越小，风险越大（机遇越小）。除商品指数外，其余五个指数，均使用代表权重国（美国、日本、中国、法国、德国和英国）的相应指标指数为基础复合而成。其中，德国和法国均为欧元区国家，在描述货币市场和经济潜力风险指数时，虽然使用德国或法国的名称，但其实代表的是欧元区的整体情况。

2014年，随着美联储准备退出定量宽松的货币政策并加息，美元进入升值周期，尽管大宗商品由于伊朗等地缘政治因素出现价格大幅上升，但这一走势未能持续。2018年，全球进入新的动荡期，全球系统性风险呈上升趋势。2019年，随着全球经济复苏放缓、贸易摩擦加剧，伤及美国自身经济，美联储7月31日开始降息，开启新一轮降息周期。新型冠状病毒感染暴发后，美联储快速降息至零，同时开启无底限定量宽松货币政策，全球股市大跌受到了抑制，美元汇率在全球危机中体现了其避险货币的特征，汇率一度走强。但是，随着全球金融市场的逐步稳定，疫情的致死率逐步下降，美元开始出现由强势转弱的趋势。2021—2022年，美元将以弱势为主，美联储收紧政策预期升温，依旧将支撑美元汇率。此外，汇率风险指数虽然居高，但仍不排除在面对全球股市和房市双泡沫及相关危机时美元的短期走强。美国实施的大规模财政刺激政策以及扩大基建开支等，将导致财政赤字攀升，最终制约美元走强。美元作为世界货币，其周期性走势通常决定了其他货币汇率的走势，未来两年，其他主要经济体货币汇率有升值的走势，全球汇率风险有上升的趋势。

从全球货币市场风险趋势来看，其核心取决于全球经济复苏状况和相关央行的货币政策走势，在一定程度上还取决于金融市场的流动性风险和信用风险。从整体来看，受新型冠状病毒感染的影响，全球央行大都降息或采用宽松货币政策，部分发达国家央行重启定量宽松货币政策，规模有所扩大，全球金融市场流动性得到支撑，全球货币市场风险暂时得到缓释。但是，随着经济复苏，在通货膨胀预期下，美联储预期退出定量宽松政策，金融市场的信用风险仍然可能上升，全球货币市场的风险仍需高度关注。

从全球股票市场的风险趋势来看，受全球新型冠状病毒感染扩散的影响，全球股市大跌，但在央行宽松货币政策的支持下，股市再度反弹，有的股市甚至创下了新高。但由于缺乏实体经济的支持，发达国家股市泡沫化进一步上升，风险日益积聚，2022年可能面临着股市大跌和泡沫破裂的风险。多个国家的股市泡沫有可能破裂，从而引发系统性危机。

第一节　全球汇率风险趋势

汇率是两种货币之间兑换的比率，亦可视为一个国家的货币对另一种货币的价值。外汇种类多，基本上各个国家或经济体都有自己的汇币，当然也有多国共用同一种货币的货币区，如欧元区和非洲法郎区等；外汇产品丰富，从现货到期权到期货等衍生品。在开放的全球竞争经济体系当中，汇率常常具有重要的作用，包括决定一个国家的经济发展和价格水平，贸易和投资往来。而且，汇率的异常波动，常常会导致一个国家或经济体的危机。

一、全球汇率风险指数趋势

全球汇率风险指数的起伏变化体现全球系统性风险走势。从美元汇率趋势图可以看出，1994—2002年美元汇率总体呈现80—120大幅波动上涨的态势；在1995年推出强势美元政策以前，全球汇率风险指数多次跌进40—50区间，风险增大；亚洲金融风暴期间，亚洲新兴市场货币汇率大幅贬值，但发达国家汇率基本稳定，中国坚持人民币汇率不贬值，始终保持8.3水平。但全球汇率风险指数下跌，在50—60之间波动；2002年美国退出强势美元政策，美元开始了新一轮贬值，全球其他国家货币汇率开始升值，中国在2005年7月21日开始汇率改革，人民币汇率逐渐升值，全球汇率风险指数几次跌至50线以下，多次逼近50线。全球金融风暴期间，美元贸易加权汇率指数大幅贬值，跌至70附近，全球汇率风险指数跌破40线，逼近30线，其间多次在40和50线上下波动。2015年美联储缩表开始，美元进入升值周期，全球汇率风险指数大幅下跌，一度跌破40线，最低点为38.2（2015年3月11日）。2019年市场对美联储降息预期升温，全球汇率风险指数在75线上方震荡，在2019年7月3日达到高点91.3点，美联储7月31日在FOMC会后宣布降息25个基点，这是2008年金融危机以来首次降息，符合市场预期。从2020年年底至今，美债收益率攀升对美元起到支撑作用，美元汇率呈抬头趋势，全球汇率风险指数在60—90之间波动上升，截至2021年8月，指数在90线高位上下波动，预计未来一段时间将持续这一势态（参见图4-1）。

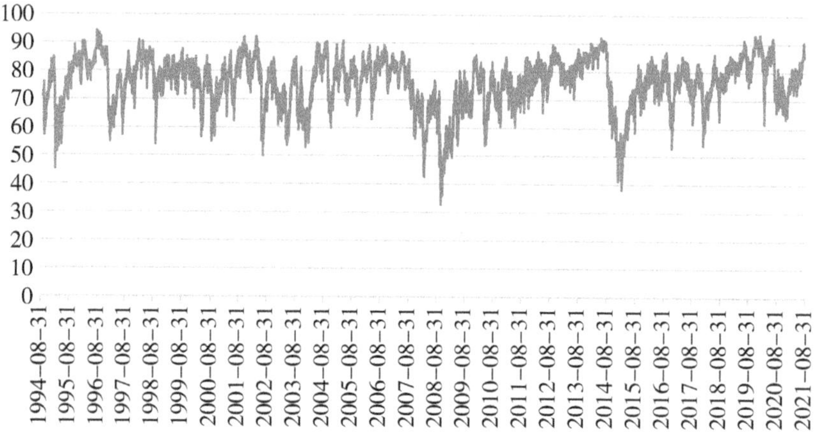

图4-1 全球汇率风险指数趋势

资料来源：北京睿信科全球风险管理平台（www.sunrisk.cn）。

二、主要国家汇率风险指数趋势

美元汇率总体在70—120的区间内波动，变化主要体现在以下五个时间段：一是从1995年起实施强势美元政策，美元快速升值，导致亚洲金融风暴，并形成了对美国的冲击；二是2001—2004年，美元汇率大幅波动下降，这主要与美国新经济泡沫破裂和美元进入3年下跌周期直接相关；三是2007—2011年，美元汇率在70—90间低位波动，主要与美国次贷危机爆发并引爆全球金融风暴相关；四是2014—2018年美元汇率波动上升，主要与美国退出定量宽松货币政策、美联储加息预期不断加重以及美元不断升值相关；五是2019年以后市场预期美元降息，美元指数持续走高。2020年至今，对新型冠状病毒感染的应对进入常态化，经济形势也逐步向好，截至2021年8月31日，美元指数为92.6（参见图4–2）。美元作为世界货币，在全球金融市场和经济的周期性变化中，常具有支配性地位。未来美联储收紧政策预期升温，依旧将支撑美元汇率。拜登政府实施的大规模财政刺激政策以及扩大基建开支等，将导致财政赤字攀升，最终制约美元走强。此外，美国还面临股市和楼市双泡沫破裂的风险，汇率风险指数虽然居高，但有下行风险（参见图4–2）。

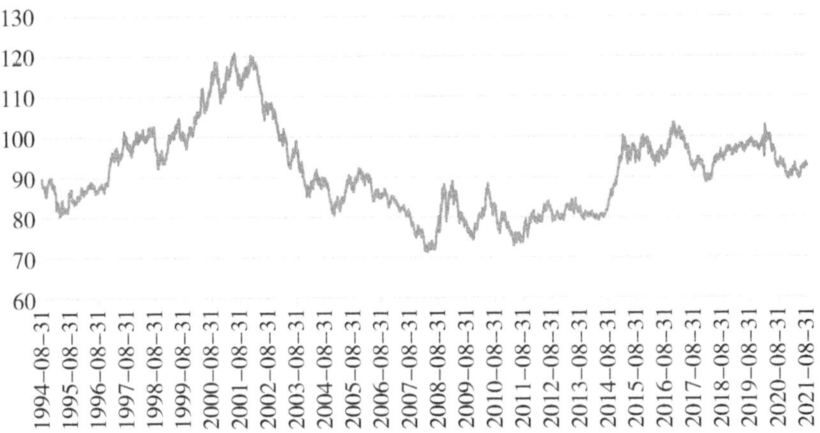

图 4–2　美元指数走势

资料来源：北京睿信科全球风险管理平台（www.sunrisk.cn）。

日本经济经历战后高速发展，日元随之开启国际化历程。但是，日元的国际化从整体上是不成功的，它成了一种国际套利货币。在日本国际化过程中，日元的大幅升值是日本问题的症结。从1994年开始，日元汇率基本是在70—150的区间波动，2021年8月31日美元兑日元汇率为110上下。

人民币从1982年开始，经历了一系列的汇率改革，直到1994年才将人民币汇率贬值到合理水平，长期稳定在8.3上下，从而为中国经济的持续发展奠定了良好的战略基础。2005年7月21日改革以后，人民币汇率开始了升值进程。近年来随着美元升值，尤其是2021年，美联储收紧政策预期升温，致美元汇率企稳，人民币贬值预期和压力加大，但因对新型冠状病毒感染的诊疗逐渐常态化，经济也在逐步好转，对人民币起到一定支撑作用，目前汇率在6.5上下波动。2021年8月31日，人民币汇率为6.5（美元兑人民币）。

欧元是按最优货币区理论构建的一个区域货币，但现实中最优货币区并不存在，导致欧元区内部存在着自身不可调和的矛盾。欧元本身也并没有成为与美元抗衡的货币，整体汇率趋势仍然受美元走势的操纵。这当然与汇率天然是两种货币的价格比值有关，也与欧元的独立性不足有关。从近10年来看，欧元汇率在1.04—1.39区域，2021年则一直保持在1.2。2021年8月31日，欧元汇率为1.2水平。

全球金融危机前，英镑有升值趋势，此后的英国脱欧直接导致英镑大幅贬值，目前再加上疫情控制不力，经济恢复乏力的双重影响，汇率趋势向下，2021年8月31日，美元兑英镑为1.4水平（参见图4-3）。

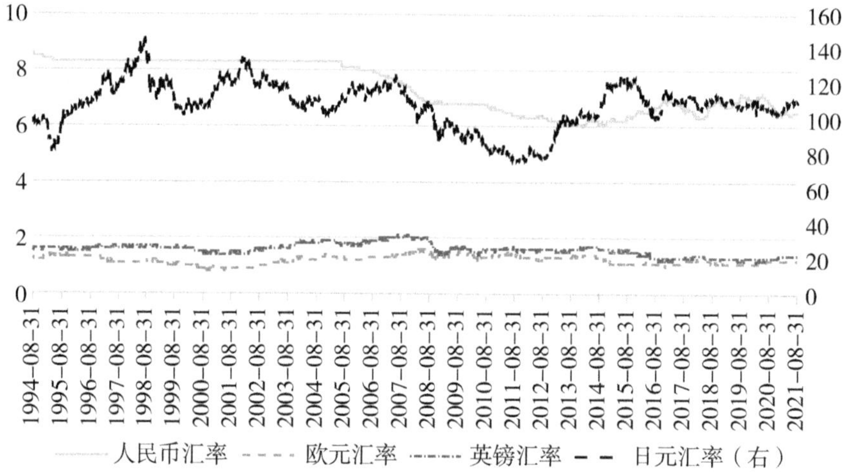

图4-3 美元兑人民币、欧元、英镑及日元汇率走势

资料来源：北京睿信科全球风险管理平台（www.sunrisk.cn）。

从六国汇率风险指数来看，美国汇率风险指数在全球金融风暴期间和美联储缩表压力期间突破10线接近0线，其余时间相对稳定，风险较低；日本汇率风险指数随着日元的波动而体现出比其他发达国家更为显著的波动性，汇率风险指数在2008年全球金融风暴期间更是突破10线，跌至0线水平（2008年）；人民币随着1994年汇率改革完成，1995年1月—2005年7月人民币汇率风险指数较高，相对稳定，但汇率改革后波动性显著增加，在2008—2010年全球金融风暴集中期间显著下探，但总体指数较高，风险较小；德国和法国为欧元区国家，汇率风险指数走势一致，欧元汇率风险指数和美元汇率风险指数走势相近，多次下探至20线，2015年前后两次跌进10线；英镑汇率风险指数早期比较稳定，但近年来受脱欧的影响，英镑大幅贬值，导致英国汇率风险指数近年来出现了显著的下跌趋势，多次跌进30线，甚至

10线，汇率风险极高。2021年8月31日，主要国家风险指数基本在90线上下波动，相对稳定。未来一段时间内，美联储收紧政策预期，以及发达国家资产泡沫——尤其是股市和房市双泡沫——面临破裂，可能会导致各国汇率风险指数震荡，甚至下探（参见图4-4和图4-5）。

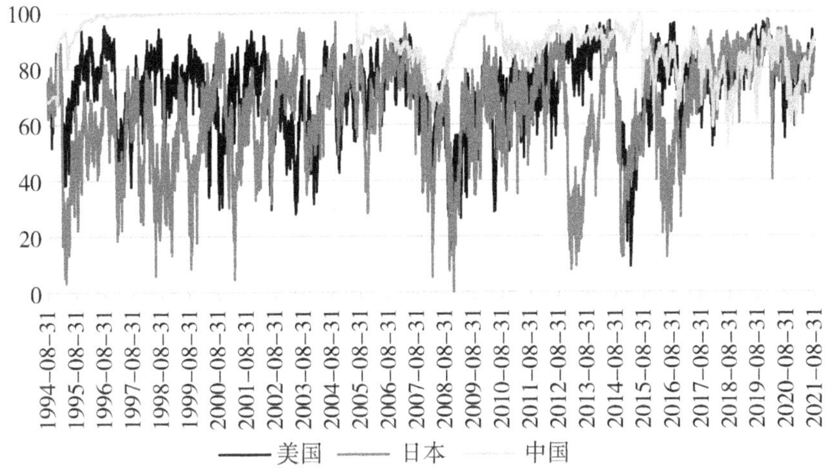

图 4-4　美元、日元和人民币汇率风险指数趋势

资料来源：北京睿信科全球风险管理平台（www.sunrisk.cn）。

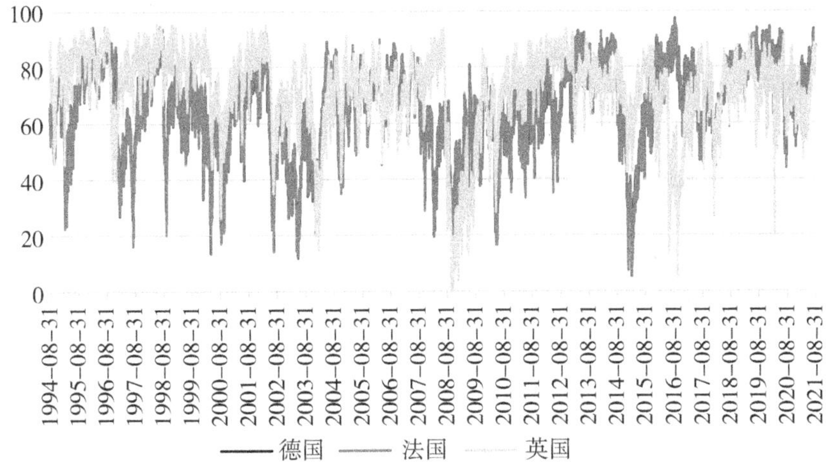

图 4-5　欧元和英镑汇率风险指数趋势

资料来源：北京睿信科全球风险管理平台（www.sunrisk.cn）。

第二节　全球货币市场风险趋势

2008年金融危机对金融市场造成巨大冲击，将全球经济拖入低增长、低通货膨胀的迷雾。为应对全球金融危机，各国都相继出台了史无前例的宽松货币政策，美联储、欧洲央行、日本央行不断下降基准利率。然而，包括基准利率、存款准备金、公开市场操作等常规货币政策被运用到了极限，仍然不足以有效刺激市场。除美国经济从2014年以来有所增长，美联储退出定量宽松货币政策并逐步加息外，其他发达国家央行基本保持不动。2021年以来，美联储预期退出量化宽松政策，货币市场风险压力增大。

中国的货币政策随中国的政策与发展实践而不断发展变化，具有中国特色，货币市场不是很成熟，其风险指数波动较大。2021年以来，央行提出保持货币政策稳定性，增强前瞻性、有效性，既有力支持实体经济，又坚决不搞“大水漫灌”，以适度的货币增长支持经济高质量发展，助力中小企业和困难行业持续恢复，保持经济运行在合理区间。

一、全球货币市场风险指数趋势

全球货币市场系统性风险指数充分体现了全球系统性风险的来源。从整体看，全球货币市场风险指数呈现波动下行的势态。2004年指数下降至50线附近，风险初现。从2007年美国次贷危机开始，全球金融危机爆发，因为流动性和信用风险的上升而大幅下跌，2008年一度跌至20线附近，风险加剧。在2009年至2015年，因金融危机后续影响以及美联储缩表影响，全球货币市场风险指数基本在40—60之间波动。2016年至2019年，指数整体有一定回升，在波动中呈上行趋势，大致在50—80区间内，但中间仍有几次突破50线以下。2020年以来，受疫情后续影响，全球经济复苏乏力，全球市场风险指数下行，且有大幅动荡的可能，截至2021年8月31日，全球货币市场风险指数为61.9点（参见图4–6）。预期未来全球货币市场风险指数可能波动下行，突破50线。

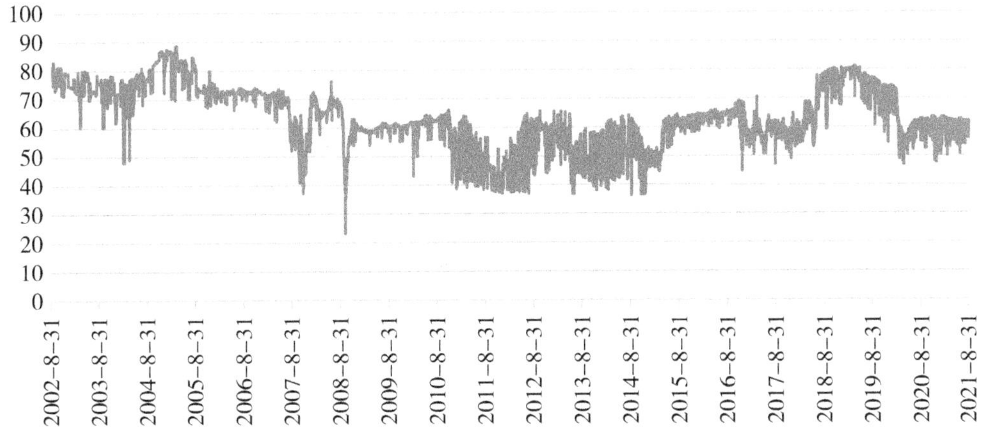

图 4-6　全球货币市场风险指数趋势

资料来源：北京睿信科全球风险管理平台（www.sunrisk.cn）。

二、主要国家货币市场风险指数趋势

2002年以来，除2007—2008年全球金融危机外，发达国家（权重代表国）隔夜指数掉期指标与LIBoR 3个月指标整体稳定，且走势大体相似。中国隔夜指数掉期指标与LIBoR 3个月指标则整体呈现大幅波动的态势。隔夜指数掉期指标欧元区（代表国德国）在2014年9月开始出现负值，日本在2016年2月也开始出现负值。LIBoR 3个月指标欧元区（代表国德国）从2015年4月开始出现负值，日本从2016年2月开始出现负值。截至2021年8月31日，美国、中国、德国、英国和日本隔夜指数掉期指标值分别为：0.08%、2.30%、-0.49%、0.05%和-0.04%，美国、日本、德国和英国LIBoR 3个月指标值分别为0.12%、-0.55%、0.07%和-0.10%，中国3个月Shibor为3%，在主要国家中最高。2020年8月31日，美国、中国、日本、德国和英国隔夜指数掉期指标值分别为：0.08%、2.44%、-0.47%、0.05%和0.04%，同比上升0、0.14%、0.02%、0和0.08%；2020年8月31日，美国、日本、德国和英国LIBoR 3个月指标值分别为2.09%、-0.1%、0.43%和0.76%，同比上升1.97%、0.45%、0.36%和0.86%（参见图4-7和图4-8）。

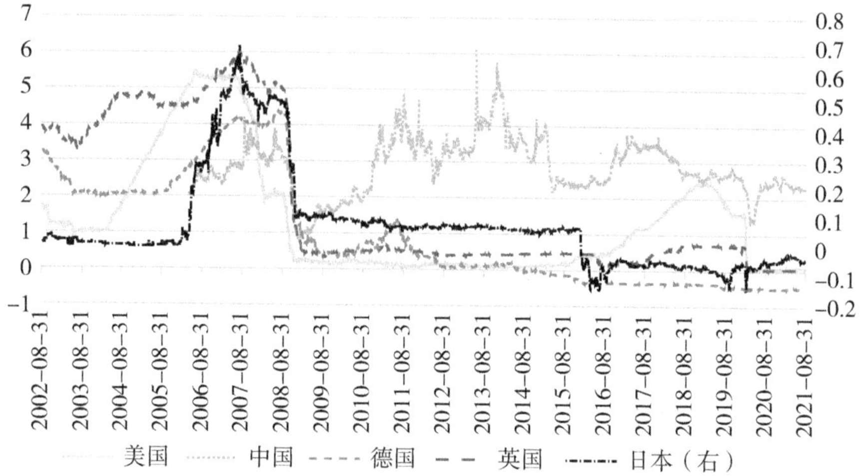

图 4-7 权重代表国隔夜指数掉期指标走势

资料来源：北京睿信科全球风险管理平台（www.sunrisk.cn）。

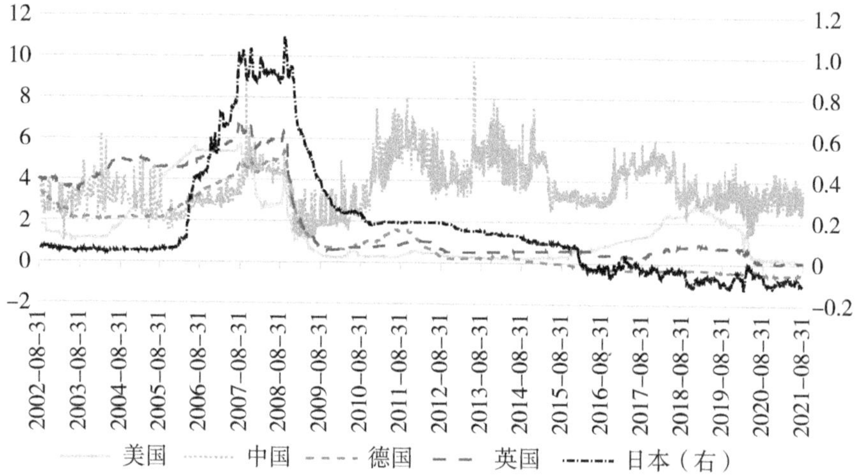

图 4-8 权重代表国 LIBoR 或 Shibor 3 个月指标走势

资料来源：北京睿信科全球风险管理平台（www.sunrisk.cn）。

从六国货币市场风险指数来看，发达国家相对稳定。德国和法国同属欧元区，欧洲央行有统一的货币市场，它们的货币市场风险指数一致。自2002年以来从90左右的高位下行，目前基本保持在50线左右；美国货币市场风险指数除了在2008年全球金融风暴期间一度大幅下挫以外，基本保持在50线上方波动，2015年后逐步上升至80线上主；日本货币市场风险指数长期保持在50线左右波；中国的货币市场不是很成熟，风险指数长期在0—100大幅波动；英国货币市场风险指数从2002年年初的90波动下行至60线左右，全球金融风暴期间大幅下挫，一度降至10线以下。截至2021年8月31日，美国、日本、中国、德国、法国和英国的货币市场风险指数分别为：51.3、50、88.3、50、50和50.9（参见图4–9）。预期未来各国货币市场风险指数都有向下跌进50线的可能。

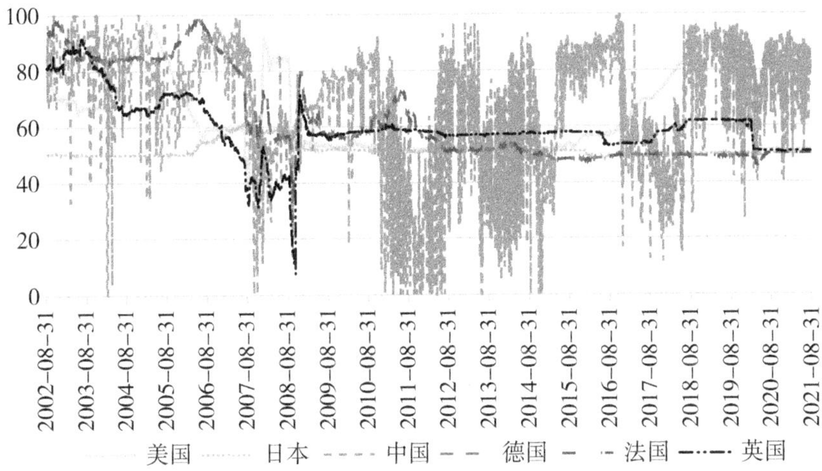

图 4–9　主要国家货币市场风险指数趋势

资料来源：北京睿信科全球风险管理平台（www.sunrisk.cn）。

第三节　全球股指风险趋势

2021年以来，全球经济复苏放缓，在诸多风险的搅动下，全球金融市场也难归平静。由于当前美联储及其他各国暂时仍处于宽松的货币政策之下，随着大宗商品价格上涨，而后疫情时期经济恢复动力不足，股指持续拔高，通货膨胀压力增大，股市泡沫越来越大，随时有破裂的风险。所以，综合众多的风险因素，2022年对于全球股票市场而言注定又是极具挑战的一年。

一、全球股指风险指数趋势

六国股指为基础的全球股指风险指数，同样充分体现了全球系统性危机爆发的来源，或者说部分危机就充分体现在股市的大幅波动上。1997—1999年的亚洲金融风暴，全球股指风险指数在极端情况下下探至30线以下近20线的水平，风险加剧，而大多数时间更多地在40—60之间波动；2000年美国新经济导致的股市泡沫破裂，深刻影响到了发达国家的股市，使得全球股指风险指数多次下探至30线以下，极端情况下甚至达到20线；随着2006年美联储加息到高位（2004年6月30日—2006年6月

30日，美联储加息17次，共加息425个基点），导致房地产泡沫破裂，次贷危机开始爆发，股指风险指数跌至40线以下；随着2008年由美国次贷危机引发的全球金融风暴爆发，股指系统性风险指数在2008年11月突破10降至0附近，危机彻底爆发；此后的欧债危机使全球股指风险指数再次突破40线；2015年美联储缩表导致危机，使指数再度下探至40线以下接近30线的水平。2018年12月25日，全球股指风险指数下探至43，而9月初还在70的高位。2020年3月18日受全球疫情影响，全球股指风险指数下行至有史以来第二低位16.7。由于当前美联储及其他各国暂时仍处于宽松的货币政策之下，随着大宗商品价格上涨，而后疫情时期经济恢复动力不足，股指持续拔高，通货膨胀压力增大。截至2021年8月31日，全球股指风险指数为70.5，股市泡沫继续膨胀。未来一段时间，股市泡沫有破裂风险，全球股指风险指数可能出现剧烈波动，下行至40线以下是有很大可能的（参见图4-10）。

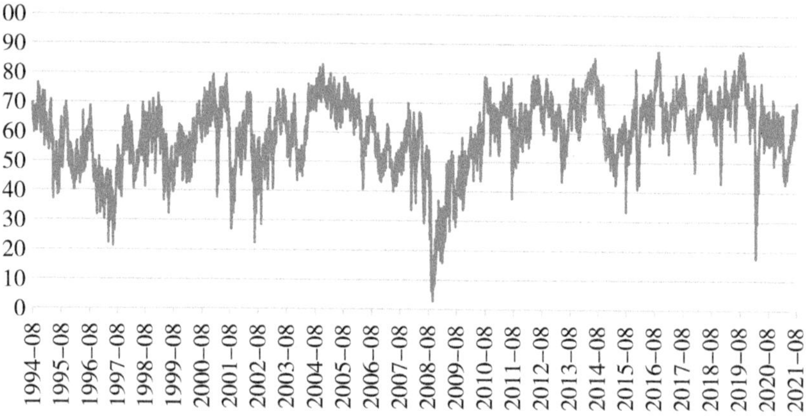

图4-10　主要国家股指风险指数趋势

资料来源：北京睿信科全球风险管理平台（www.sunrisk.cn）。

二、主要国家股指风险指数趋势

自1994年以来，发达国家整体股指呈上升趋势，目前均处于高位，在2000年新经济泡沫破裂和全球金融危机期间，六国股指均呈现较大波动。中国股指目前还在3000点低位徘徊，上升空间大。整体来看，目前因美国基础货币流动性和各类经济刺激方案的作用，以美国为首的发达国家股指已处于高位，而发展中国家则在低位徘徊。

从6个国家股指风险指数的具体情况来看，6个国家的股指风险充分体现了股市的波动性以及与美国股指接近同步的特点，同时也体现了股市对风险的集中表现的特点。其中，中国股市由于不成熟，其波动性比发达国家要高一些。从2020年年初以来，发达国家股指风险指数波动较大，2020年3月因疫情影响，各国指数都出现了跌进10，甚至0的变化，风险巨大，但之后至今，随着新型冠状病毒感染情势的相对控制，各国指数都呈现波动上升向好态势。中国股指风险指数同样处于一个相对向好，波动上升的态势，风险指数相对更高。2021年以来指数由年初的45波动上升至8月底的90上下。从目前看来，发达国家和中国的股指风险都较低。但由于发达国家在定量宽松货币政策下泡沫积聚，实际上面临着泡沫破裂的风险，而中国股指风险指内外部因素的共同作用下，已处于历史低位，下一个阶段可能筑底回升，中国的后期风险预期更低一些。截至2021年8月31日，美国、日本、中国、德国、法国和英国的股指风险指数分别为：60.8、68.4、89、62.5、55.8、74.4（参见图4-11和图4-12）。

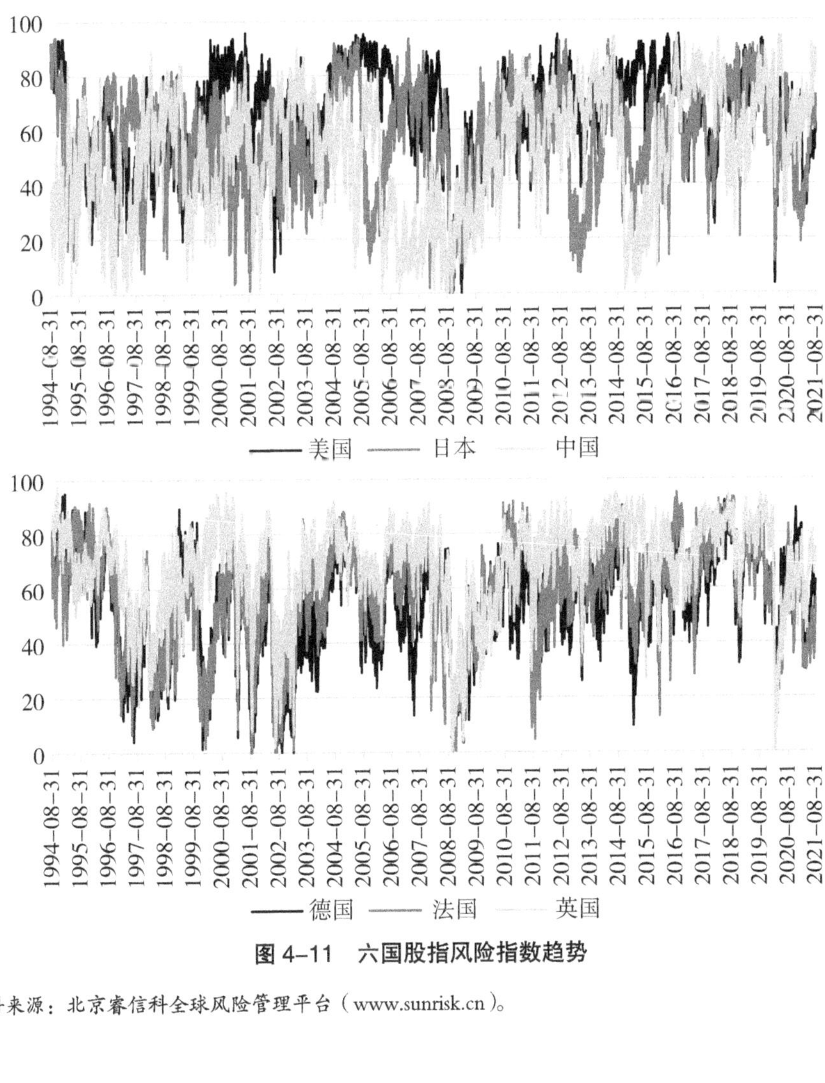

图 4-11　六国股指风险指数趋势

资料来源：北京睿信科全球风险管理平台（www.sunrisk.cn）。

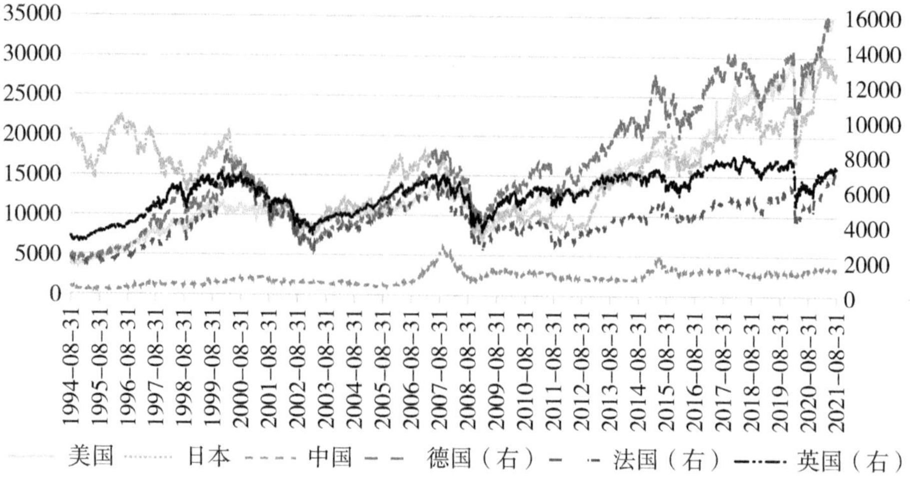

图 4-12　六国股指走势

资料来源：北京睿信科全球风险管理平台（www.sunrisk.cn）。

第5章
全球系统性风险趋势：市场与经济潜力空间（下）

导读

受新型冠状病毒感染的负面影响，全球经济一度出现普遍衰退，全球财政政策和货币政策大幅扩张，在暂时降低了流动性风险的同时，也促使国债利率进一步下探，部分发达国家美国出现了利差倒挂，国债市场系统性风险显著上升。不仅如此，普遍过度扩张的财政政策也将为一些负债较高的国家带来较大的信用风险，严重地可能导致债务危机。此外，受经济衰退的影响，不少企业倒闭或偿债能力显著下降，企业信用风险有显著上升趋势，信用债市场系统性风险显著上升。在通货膨胀预期下，美联储预期退出定量宽松货币政策，国债风险指数可能下行。

全球大宗商品市场基本上可以分为两大类，即贵金属与其他大宗商品，贵金属占比不高。贵金属具有保值价值，尤其是在危机爆发时价格通常上涨，但同样也取决于美元走势，即与美元汇率呈反向走势，美元升值，贵金属价格通常下行，美元贬值，贵金属价格上涨。但非贵金属大宗商品价格既取决于全球经济状况决定的供求关系，也取决于美元的周期性走势。

经济潜力空间比值是美元兑一国货币汇率与该国购买力平价的比值，实际上是国际物价与国内物价的对比关系，比值越高，空间越大；比值越小，空间越小。从全球经济潜力风险趋势来看，发达国家经济潜力空间比值本身就较低，未来两年，随着美元从强势向弱势转换，除美国外的发达国家和新兴市场与发展中经济体汇率都有升值的可能，其经济潜力空间比值都有进一步下降，经济潜力风险可能上升。

第一节 全球国债风险趋势

在全球系统性风险的评估中，全球国债风险通常不是指国债的信用风险，而是指国债利率及利差走势体现出来的经济周期风险，在某种程度上会体现出其投资风险，即购买国债未来可能面临的风险，或面临利差倒挂的风险。

一、全球国债风险指数趋势

全球国债市场系统性风险指数充分说明了全球系统性风险的来源。全球国债风险指数具有明显的周期性，从1994年年初到2000年11月，全球国债风险指数由50左右下降至近7的低点，2004年6月再度上升至87的高点，2007年1月下跌至13左右的低点，2009年4月上升至近93的高点，然后持续下挫，2018年8月已下跌至近8的低点。通过仔细观察可以发现，全球国债风险指数的周期性与美联储利率调整的周期性，或者是与美国10年期国债与2年国债收益率利差的周期性接近。当美联储进入加息周期时，全球国债风险指数进入下行阶段；当美联储步入降息周期时，全球国债指数进入上行阶段。2019年7月31日，美联储开始步入降息周期之中，距离中性利率水平还有一定的距离。受全球新型冠状病毒感染的冲击，全球国债风险指数仍呈下行趋势，2021年8月31日全球国债风险指数为36.8。未来在通货膨胀预期下，美联储预期退出定量宽松货币政策，国债风险指数可能下行（参见图5–1）。

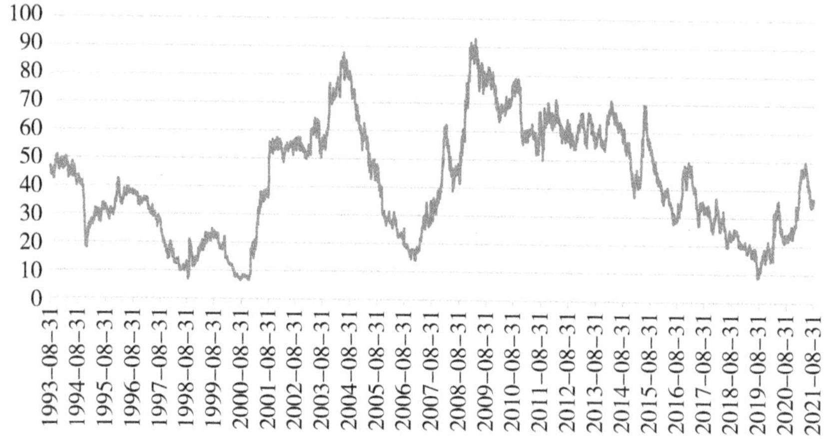

图5–1 全球国债风险指数趋势

资料来源：北京睿信科全球风险管理平台（www.sunrisk.cn）。

二、主要国家国债风险趋势

2年国债与10年国债收益率利差值呈现周期性特点，这主要与当时相应国家的宏观经济政策有关，也与该时段全球或区域发生危机风险事件有关。比如，1997年亚洲金融危机，2000年互联网新经济泡沫破裂，2008年全球金融风暴以及后期的欧债危机、英国脱欧事件、全球疫情的冲击等。2010以来，2年国债与10年国债收益率利差值整体呈线性下降趋势，2019年，发达国家（除法国外）2年国债与10年国债收益率利差值逐渐趋近于0值，其中美国在2019年8月出现，-0.0512利息的倒挂，英国在2019年8月也出现，-0.04利息的倒挂，而中国在同时期却出现了截然相反的走势，截至2021年8月31日出现一个小峰值，美国、日本、中国、德国、法国和英国2年国债与10年国债收益率利差值分别为：1.0995、0.151、0.58、0.33、0.664和0.495（参见图5-2）。

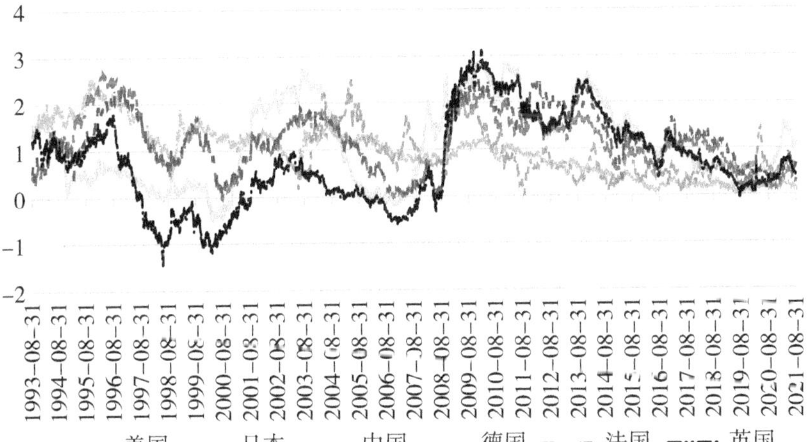

图5-2　2年期国债与10年期国债收益率利差走势（%）

资料来源：北京睿信科全球风险管理平台（www.sunrisk.cn）。

德国和法国同属欧元区，因此走势具有一致性，其余各国周期性表现出较大的差异。美国体现出两个半周期，即从1994年年初到2000年12月的下跌周期、从2001年年初开始至2007年4月的上升下跌的完整周期、2007年5月至2019年8月完成一轮下跌的完整周期，其后至2020年4月出现一波较大反弹，升至80线。目前呈下跌趋势。从1994年年初至今，日本国债风险指数呈持续波动下跌的态势，中间在1998年10月2日和2003年6月12日和2013年4月4日三次突破20线，风险加剧。2014年12月以后基本都在20线以下波动，风险逐步增大。自2003年6月至今，中国国债风险指数体现出3个周期，分别是2003年6月11日（7.5）至2008年10月10日（19）至2011年9月9日（0）至2017年6月12日（2.5），2020年5月出现一波陡增（69），但随后仍骤跌至20—40内波动。德国和法国的国债风险指数具有基本的一致性，体现出3个大的周期，分别是1994年1月1日（31.8）至2000年9月6日（0）至2006年12月12日（0）至2008年6月19日（近0）至2015年4月20日（17），之后开始了上升阶段，从2017年2月6日83.5的顶部下跌的趋势延续到目前，但2021年以来，经历了一个倒"V"形的小幅波动，但大趋势仍然向下，风险增大。英国国债风险指数较为波动，1997年为1个周期，1997年至2001年长期处于0的位置，2001年至2004年体现出一个0—50的小周期，2004年至2008年长期在0—30的水平波动，2008年至今则体现为一个大的周期，2019年8月14—23日，英国国债风险指数为0，2020年1月31日国债风险指数再次逼近1水平。2021年以来，英国债风险也经历了一个倒"V"形波动，从近40跌至20线，风险加剧。截至2021年8月31日，美国、日本、中国、德国、法国和英国的国债风险指数分别为：55、7.6、29、16.5、33.2和24.8（参见图5-3）。

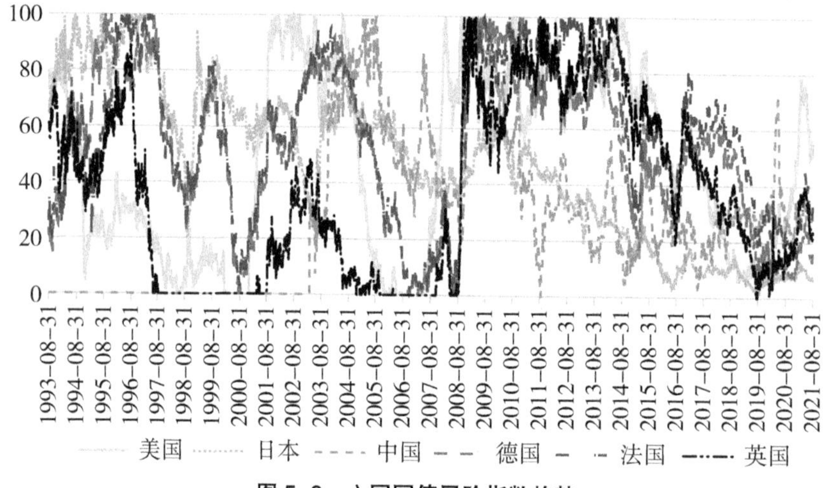

图5-3 六国国债风险指数趋势

资料来源：北京睿信科全球风险管理平台（www.sunrisk.cn）。

第二节 全球商品市场风险趋势

通常而言，商品价格是由市场的供求关系决定的，而市场的供求关系通常受经济环境影响的：经济环境好，需求量大，价格自然上升，反之亦然。然而，随着全球商品现货和期货以及更为复杂的衍生品出现，全球大宗商品有了金融属性，其走势虽然仍与经济环境和市场供求关系有关，但更多地与其定价的世界货币有关。通常我们会看到美元的周期性走势与商品的周期性走势的逆向而行。

一、全球商品风险指数趋势

商品风险指数充分体现了全球系统性风险的来源。商品风险指数呈现较大的波动性，但整体呈现一个“V”形结构，大部分时间在0—90间大幅波动。从1995年至2008年全球金融风暴之前，风险指数呈现出上弧形波动趋势。全球金融风暴期间，风险指数呈现出明显的触底特征。2008年年底始呈现出波动上升趋势，并保持在70—90的高位之间，尽管中间2014—2015年呈现出一个“V”形波动，但2015年后上行趋势得以持续2018年9月初商品风险指数暂时回落至60线附近。由于大宗商品指数与美元呈现出显著的负相关关系，美联储收紧政策预期升温，依旧将支撑美元指数。商品风险指数可能会随商品指数下跌。从大宗商品指数可以看出，2020年以来呈抬头趋势，截至2021年8月31日，商品指数升至218.17，风险指数为47.7，未来美元强势减弱，商品泡沫持续积聚，风险指数可能下降，风险加剧。（参见图5-4）。

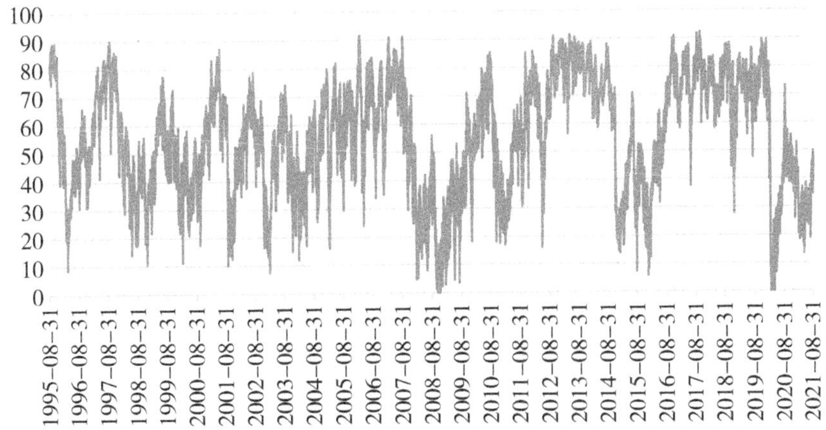

图 5-4　全球商品风险指数趋势

资料来源：北京睿信科全球风险管理平台（www.sunrisk.cn）。

二、全球商品指数走势

全球商品价格指数通常是指RJ/CRB指数。一般所称的CRB指数（Commodity Research Bureau Futures Price Index）是由美国商品研究局汇编的商品期货价格指数，该指数于1957年正式推出，涵盖了能源、金属、农产品、畜产品和软性商品等期货合约，为国际商品价格波动的重要参考指标。2020年采用纽约期货交易所发布的CCI商品指数，由于该商品指数在2021年1月暂停发布，2021年我们选用路孚特（Refinitiv，前汤森路透金融与风险部门）发布的CRB核心商品指数来做分析。

从全球商品指数走势来看，亚洲金融风暴给全球商品带来巨大的影响，全球商品指数从1997年250的高点下跌至1999年120的低点，小幅反弹后，2001年年底再度降至145，这期间基本与美元强势政策相对应。随着美国新经济泡沫2000年的破裂和2002年年初美元指数开始下跌，全球商品价格指数迎来了一波迅猛上涨，指数在2008年7月高达465的高点。随着2008年10月全球金融风暴的爆发，全球商品价格指数在2008年12月降至200的阶段性低点，但随着全球发达国家央行大幅降息、采取定量宽松货币政策以及经济持续衰退的压力放缓，再度上升至2011年的340高点，此后随着欧债危机的爆发和全球经济持续疲软，以及美元在波动中逐渐走强，指数逐步下降。随着美国2014年开始退出定量宽松货币政策，并在此后逐步加息，全球商品价格指数下降至2016年的1月的155的阶段性低点，并持续在150—200区间内上下波动（参见图5-5）。

图5-5 CRB全球核心商品价格指数走势

资料来源：彭博终端。

从全球商品指数与美元指数的相在性分析来看，两者有着典型的线性负相关性，其相关系数高达0.7（参见图5-6）。因此，本报告认为美元指数走势在很大程度上决定全球商品指数的走势。根据上文分析，目前来看，美元指数将从强势向弱势转化，全球经济逐步恢复，使需求逐步上升，推高了全球大宗商品价格，2021—2022年，在宽松的货币及财政政策下，全球商品指数有继续逐步恢复上升的可能。

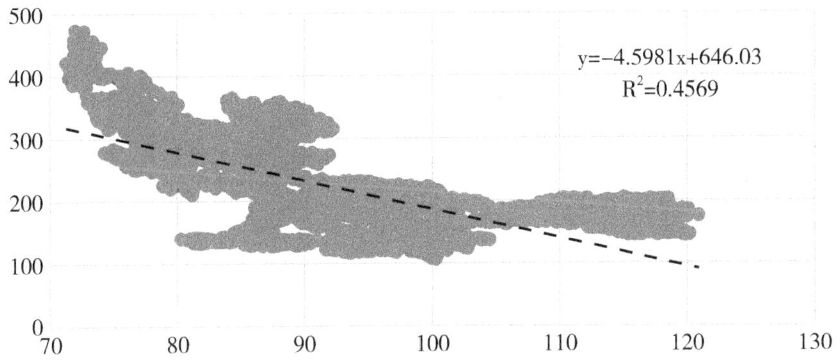

图5-6 全球商品指数与美元指数的相关性分析

资料来源：北京睿信科全球风险管理平台（www.sunrisk.cn）。

注：纵轴是商品指数，横轴是美元指数。

第三节 全球经济潜力风险趋势

经济潜力风险指数来源于经济潜力空间比值，是美元兑一国或经济体的汇率与其购买力平价指数（PPP）的比值，体现了汇率与物价之前的差距：经济潜力空间比值越高，表明汇率与物价之间的差距越大，发展的空间也可能就越大；反之亦然。经过对186个国家或经济体1980年的经济潜力数据与相关数据的统计分析，本报告发现：发达国家的经济潜力空间比值通常较低，发展中国家通常较高；从经验标准来看，发展中国家高于3是安全的，新兴市场经济体高于2是安全的，1.5是临界线，发达国家在1左右是安全的。这也在某种程度上解释了为何发展中国家或新兴市场经济体经济增长率高，而发达国家经济增长率低的问题。

一、全球经济潜力风险指数趋势

从1993年有数据以来，全球经济潜力风险指数集中在45—55之间波动；2002年以后，全球经济潜力风险指数呈现波动下降的态势，从2002年2月的57附近下降至35附近，风险增大。2015年以后，指数略有回升，至今仍维持在40上下波动。截至2021年8月31日，全球经济潜力风险指数38.5水平。未来，全球经济潜力风险指数可能会持续在这一水平波动（参见图5-7）。

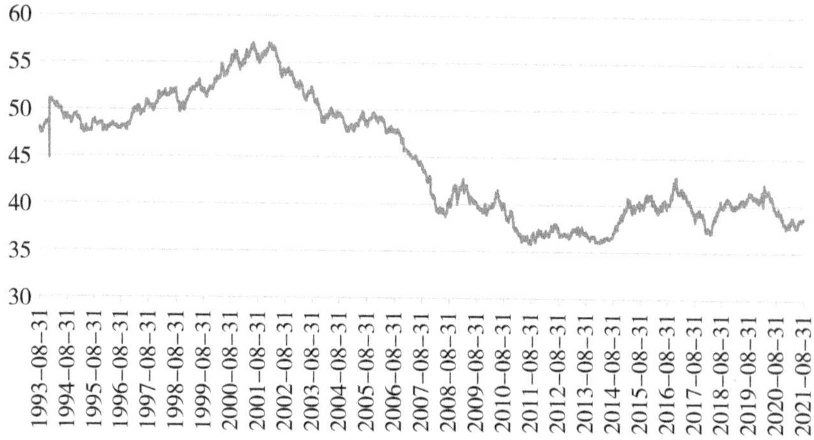

图5-7　全球经济潜力风险指数趋势

资料来源：北京睿信科全球风险管理平台（www.sunrisk.cn）。

二、主要国家经济潜力风险指数趋势

发达国家，以虚拟经济为主，其经济潜力空间比值指标偏低，相应地经济潜力风险指数也偏低，经济潜力空间比值指标在0.4—1.4之间，经济发展潜力较小。中国属于发展中国家，当人民币汇率兑美元上升至6左右时，实际上已经到达了1.5左右的临界点，遂有人民币贬值，经济潜力空间比值恢复至接近2左右。但目前来看，中国的经济潜力空间比值已在临界点1.5上下持续波动。截至2021年8月31日，美国、日本、中国、德国、法国和英国的经济潜力空间比值分别为：0.93、1.08、1.54、1.14、1.12和1.02（参见图5-8）。

全球经济潜力风险指数充分体现全球系统性风险的来源。从六国经济潜力风险指数来看，中国经济潜力风险指数最高，在1994年汇率改革后和2005年7月汇率改革前，基本都在100或接近100左右的水平，但汇率改革后持续大幅下降，目前保持在50—60的区间波动，但目前来看有突破50线的趋势，风险出现。而发达国家经过多年的发展，经济潜力相对较低，经济潜力风险指数都比较低，大致在28—40的区间波动，相互差别不大，截至2021年8月31日，美国、日本、中国、德国、法国和英国的经济潜力风险指数分别为：31、36、51.3、38、37.3和34（参见图5-9）。

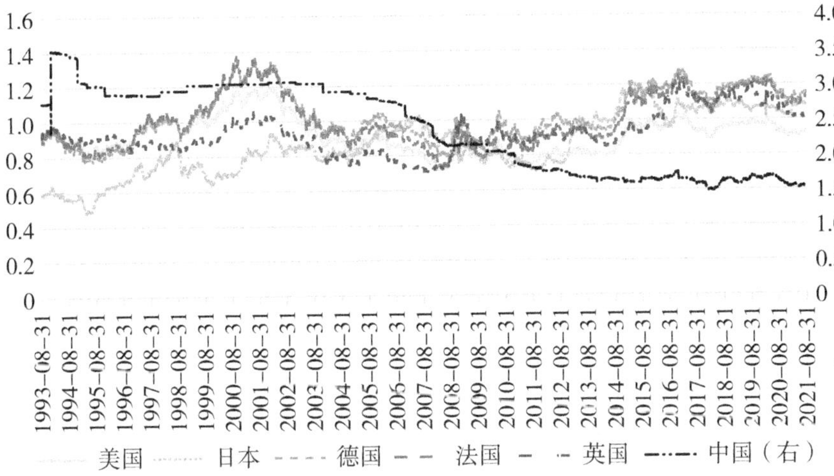

图 5-8　主要国家经济潜力空间比值走势

资料来源：北京睿信科全球风险管理平台（www.sunrisk.cn）。

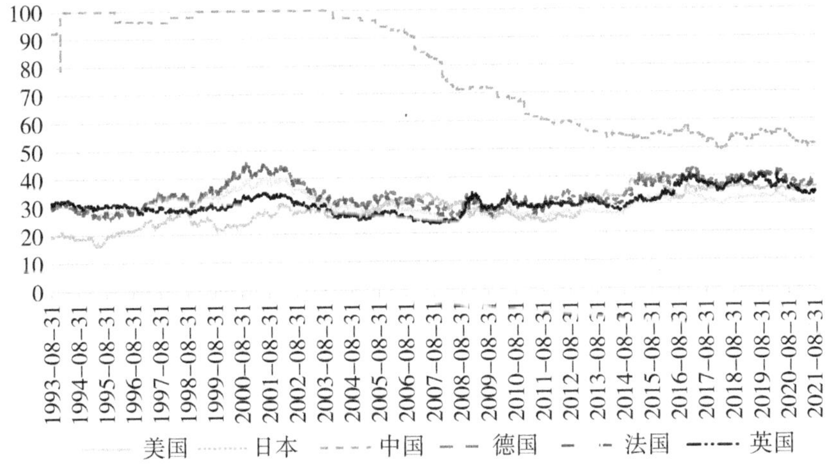

图 5-9　主要国家经济潜力空间风险指数趋势

资料来源：北京睿信科全球风险管理平台（www.sunrisk.cn）。

第6章
全球危机国家的系统性风险趋势（上）

导读

土耳其是继中国、俄罗斯、印度、巴西和南非等“金砖国家”之后又一蓬勃发展的新兴经济体，其经济总量迅速上升，但风险也在不断积累。2016年以前，土耳其政局总体稳定，经济快速发展，投资环境日益改善，越来越受到各国投资者的青睐。2016年以来，由于中央政府更迭、经济增速放缓、货币贬值等因素叠加，土耳其面临较大的系统性风险压力。2020年，由于疫情期间美元超发的影响，土耳其系统性风险出现了明显上升。从目前情况来看，土耳其仍未走出现有困境。虽然短时间内土耳其系统性风险指数可能出现上升趋势，但是其较大可能仍是在30—70的区间内波动。

作为“一带一路”沿线重要国家，越南的经济发展与变革路径更类似于中国。近年来，越南宏观经济向好，经济保持较快的增长速度，经济增速甚至在东南亚国家中位居前列，但也面临着政府财政赤字扩大和国有企业坏账问题带来的信用风险，以及长期贸易逆差与外汇储备薄弱所导致的货币贬值及物价水平过高等问题。2021年，越南系统性风险指数总体来看呈上升态势，预计未来两年，系统性风险指数可能会在65—85间波动。值得注意的是，在疫情扩散和美联储收缩流动性的背景下，越南债务风险扩大，其系统性风险也可能会上升。

缅甸作为发展中国家，其经济基础薄弱、制度建设相对落后、政权更迭频繁，经济具有较大的不确定性，系统性风险整体较高。2021年，疫情与政变的暴发使得缅甸系统性风险指数再次下跌，系统性风险进一步攀升。展望未来，新型冠状病毒感染带来的负面影响在世界范围内仍未完全得到控制，世界经济有待复苏，且缅甸政治、经济局势动荡、复杂，一系列不利因素均给缅甸的经济发展带来了较大的不确定性，缅甸系统性风险指数继续在20—40区间波动的可能性较大，其系统性风险短期内有进一步上升的可能。

白俄罗斯是中国在欧亚地区和丝绸之路经济带向西延伸的重要国家，工农业基础较好，具有较高的科研和教育水平，劳动力素质相对较高。受世界经济不振影响，自2011年以来白俄罗斯经济增速放缓。2015年，白俄罗斯遭遇经济社会发展困难期，经济指标全线下滑，GDP出现近20年来首次负增长。2020年，新型冠状病毒感染的蔓延和俄罗斯油价的下跌给白俄罗斯经济造成了很大的影响。在全球经济低迷且新型冠状病毒感染所带来的影响长期存在的情况下，产业结构落后、外债较高、经济下滑的白俄罗斯未来还将面临严峻的考验。除此之外，白俄罗斯通货膨胀也不可忽视，故而存在较大的系统性风险隐患。未来两年，白俄罗斯系统性风险指数可能主要在20—40区间内波动。

阿富汗为亚洲中西部内陆国家，是世界最不发达国家之一，其经济严重依赖外援，失业率高达40%左右，约72%民众生活在贫困线以下。阿富汗长达30多年的战乱严重影响了社会治安和国民经济发展，交通、通信、工业、教育和农业基础设施被严重破坏，生产生活物资短缺，加之货币贬值、资本外逃和投资下降等问题的出现，阿富汗系统性风险较高。2021以来，阿富汗国内冲突不断，恐袭频仍，安全形势严峻复杂。2021年6月发布的年度全球和平指数显示，阿富汗连续第四年成为世界上最不和平的国家之一。2021年8月，阿富汗系统性风险指数骤降至25以下，主要与其国内政权变化带来新的不确定性有关。展望未来，由于政治和安全的不确定性，阿富汗仍然存在较高的系统性风险隐患。

第一节　土耳其系统性风险趋势

土耳其共和国（以下简称土耳其）横跨欧亚两洲，国土包括西亚的小亚细亚半岛和南欧巴尔干半岛的东色雷斯地区，与多个国家以及海域相邻，其地理位置和地缘政治战略意义都极为重要，是连接欧亚的十字路口。13世纪末期土耳其人建立了奥斯曼帝国，16世纪达到鼎盛期，20世纪初沦为英、法、德等国的半殖民地。1919年，凯末尔领导民族解放战争反抗侵略并取得了胜利，1923年10月29日建立土耳其共和国，凯末尔当选首任总统。土耳其全国共分为81省，国土面积78.36万平方公里。2020年，GDP总计7171亿美元，人均GDP达8599美元。在政治、经济、文化等领域，土耳其均实行欧洲模式，是欧盟的候选国。在外交方面，土耳其外交政策以联美、入欧、睦邻为三大支柱，在与美国保持传统战略伙伴关系的同时加强与欧洲国家的关系，同时重视发展同包括中国、日本、韩国在内的亚太及中亚、巴尔干和非洲国家关系，注重外交多元化。

一、系统性风险趋势

2002年以来，从经济增长指标来看，土耳其曾一直呈现出欣欣向荣的状态。同时，土耳其大搞基建，实现了火车和汽车生产的国产化，还准备在2022年发射卫星。因为这些成就，土耳其被称作新兴经济体中的“新钻”国家。但是这并不代表其金融风险也处于一个较好的状态，因为土耳其是靠基础设施建设拉动了GDP增长，而资金来源多为超发货币和外债，这使得土耳其表现良好的经济增速背后隐藏着较大的金融隐患。自受全球金融危机影响开始，土耳其经济便出现了衰退现象。而2018年更是出现了里拉的暴跌，这一事件的导火索是美国政府基于多方面因素考虑，对进口自土耳其的钢铝产品加征关税税率提高一倍。但是其根本原因仍是土耳其内部已存的风险隐患，例如土耳其企业的巨额外债，尤其是其银行部门外资快速增加，持续的经常账户逆差，超发货币，高通货膨胀率等风险。2019年，土耳其债务规模达到2148亿美元；2020年，其外债规模超过了4000亿美元，其中3000亿美元来自私有企业。

从系统性风险指数来看（参见图6-1），土耳其的系统性风险整体呈现出上升的趋势，不过在不同阶段，其系统性风险指数变动有着些许差异。其中1981—1989年，系统性风险指数一直在0—20之间上下波动，各年间并未出现较大差异。而1990—2007年，虽然数据仍有上下波动的情况，但除去个别情况，其大多波动幅度相对较小，而且出现了较为明显的缓慢上升趋势。其中2002年和2003年出现了一次较小的波峰，可能和正义与发展党上台，以及其展开的一系列经济政策有关。

2008—2021年属于土耳其系统性风险指数急剧变化的一个阶段，其间每一年的波动幅度都相对较大，不过总体仍在20—80范围内。这一阶段开始于2008年，受金融危机波及，土耳其经济也经历了一次震荡，系统性风险指数短时间内出现了剧烈的下滑。2008年之后土耳其系统风险指数的剧烈变化也从一方面体现了这一阶段土耳其经济的动荡。2018年，受美土关系的影响，土耳其系统性风险指数再次出现了一波剧烈下滑，此后又出现较缓慢的回升现象。2020年，由于疫情期间美元超发的影响，土耳其系统性风险指数再次出现了下降。从目前情况来看，土耳其仍未走出现有困境。短时间内，虽然土耳其的系统性风险指数可能出现某种上升趋势，但是从长期来看，其较大可能会在30—70区间内上下波动。

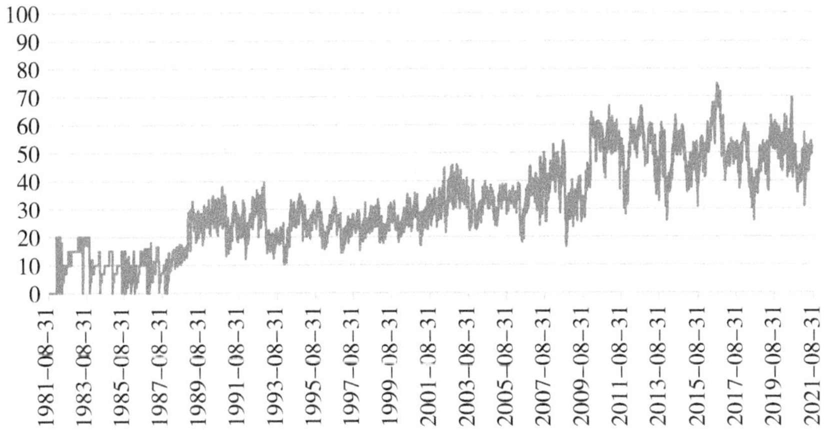

图6-1 土耳其系统性风险指数趋势

资料来源：北京睿信科全球风险管理平台（www.sunrisk.cn）。

二、股指风险趋势

近几年，土耳其股市崩盘已成为常态，2020年10月土耳其股市引入熔断机制，2021年3月23日，土耳其伊斯坦布尔100指数两次熔断，截至收盘跌幅为9.79%，创2013年6月以来最大单日跌幅，土耳其股市遭遇了“黑色星期一”。由于利率，汇率和通货膨胀等经济问题，土耳其央行行长在短时间内更换了三次。土耳其及其中央银行的声誉受损，土耳其资产处于“信任危机”的边缘。

土耳其股指风险指数趋势可以分为以下3个阶段（参见图6-2）。第一个阶段是2008年11月以前的波动触底阶段，这个期间指数在0—90之间急剧波动，其中大部分时间都位于50线以下，且几乎每年都会触底，甚至在1993年之前多次触底，这一阶段土耳其股指风险巨大。第二个阶段是2008年11月至2016年12月，这个阶段股指风险指数不再触底，随着土耳其经济复苏以及受到美国量化宽松等利好消息的影响，指数虽仍有波动，但总体上呈现着上升的趋势，且在2016年8月达到了90以上的高位。第三个阶段是2017年1月以后。2017年土耳其股价指数出现急速下跌，最低下跌至18点。之后，股价指数开始了新的一轮波动，大体在10—80的区间，围绕着50线上下波动。

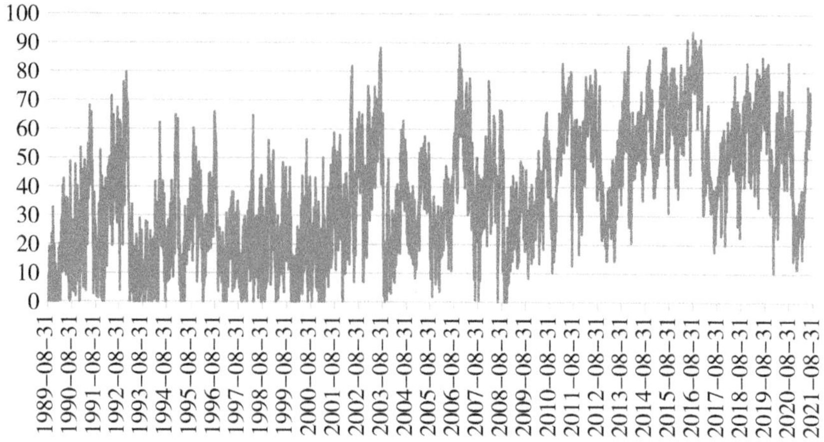

图 6-2　土耳其股指风险指数趋势

资料来源：北京睿信科全球风险管理平台（www.sunrisk.cn）。

土耳其股票市场存在着很大的泡沫，从2008年金融危机爆发，股票指数出现了下跌以后，股指从2008年12月20日的低点212点到2021年3月16日的高点1570点，升高了7倍多（参见图6-3）。且在疫情暴发后，随着发达经济体不断“放水”，新兴市场经济体面临本币贬值、高通货膨胀和资本外流的风险。此时，土耳其股票指数没有下降，反而出现了急剧上升的现象，这进一步加大了土耳其股票市场的泡沫，为2021年土耳其股市多次崩盘埋下了隐患。应该说，土耳其股票市场已陷入危机中，预计接下来的短时间里，仍无法得到明显的好转，股市将持续低迷，土耳其股指风险指数会有所下降，不过长时间看应该仍在10—80的区间内上下波动。

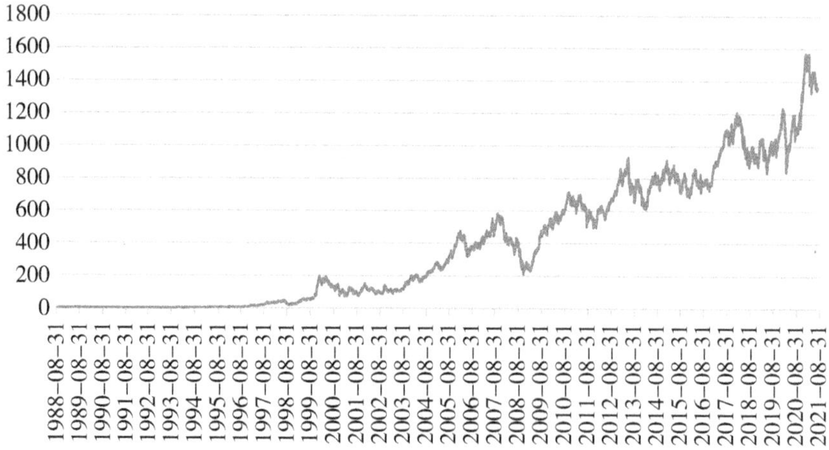

图 6-3　土耳其股指走势

资料来源：北京睿信科全球风险管理平台（www.sunrisk.cn）。

三、汇率风险趋势

土耳其的官方货币是里拉，外汇管理部门是土耳其中央银行。自2001年起，土耳其实行自由浮动汇率制。

从土耳其汇率风险指数来看，其整体上不存在什么明显的上升或下降趋势，基本上都是在0—100范围内波动。不过若将其分为3个阶段，还是能发现土耳其汇率风险指数在各个阶段的趋势。第一阶段是1982—1994年，其指数的波动幅度有明显的收缩，波动区间从开始的0—100之间收缩到了0—50之间，且从整体趋势上看，这个阶段的土耳其汇率风险指数有着下降的趋势。第二阶段是1995—2006年，土耳其汇率风险指数整体呈现出一种明显的上升趋势，虽然在2001年及2002年左右出现了急剧下跌的情况，但其还是在2006年年初达到了近100的峰值。第三阶段是2007—2021年，这个阶段的土耳其汇率风险指数波动范围较大，且没有明显的收缩或扩大趋势，整体上也没有明显的上升或下降趋势，处于动荡的时期（参见图6-4）。

从美元兑里拉汇率走势来看，2013年前美元兑里拉的汇率变化并不大，且数值较低，只是在1997—2002年出现了小幅度的上升，随后又因为正义与发展党的上台，稳定在了新的汇率水平下。2013年后美元兑里拉的数值一直在不断攀升，里拉一直在贬值。里拉贬值的原因包括2016年土耳其政府推行的一系列促成通货膨胀的政策。2018年8月，土耳其里拉出现了一次暴跌，这次暴跌甚至引爆了一轮新兴市场货币危机。2021年土耳其接连遭遇股市熔断、债市收益率创下历史最大涨幅、汇率直接跌15%。其直接原因是土耳其央行行长阿巴尔3月20日突遭解职，但其实际原因是其金融体制、汇率体制、经济结构根本无法抵挡由美元超发而带来的输入性通货膨胀（参见图6-5）。

未来几年，里拉预计仍存在着继续贬值的风险，美元兑里拉汇率的上升趋势仍无法逆转。土耳其里拉汇率风险指数大部分时间会处于50以下的低位。

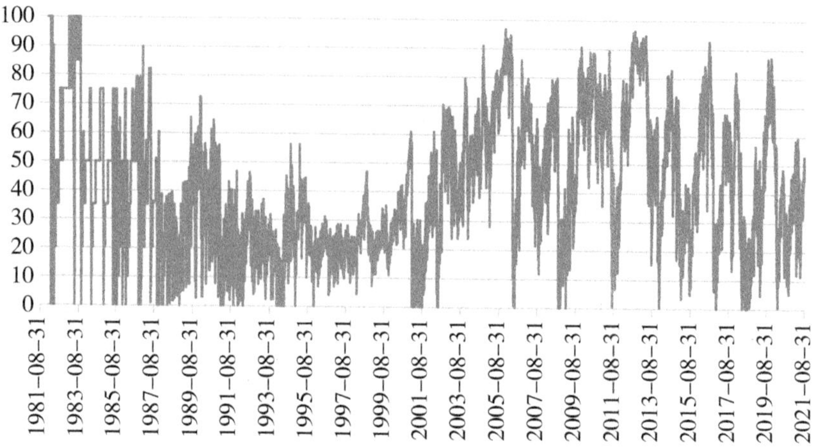

图 6-4　土耳其里拉汇率风险指数趋势

资料来源：北京睿信科全球风险管理平台（www.sunrisk.cn）。

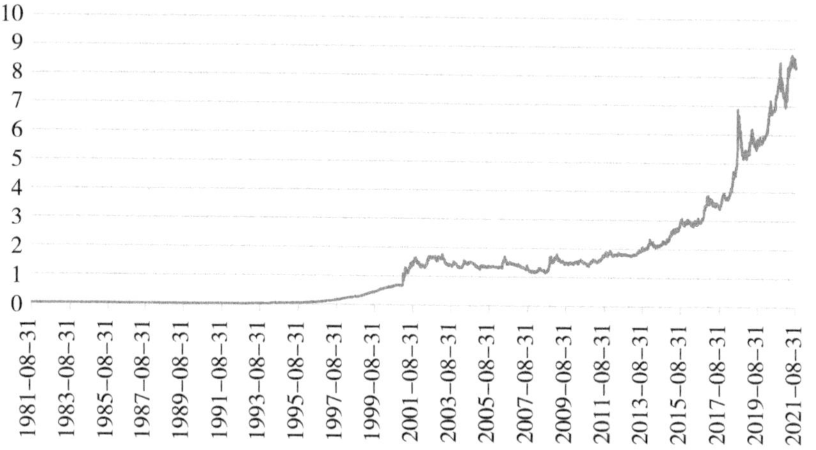

图 6-5　美元兑里拉汇率走势

资料来源：北京睿信科全球风险管理平台（www.sunrisk.cn）。

四、国债风险指数趋势

从土耳其国债风险指数来看，土耳其的国债风险指数大多处于50线的安全水平以下，可见土耳其的国债风险水平很高。其中2015、2017、2018年更是出现了将近整年的时间土耳其国债风险指数都为0的情况。2020年与2021年纵使出现了指数为100的峰值，也会急速下跌到40以下的低位，甚至于0（参见图6-6）。

2006—2009年，土耳其的10年期国债收益率一直处于一个高水平阶段（参见图6-7），大部分时间都在20%以上。2009年，10年期国债收益率开始下降。2010—2018年，10年期国债收益率与2年期国债收益率都维持在10%左右小范围波动，这一阶段，土耳其国债收益率相对稳定。2018年，由于里拉汇率暴跌引起的一系列危机，使得土耳其在全球主权债务投资者眼里“变得糟糕”。土耳其10年期国债收益率曾飙升至历史新高，超过了20%，2年期国债收益率甚至超过了25%。2019年，10年期和2年期国债收益率都有一定数值的回落，但在2020年又出现了上升趋势，可见虽然土耳其政府的应对政策在短时间内有一定的成效，但仍无法改变其国债的高风险性。从2017年年初开始，土耳其国债收益率利差就出现了倒挂，且利差倒挂愈演愈烈。其原因是市场投资者对土耳其中短期市场经济预期较为悲观，避险情绪高涨。纵使2020年利差倒挂现象消失了一段时间，可新的一轮利差倒挂很快又重新开始了。

由于土耳其安全、政局、经济等方面存在很多问题，造成土耳其的政府信用不稳定，导致以一国政府信用背书的国债收益率处于高值，始终难以明显回落。预计土耳其在未来的一段时间内也很难摆脱国债风险危机。

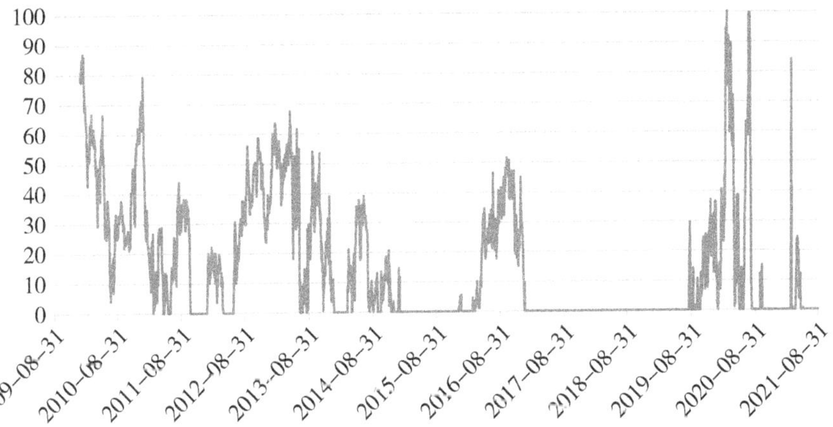

图6-6　土耳其国债风险指数趋势

资料来源：北京睿信科全球风险管理平台（www.sunrisk.cn）。

图6-7　土耳其国债收益率和利差走势（%）

资料来源：北京睿信科全球风险管理平台（www.sunrisk.cn）。

五、经济物价风险指数趋势

土耳其经济物价风险指数从2007年开始有变化。2007—2009年，受全球性金融危机的影响，指数呈总体下降的趋势，且在2008年跌破50警戒线下。2010—2017年，土耳其经济物价风险指数在20—90范围内波动，低于50线的年份主要集中在2012—2015年。2018—2021年，土耳其经济物价风险指数在0—80的范围内波动，整体指数偏低，大部分时间都位于50线以下，且多次出现骤降的情况。一次骤降是从2008年4月开始，受中美关系以及美联储加息等影响，土耳其汇率、股市、债市都遭遇了巨大冲击，导致其经济物价风险指数直线下行。而在2021年，受疫情影响，土耳其经济再度陷入危机中，2021年3月22日当日土耳其里拉兑美元的汇率暴跌17%，10年期基准债券收益上升2.2个百分点，而伊斯坦布尔100指数下跌7%。随后土耳其经济物价指数又出现了大幅度下降的情况（参见图6–8）。

土耳其的经济模式，简单地讲就是大量发行货币，然后通过房地产和基建拉动经济增长。2008年至2018年，宽松的货币政策使得土耳其GDP增长了2.5倍，但M2增长了3.7倍，流动性过剩使得土耳其物价居高不下。从年均CPI增长率可以看出，土耳其年均CPI同比增长率每年数值都不低。2003年以前，其同比增长率都在20%以上。虽然2003—2016年，CPI同比增长率相对稳定，但是其数值仍在5%以上，且此时土耳其国内的物价水平已经很高了。2017年CPI同比增长率也是上升的趋势，这为2018年土耳其危机的爆发埋下了一定的隐患（参见图6–9）。

从目前来看，土耳其面临着巨大的通货膨胀压力，年均CPI增长率短时期内会有所下降，但大概率不会跌下10%。土耳其高物价水平的现状难以改变，经济物价风险指数未来还有可能出现急速下降。

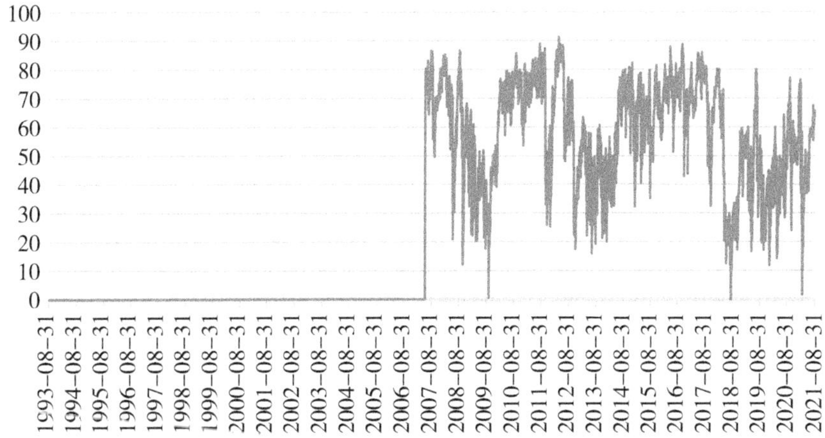

图 6-8　土耳其经济物价风险指数趋势

资料来源：北京睿信科全球风险管理平台（www.sunrisk.cn）。

图 6-9　土耳其年均 CPI 同比走势（%）

资料来源：北京睿信科全球风险管理平台（www.sunrisk.cn）。

六、经济潜力风险指数趋势

1988—1990年，土耳其经济潜力空间比值一直在上升，在1990年年底，出现了第一次骤降后，1991—2001年，土耳其潜力空间一直处于上下波动状态，其主要波动区间为1—3。2002—2018年，经济潜力空间比值走势呈“U形”，先下降，后上升。经历了2018年一段时间的下降后，在2019—2021年，土耳其经济潜力空间又出现了新的上升趋势（参见图6-11）。而土耳其的经济潜力风险指数走势，与经济潜力空间比值走势相似（参见图6-10）。都是在1988—2001年处于上下波动状态，不过风险指数主要在50—100范围内波动。且土耳其经济潜力风险指数同样在2002—2018年呈现"U形"，只是经济潜力风险指数在2018年后就基本上处于100上下而不再有较大波动。

从现实情况来看，土耳其经济现今面临着诸多难题，其内部的高负债、高逆差、高失业率、高通货膨胀率等问题尚未得到有效解决。其中，急需土耳其央行解决的汇率以及通货膨胀问题，在土耳其总理埃尔多安接连解雇了三任央行行长后，都未见明显好转。甚至在2021年央行行长刚被解雇时，土耳其就接连遭遇股市跌至熔断、国债收益率暴涨以及汇率急速贬值等现象。加上现有的新型冠状病毒感染冲击，短期内，土耳其的经济并不会出现明显的好转，甚至可能会出现进一步恶化。但不可否认，作为经济增速最迅速的新兴国家之一，土耳其绝对是一个在全球化背景下，经济、军事、综合国力还有发展层面具有一定地位的国家。纵使在现有条件下，土耳其的经济潜力仍是可观的，但这还需要看土耳其政府是否能改变现有困境，将土耳其拉回到经济正轨上来，以及接下来的国际形势是否会朝对土耳其有利的方向发展。

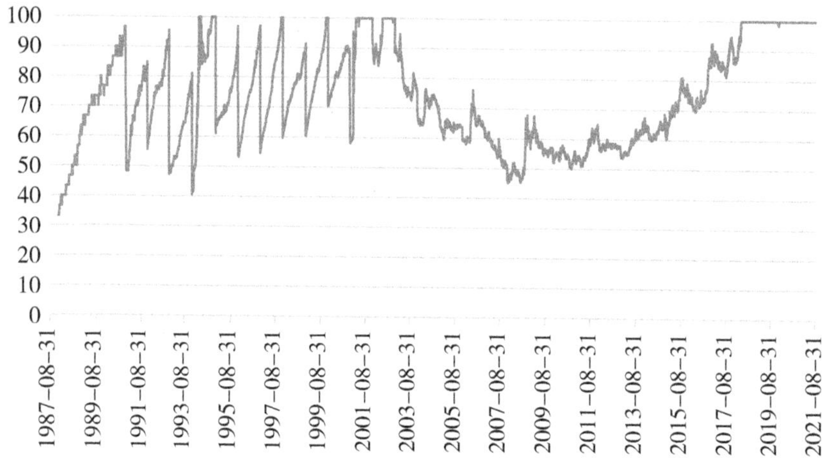

图 6-10　土耳其经济潜力风险指数趋势

资料来源：北京睿信科全球风险管理平台（www.sunrisk.cn）。

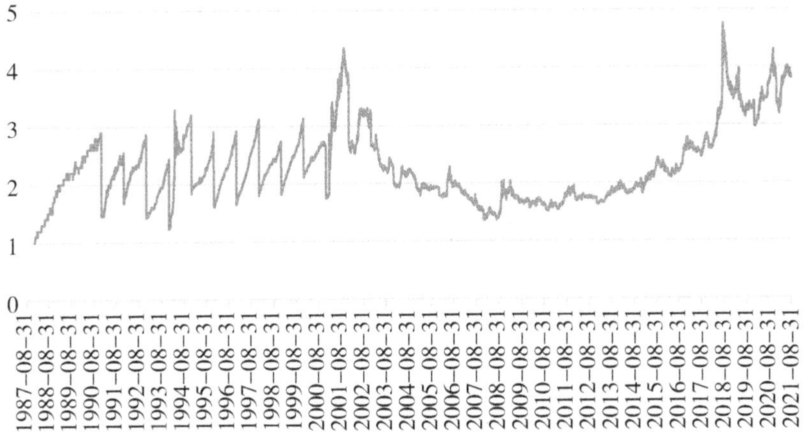

图 6-11　土耳其经济潜力空间比值走势

资料来源：北京睿信科全球风险管理平台（www.sunrisk.cn）。

第二节　越南系统性风险趋势

越南社会主义共和国，简称越南，位于东南亚的中南半岛东部，矿产资源丰富，北与中国广西、云南接壤，西与老挝、柬埔寨交界。2020年其GDP总量为2712亿美元，人均GDP为2785美元。

近年来，越南持续对外开放，同时依靠低廉的劳动力和丰厚的政策，吸引大批外资企业前来建厂，此外，越南还利用自身的地理环境招商引资，大量出口农产品和海产品。如今越南已俨然成为世界上最重要的大米出口国之一，越南水果也走进各个国家的大门。同时，越南开始大力发展制造业，越南制造的商品也开始向世界流通。进出口成为拉动越南经济增长的重要因素。初步统计，2020年越南进出口总额约为5439亿美元，同比增长5.1%，贸易顺差191亿美元。其中，出口总额2815亿美元，增长6.5%；进口总额2624亿美元，增长3.6%。在2020年，越南和欧盟签订了双边自由贸易协定，并加入了RCEP协定。

一、系统性风险趋势

越南系统性风险指数从1993年6月18日开始有数据。从频率分布的区间来看，越南系统性风险指数主要在20—90之间波动，其中2010年以来一直处于50以上，系统性风险处于较低水平。

从越南1981—2021年国家系统性风险指数的走势来看，可分为以下4个阶段。

第一阶段：1993年6月18日—2001年11月14日，指数阶梯形上行后持续稳定在40线附近。指数值最初为20，1993年国际社会恢复对越援助，1994年美国解除对越南实施19年之久的贸易禁运，促使越南系统性风险指数逐渐上升，在1994年6月20日上升至38，其后期间在20—40间上下波动，于1998年2月和1998年8月有两次大幅度地下降，主要是受亚洲金融危机的影响。

第二阶段：2001年11月15日—2008年2月11日，系统性风险指数在波动中上行并突破80点。2001年越南共产党第九次全国代表大会确定建立社会主义定向的市场经济体制，发挥国有经济主导地位；2006年越南吸引外商直接投资（FDI）突破100亿美元，超过1996年引资86亿美元的纪录，出口额为396亿美元，比上年增长22.1%，为历来最高额度；2007年1月11日，越南正式加入世界贸易组织，该事件推动了越南系统性风险指数持续上升。

第三阶段：2008年2月12日—2016年4月25日，系统性风险指数在波动中上行并突破90点。两端指数值分别为79.69和90.43，其中最高点位于2016年3月22日，指数值为92.65，最低点位于2008年6月11日，指数值跌至34.44。2008年，越南经济经历了20多年来最剧烈的变化，上半年经济过热，并引起证券、房地产和商品市场及银行系统的剧烈震荡，下半年，美国次贷危机引发的全球金融危机波及越南，时值上半年采取宏观调控政策的紧缩效应开始显现，致使各主要行业又面临新的困难。越南在2008年面临着高通货膨胀、高赤字、股市暴跌、汇市剧烈波动、出口放缓等不利因素，其系统性风险指数在仅仅4个月内，从2008年2月近80点的高位下跌至2008年6月的不到35点。2009—2010年，越南系统性风险指数由40点以下震荡上行至80点以上，但波动较大，于2009年11月跌破50点，这表明越南应对世界金融危机的策略和措施初见成效，全国经济开始复苏，但仍面临着贸易逆差和通货膨胀等不确定性引发的系统性风险。2011—2016年，越南系统性风险指数在波动中上行。2013年，越南对外经济成就显著，外商直接投资额创新高；2015年得益于稳定增长的出口与逐渐缩小的贸易逆差，以及越南进一步加大自由贸易协作的力度，系统性风险下降，在这期间，越南经济继续复苏并保持较快增长，系统性风险指数由80点上升至90点。但这一期间指数有3次大幅度地下降，分别在2011年5月25日下跌至52.92、2012年1月6日下跌至55.49、2014年3月19日下跌至56.15。2011年，越南是亚太经济体中通货膨胀水平最高的国家，国内存在着高通货膨胀（18.58%）、高赤字（4.9%）、货币贬值等一系列风险；2014年虽然经济持续增长且通货膨胀率得到控制，但大量的财政赤字与国企坏账使得越南的国家信用充满不确定性，从而使得系统性风险出现反复的状况。

第四阶段：2016年4月26日—2021年8月31日，越南的系统性风险指数在50—90间来回波动。2016年，越南的GDP增幅为6.21%，未完成政府目标，主要原因是因为农业发展较差：农业增幅创下六年新低，增长率只有1.36%。2017年，在全球经济复苏乏力、商品总需求低迷、美联储宣布加息缩表周期的背景下，债务违约、货币贬值等一系列风险给越南经济造成较大的压力，越南系统性风险指数自2016年4月的90点至2018年1月跌破60点，之后期间指数在60—80区间窄幅震荡。受疫情影响，越南系统性风险大幅上升，系统性风险指数于2020年3月23日跌至51的低点，随后由于政府在疫情防控方面取得一系列成效，疫情得到控制，系统性风险指数于2020年6月上升至70点。2020年受疫情冲击，全球经济严重衰退，但越南是少数维持国内生产总值增长的国家之一。其后期间，越南的系统性风险指数在60—80间波动。

2021年第一季度，越南GDP同期增长4.48%，且进出口的高增长在一定程度上表明，越南经济正在复苏，生产供应链正在重新连接。世界银行在2020年8月预测，越南2021年经济增长率将达4.8%。2021年越南系统性风险指数总体来看呈上升态势，系统性风险较小。因此，虽然越南仍面临着疫情风险、通货膨胀风险、金融资产泡沫风险等问题，但从经济的实际情况和走势来看，预计未来两年越南经济前景还较为乐观，系统性风险指数可能会突破80点并在65—85间波动（参见图6-12）。

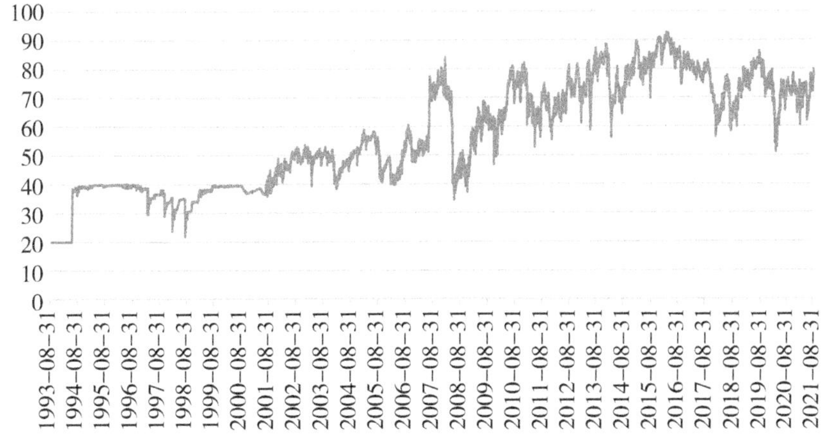

图6-12　越南系统性风险指数趋势

资料来源：北京睿信科全球风险管理平台（www.sunrisk.cn）。

二、股指风险指数趋势

越南股指风险指数从2001年7月30日开始有数据。根据趋势图来看，越南的股指风险指数在0—100区间呈现剧烈波动的态势，股指风险极大。图6-14中的股指代表越南胡志明指数（VN-INDEX，也称VNI），是越南股市的基准指数，于2000年发布，初始值为100点。从股指走势图来看，二十多年来越南的股指主要呈现出一个波动中上行的走势，从2000年7月28日的100点上升至2021年8月31日的1331点。

长期以来，越南的股市波动性较大。从越南2001—2021年的股指风险指数的走势来看，可分为以下4个阶段：

第一阶段：2001年7月30日—2005年7月7日，股指风险指数呈剧烈波动中上行的态势，股指VNI有小幅下降，从超400点跌至247点。2001年是越南股市建立的初期，民众投机性强，发展空间大，对外国投资者没有限制，且监管局将涨跌幅限制从2%扩大到7%，更是激发了投资者的热情。之后，越南监管机构为了给股市降温，不断出台打压股市的政策，随后股市出现连续下跌，从接近600点跌破200点，股指风险指数也在较大幅度中波动，并于2001、2003、2004年多次触底。

第二阶段：2005年7月8日—2010年8月6日，股指风险指数呈“W形”趋势，股指VNI呈“倒V形”趋势，经历了大幅度的上升之后跌落。2005年以来，由于经济高速增长、货币信贷政策宽松，越南股市开始持续上涨，但由于此时投机氛围浓厚、政府监管不足，越南股市风险较大，股指风险指数波动较大，曾于2006年7月跌破0点。2008年金融危机期间，越南作为发展中的新兴经济体受到极大冲击，资产价格大幅下跌、债务违约集中爆发，恐慌的避险情绪使得资金大量外逃，同时，越南央行不得不提高基准利率以应对货币贬值与通货膨胀，在这一时期，股指与股指风险指数双双下跌，指数从超60点跌至0点，并在极低位窄幅震荡长达一年之久，显示出极大的风险。

第三阶段：2010年8月7日—2017年11月22日，股指风险指数在0—90的区间内宽幅震荡，有超一半的时间在50以上，相比前一阶段股指风险有所缓解，股指VNI总体上呈增长趋势。从2010年到2016年，越南股市处于长达6年的调整期，始终在350—600点徘徊，相应地股指风险指数也在20—90区间内宽幅震荡。在2015年，越南当局颁布新的法律法规，提高境外投资者对国内公司控股比例至100%，同时也放松境外投资者购买本国房产的限制，大大刺激了外资的流入。2016年，越南股市开始了一轮“牛市”，诱因包括越南国内经济发展日趋稳定，信贷资金增加，本国投资者参与度上升，以及外资强劲流入等。在2017年VNI实现了48%的创纪录高增长。值得注意的是，2017年11月，风险指数在一个月内从50线以上跌破10线，这显示了越南股市的高风险。

第四阶段：2017年11月23日—2021年8月31日，股指风险指数在0—100的区间内宽幅震荡，股指呈现出波动中上行的走势。2018年，越南股市见证了自全球金融危机以来最为惨淡的一年，在经历了连续5年的经济增长的同时，市场首次出现下跌，股指在4月10日创下1211点的历史最高点后，遭遇了27%的急剧下跌，在10月30日达到了888点的底部，这一期间，越南的股指风险指数也跌破了20线，风险较大，主要与中美贸易摩擦加剧、全球央行加息趋势有关。2020年3月，受疫情影响，股指风险指数下跌至了最低点0，股指下跌了接近400点，这主要与疫情导致的避险情绪使得资金大量外逃有关。在这之后由于越南政府不断加码的经济振兴措施和宽松的货币政策，股指不断走高，突破1400点，股指风险指数虽有迅速上升，但大部分时间仍在50线以下波动，显示出越南股市风险仍较大，存在比较大的不确定性。

越南股市具有两大特点，一是市值小（仅约2000亿美元）；二是散户化程度高（占比80%—90%），受到外资影响很大，资金少量撤离就会大跌。2021年上半年，外国投资者净卖出近36万亿越南盾（约合人民币101亿元），是2020年同期的225%，受外资离场和疫情影响，2021年7月越南股市一反前六个月上涨的形势，股指大跌，跌幅超150点。从2021年越南股指风险指数走势来看，预计未来两年，越南股指风险指数将在20—80间大幅震动，股指可能会在波动中下行（参见图6-13和图6-14）。

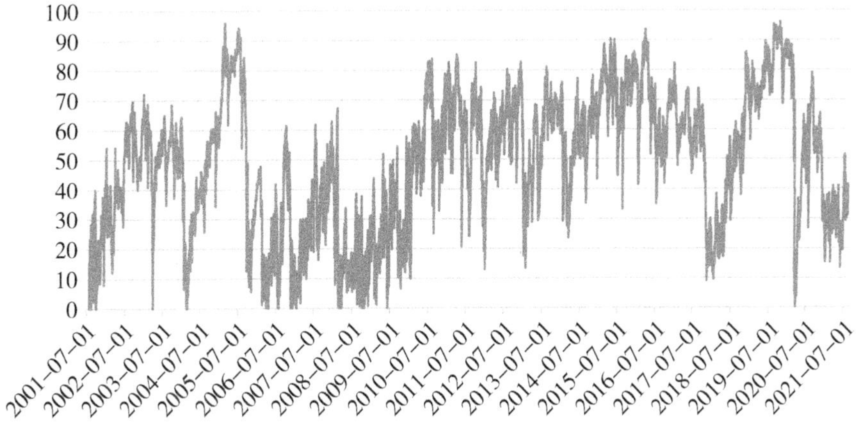

图6-13 越南股指风险指数趋势

资料来源：北京睿信科全球风险管理平台（www.sunrisk.cn）。

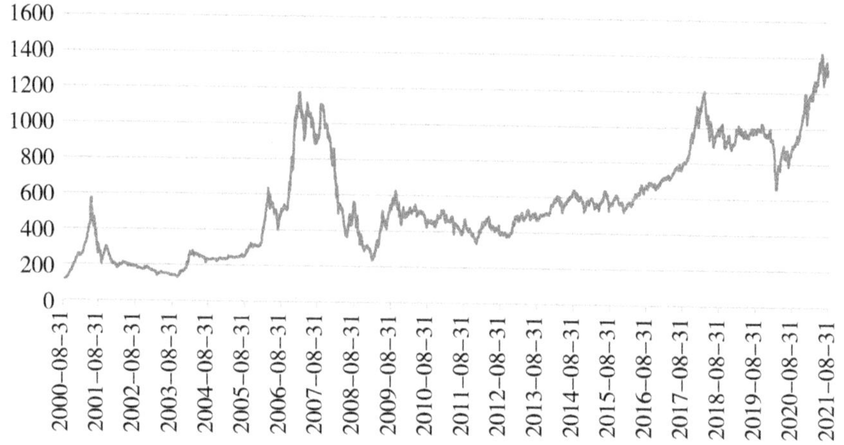

图 6–14　越南股指走势

资料来源：北京睿信科全球风险管理平台（www.sunrisk.cn）。

三、汇率风险趋势

越南的官方货币为越南盾，由越南国家银行发行，不可自由兑换。越南实行有管理的浮动汇率制，官方汇率参考价根据与越南有贸易、金融和投资关系的国家的一篮子货币进行计算确定。从美元兑越南盾汇率走势图来看，自1993年至2021年，美元兑越南盾从10572升至22784，越南盾处于持续的贬值状态。

越南盾汇率风险指数从1994年6月20日开始有数据。从越南盾汇率风险指数趋势图来看，可将其大体上分为以下5个阶段。

第一阶段：1994年6月20日—1997年3月18日，越南盾汇率风险指数在80—100的区间内来回波动，且在高位维持了较长时间，总体汇率风险较低。在这一期间，美元兑越南盾汇率较稳定，保持在11000左右。

第二阶段：1997年3月19日—1999年9月30日，越南盾汇率风险指数在0—100区间内剧烈波动。受亚洲金融危机的影响，越南遭受了货币严重贬值和高通货膨胀的沉重打击。1997年3月19日，越南盾汇率风险指数突然由前一日的93下跌为48，之后又快速回升，在1998年8月11日，指数下跌至9，为历史以来的最低点，但在不到一个月内又回升到50以上，这表明了越南盾汇率风险的不稳定性，汇率风险较高。在这一期间，美元兑越南盾汇率呈现阶梯形上升趋势，由11646上涨至13994。

第三阶段：1999年10月1日—2008年6月10日，越南盾汇率风险指数在75—100的区间内来回波动，且在高位维持了较长时间，总体汇率风险较低。在这一期间，美元兑越南盾汇率呈现比较稳定的增长趋势，从13995上涨至16295。

第四阶段：2008年6月11日—2012年2月13日，越南盾汇率风险指数在25—100

的区间内剧烈波动，风险较高，在这一期间，美元兑越南盾汇率呈现阶梯形上升趋势，由16624上涨至20853。2008年3月，为促使越南盾对美元升值并降低通货膨胀，越南央行先后三次提高每日越南盾兑外币交易幅度至2%，但由于越南盾贬值预期强烈，这一调整反而使越南盾由升值变为贬值，汇率出现持续下滑。2011年2月11日，越南盾汇率风险指数突然由前一日的88点下跌至这一期间的最低点27点，这反映了越南当年为扭转贸易逆差而实施的过度宽松的货币政策给越南盾带来的巨大贬值压力，以及高通货膨胀（18.58%）所积聚的外汇市场风险。

第五阶段：2012年2月14日—2021年8月31日，越南盾汇率风险指数在60—100区间内来回波动，在这一期间，美元兑越南盾汇率呈现比较稳定的增长趋势，从20845上涨至22784。2015年，越南盾汇率风险指数出现较大幅度下跌，可能是因为越南当年进口增长超过出口增长，使得贸易逆差进一步扩大，从而给越南盾带来贬值压力，提升了越南盾的汇率风险。除2015年8月和9月外，指数均处于80点以上，主要原因在于越南的通货膨胀情况得到控制，越南盾贬值速度减缓，这表明近十年来越南盾汇率风险是较低的。

在2021年，各种事实表明越南盾承受的贬值压力不大：前五个月越南通货膨胀率仅为1.29%，并且是5年来的同期最低水平；上半年越南累计出口商品1576.3亿美元，同比增长28.4%；美国将越南从货币操纵国名单移除，与此同时，越南央行也把外汇干预频率（旨在保持越盾汇率稳定）从每天转至每周。但考虑到全球新型冠状病毒感染的流行仍未结束，全球经济发展具有较大的不确定性，预计未来两年越南盾汇率风险指数将继续在70—100的区间内波动，美元兑越南盾汇率可能呈现缓慢的走高态势（参见图6-15和图6-16）。

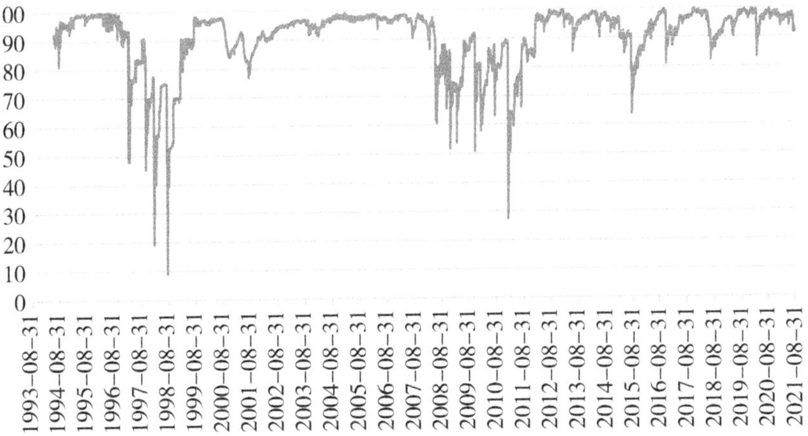

图6-15 越南盾汇率风险指数趋势

资料来源：北京睿信科全球风险管理平台（www.sunrisk.cn）。

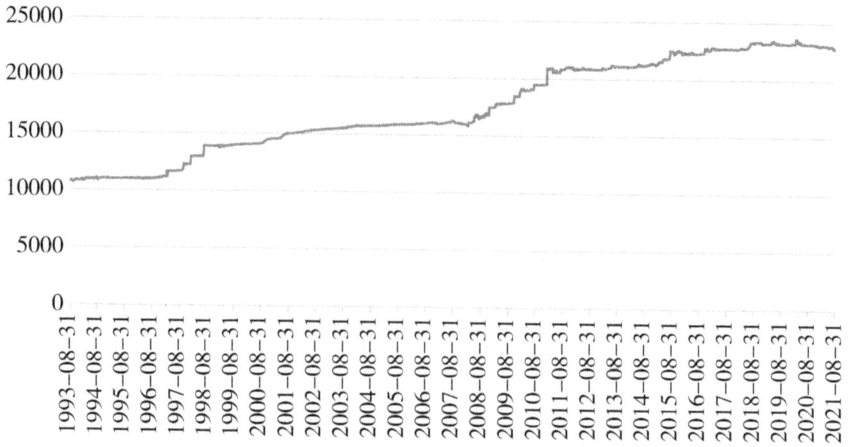

图 6-16 美元兑越南盾汇率走势

资料来源：北京睿信科全球风险管理平台（www.sunrisk.cn）。

四、国债风险指数趋势

除去受全球金融危机影响期间，越南国债收益率大幅上升且出现利差倒挂的异常情况外，自2006年以来，越南的国债收益率从较高水平开始逐步收缩：2006年7月18日，2年期国债收益率和10年期国债收益率分别为8%和9%；2021年8月31日，2年期国债收益率和10年期国债收益率分别为1%和2%。越南的国债风险指数始于2006年7月18日，其数值以44作为开端，至2021年8月31日，指数为70点。从2006年以来，越南的国债风险指数在0—100区间内巨幅震荡，具体来看，可以分为以下两个阶段。

第一阶段：2006年7月18日—2014年1月16日，指数在0—100内大幅波动，越南国债风险较高。对应地，在此阶段，2年期国债收益率和10年期国债收益率呈现先上升再下降的走势，国债收益利差呈现显著下降至-6%后回升并在0—1%间波动。国债风险指数起始值为44，在2008年5月7日骤升至最高水平100，并在15天后断崖式暴跌至0线，且在0线这一水平上持续约半年。与此同时，2年期国债收益率和10年期国债收益率急速上升至20%和14%，利差出现6%的倒挂。这体现了2008年越南国债的极大风险，全球金融危机给发展中的越南带来了极大的冲击。2008年之后，随着越南经济的复苏，国债收益率回落至危机前水平，利差的倒挂也随之解除，国债风险也随之降低。但是指数并不稳定，分别于2009年12月、2011年5月、2012年4月再次触底，这显示了越南国债在这一阶段风险较高且充满了不确定性。

第二阶段：2014年1月17日—2021年8月31日，指数在30—100的区间内波动。在这一阶段，越南国内通货膨胀情况得到改善，且成立了资产管理公司积极处理国企坏账问题，使得国债风险有所下降，但仍处于波动较大的一个状态。2020年3月，指数突然跌破40，主要是受全球新型冠状病毒感染的影响，越南国债风险显著上升。为了推动经济复苏、助力经济高速发展，越南政府和美国一样采取了宽松的货币政策和低利率银行存款，希望以此来刺激国内消费，刺激经济发展，这也是越南2年期国债收益率和10年期国债收益率持续走低的原因之一。

越南计划2021年发行国债融资624.2万亿越南盾，约270亿美元。国际投行对于一国债务风险的警戒标准在65%左右，而这些年越南的债务在GDP中的占比一直徘徊在63%左右，算是比较"危险"的了。从2021年越南国债风险指数走势来看，指数呈现波动中下行的走势，越南国债风险有加大的可能，预计未来两年，国债风险指数可能主要在60—90的区间内波动（参见图6-17和图6-18）。

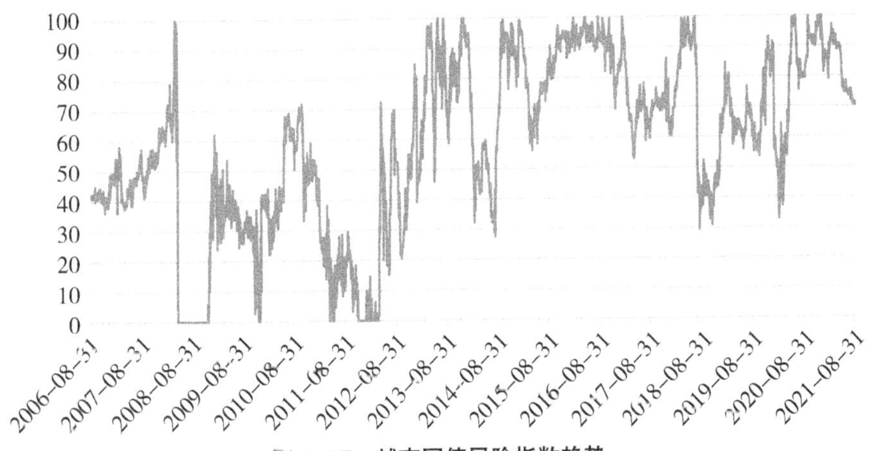

图6-17 越南国债风险指数趋势

资料来源：北京睿信科全球风险管理平台（www.sunrisk.cn）。

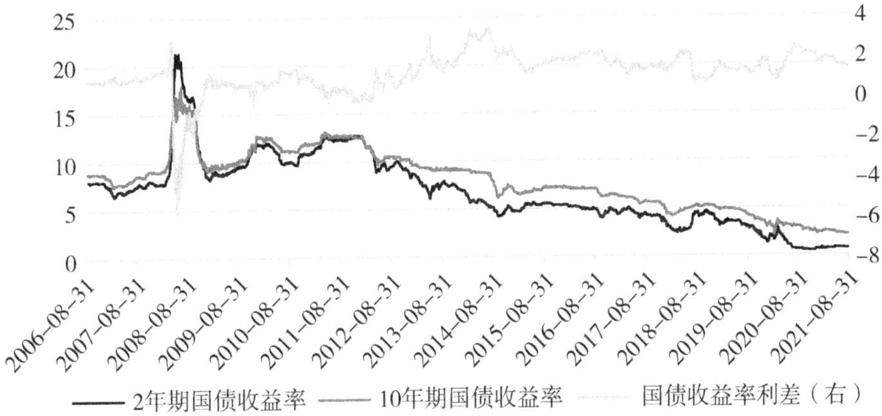

图6-18 越南国债收益率与利差走势（%）

资料来源：北京睿信科全球风险管理平台（www.sunrisk.cn）。

五、经济物价风险指数趋势

越南经济物价风险指数从2007年7月18日开始有数据。从频率分布的区间来看，越南经济物价风险指数在0—100的区间大幅波动，在2008年、2020年均跌至接近0线的低位，其余时间的波动也十分剧烈，这体现了越南经济物价的风险极大，且具有不稳定性。观察越南年均CPI同比走势图，同样反应了越南剧烈波动的价格水平。越南年均CPI同比增长率在0—25%的区间内波动，2014年之前，CPI同比增长率在5%—25%的水平，其中在2008年、2011年分别出现了两次大幅的上升，2014年之后，越南CPI同比在0—5%的区间内波动。

从区间划分来看，2007—2008年，越南经济物价风险指数从80点的高位骤跌至0点的低位，CPI同比也从8%上升至23%，这主要与由美国次贷危机引发的全球金融危机有关。通货膨胀失控是导致越南出现危机的重要原因，在2008年5月，越南的通货膨胀率飙升至25.2%的水平，而越南央行基准利率只有12%，未能有效控制通货膨胀预期。这段时间，越南面临着高通货膨胀、持续扩大的贸易逆差、财政赤字、过多的外债规模等问题，国家货币体系暴露在巨大的风险中。2009—2011年，随着越南经济复苏拉动出口使得贸易逆差缩小，国内社会总供给的再度扩张压低了物价水平，通货膨胀率随之下降，国家经济物价风险也得到缓解，经济物价风险指数在50线以上波动，但值得注意的是，越南在2011年是亚太经济体中通货膨胀水平最高的国家，国内存在着高通货膨胀（18.58%）、高赤字（4.9%）、货币贬值等一系列风险，经济物价风险有增大的趋势。2012—2017年，指数在20—100的区间内宽幅震荡，CPI同比下跌至5%以下，可以看出越南的通货膨胀情况得到了有效控制。在这一时期，指数大多数时间处于50以上，表明越南的经济物价风险有所降低。但指数波动较剧烈，每年几乎都有出现大幅度下跌的情况，这主要与持续的贸易逆差给越南盾带来的巨大贬值压力、美联储缩表导致美元回流、国内资本外流给越南经济物价风险增添了不确定性有关。2018—2021年，越南经济物价风险指数在0—80的区间内波动，CPI同比在3%上下小幅波动。指数在2020年1月和7月均跌至0点，这主要与全球疫情有关，经济物价风险较大，在之后，越南经济物价风险指数呈现出波动中上行的趋势。

越南统计局发布的2021年前六个月社会经济形势报告表明，2021年前六个月越南平均CPI同比上涨1.47%，为2016年以来最低增幅。越南在2021年面临着新型冠状病毒感染二度暴发的影响，且越南的疫苗接种率不够高，依据以前年度越南的经济物价风险指数趋势，预计未来两年，越南的经济物价指数有下行趋势，将在0—80的区间内震荡。根据IMF的预测，未来两年越南的CPI将会小幅上升至4%左右（参见图6-19和图6-20）。

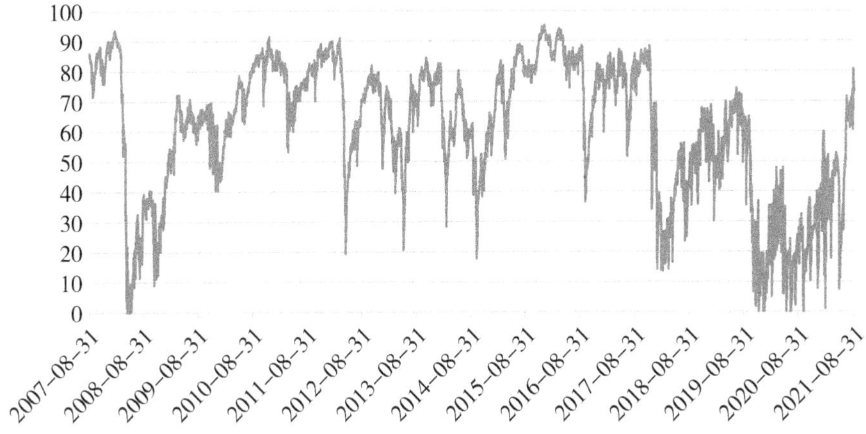

图6-19 越南经济物价风险指数趋势

资料来源：北京睿信科全球风险管理平台（www.sunrisk.cn）。

图6-20 越南年均CPI同比走势（%）

资料来源：北京睿信科全球风险管理平台（www.sunrisk.cn）。

六、经济潜力风险指数趋势

越南经济潜力风险指数从1993年6月18日开始有数据。从整体趋势图来看，越南的经济潜力风险指数一直保持在90—100的区间内，这表明了越南近20年是很有经济潜力和发展空间的。越南经济的转折点始于1986年的革新开放，随后国家GDP

增长迅速，1995年国家GDP曾达到9.54%的增速，进入21世纪后，越南的国家GDP仍保持较高的增速。越南依靠其低廉的劳动力和丰厚的政策，吸引大批外商企业前来建厂，这一期间，人口红利优势（越南人口超9700万人，其中35岁以下人口占比70%）充分显现，为经济增长提供了强大动力。从经济学意义上讲，本国货币汇率会影响到本国的经济发展潜力，通常贬值意味着未来的经济发展潜力上升，前文提到的美元兑越南盾汇率走势自1993年持续走高（越南盾相对美元持续贬值）也是越南近20年经济潜力风险指数维持在高位的原因之一。

从时间分布来看，指数变动大致可分为以下4个时间段。一是1993年6月—2003年12月，经济潜力风险指数稳定在100线的位置，经济潜力空间比值先从起始点的6.5逐步下降至1997年3月的4.5，之后又上升至5.5，总体呈先下行后上升的态势，这段时间是越南经济起步阶段，由于巨大的人口红利与开放的政策吸引着全球制造业向越南转移，在这一阶段越南经济潜力巨大。二是2004年1月—2010年12月，经济潜力风险指数仍稳定在100线的位置，经济潜力空间比值从5跌破3，呈阶梯式下跌态势，这主要与越南国内的经济过热、高通货膨胀以及美国次贷危机引发的全球金融危机有关。三是2011年1月—2019年4月，经济潜力风险指数在90—100的区间内窄幅波动，经济潜力空间比值在3左右小幅波动，这主要与国内高通货膨胀、高赤字以及国企坏账引发的国家信用不确定性有关。四是2019年5月—2021年8月，经济潜力风险指数又恢复到100线并持续保持，经济潜力空间比值升至3以上，在3.1左右小幅波动。

在2021年，越南受到了疫情二度暴发的影响，工业输出和商品产业链都受到了冲击。8月下旬，世界银行将越南2021年的经济增速预期从原本的6.8%下调至了4.8%，9月下旬，亚洲开发银行将越南GDP增长预期从此前的5.8%下调至4.8%。但根据世界银行在2016年的预测——越南的人口红利期为18年到20年，这表明越南人口红利仍可持续较长时间，且越南经济将受到作为越南最大贸易伙伴的美中两大经济体复苏的提振。综上，预测未来两年，越南经济潜力风险指数将在85—100的区间波动，经济潜力空间比值将会在3左右波动（参见图6-21和图6-22）。

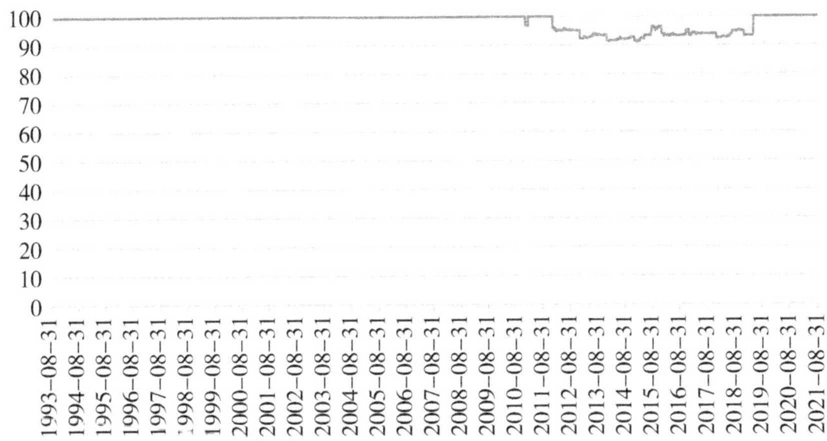

图 6-21　越南经济潜力风险指数趋势

资料来源：北京睿信科全球风险管理平台（www.sunrisk.cn）。

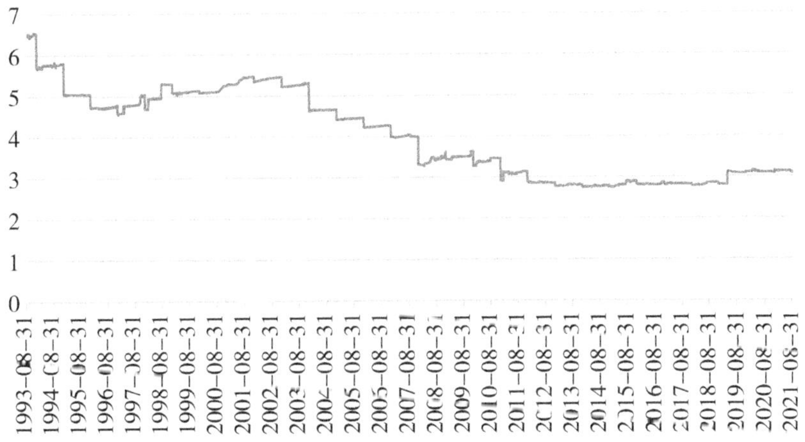

图 6-22　越南经济潜力空间比值走势

资料来源：北京睿信科全球风险管理平台（www.sunrisk.cn）。

第三节　缅甸系统性风险趋势

缅甸全称缅甸联邦共和国，首都为内比都，其西南临安达曼海，西北与印度和孟加拉国为邻，东北与中国云南接壤，东南接泰国与老挝，为东南亚国家联盟的成员国。

一、国家系统性风险指数趋势

由于计算所需的相关指标的数据缺乏，1981年1月1日至1995年8月15日的缅甸国家系统性风险指数均为无效值，关于指数的分析将从1995年8月16日开始。从缅甸的系统性风险指数趋势来看，可大致分为两个阶段：第一阶段为1995年至2012年，该时期系统性风险指数大都在10—20的区间内窄幅波动，可见此时缅甸的国家系统性风险水平整体处于高位，其中1997年至1998年、2001年至2003年、2008年三度跌至10线附近，反映了这几个时期中系统性风险短期内的急剧爆发；第二阶段为2012年至2021年，该时期内缅甸的系统性风险指数水平整体上移，在20到40之间上下波动，标准差显著增大，国家系统性风险虽有所缓解但仍处于较高位（参见图6-23）。

第一阶段中，缅甸处于市场经济初期，经济基础薄弱、制度建设落后，1995年缅甸制订了农业带动工业发展的“五年计划”，这违背了正常发展规律，且缅甸境内多森林，大面积现代化农业无法发展，这项政策以失败告终，还带来了严重的通货膨胀，给缅甸经济带来巨大负面影响，导致其系统性风险水平整体较高。1998年亚洲金融风暴、2001年至2003年缅甸的政治局势动荡以及2008年全球金融危机均给缅甸的系统性风险带来较大冲击。第二阶段中，即2012年以后，缅甸启动汇率改革，开始实行有管理的浮动汇率制，并实施货币政策致使货币不断贬值以刺激出口增长和外汇储备上升，经济增长向好缓和了缅甸的国家系统性风险，使得系统性风险指数水平整体抬高。但由于汇率波动幅度显著加大，也导致系统性风险指数的波动幅度明显增加。2015年美联储多次加息导致美元汇率强势升值，经济贸易与国际日益深度融合的缅甸在美元强势周期的背景下，面临着两难抉择，是冒着资本外流、货币贬值和物价上升的风险继续宽松货币政策以刺激经济持续增长还是冒着压抑经济增长的风险而跟随美联储脚步加息缩表，矛盾下的不确定性也由此上升，进而导致缅甸系统性风险指数的下跌。2018年全球经济增长进一步疲软，外需低迷和全球贸易摩擦再度给缅甸的经济发展带来较大的不确定性。2021年，疫情反复与内战的爆发使得其系统性风险指数再次下跌，系统性风险进一步攀升。

展望未来，新型冠状病毒感染所带来的负面影响在世界范围内仍未得到有效控制，世界经济复苏乏力，外需萎靡，国际贸易摩擦升温，且缅甸政局动荡、内战爆发，缅甸少数民族与中央政府之间的矛盾尖锐，同时还可能面临西方的经济制裁，一系列不利的外部环境与内部因素给缅甸的经济增长带来巨大的挑战，预计其系统性风险指数仍会大幅波动，其系统性风险短期内仍极有可能再度攀升。

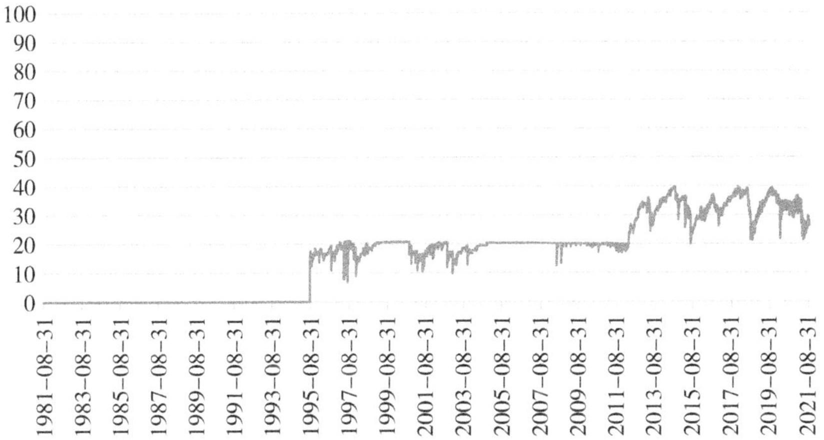

图 6–23 缅甸系统性风险指数趋势

资料来源：北京睿信科全球风险管理平台（www.sunrisk.cn）。

二、股指风险指数趋势

由于缅甸尚未建立成熟有效且具备一定规模的股票市场，其数据可信度、可得性均较低，因此没有关于缅甸股指走势以及股指风险趋势的分析与预测。

三、汇率风险指数趋势

由于计算所需的相关指标的数据缺乏，1981 年 1 月 1 日至 1995 年 8 月 15 日汇率风险指数为无效数值。关于汇率风险指数的分析将从 1995 年 8 月 16 日开始。从缅甸的汇率风险指数趋势来看，大致可以分为以下两个阶段：第一阶段为 1995 年至 2012 年，该时期内汇率风险指数整体在 40 线至 100 线之间波动，且波动幅度呈逐年缩小的趋势，表明该时期内缅甸整体汇率风险水平较低，但值得注意的是，1997 年指数一度跌破 30 线，显示了短期内的汇率风险水平急剧上升；第二阶段为 2012 年至 2021 年，该时期内汇率风险指数波动幅度显著增强，波动区间为 0 至 100，表明第二阶段中缅甸的汇率风险水平整体显著上升，指数在 2012、2015、2018、2020 年和 2021 年五度跌破 10 线（甚至跌至 0 线），反映了这几个时点上汇率风险的急剧爆发（参见图 6–24）。美元兑缅元的汇率从 1994 年 8 月 16 日开始有数据，从缅甸的汇率走势来看，大致也可分为两个阶段：第一阶段为 1994 年至 2012 年，该时期内美元兑缅元的汇率在 5.5 到 6.5 之间以极小的幅度波动，此时缅甸实行的是固定汇率制度；第二阶段为 2012 年至

2021年，2012年缅元大幅贬值，汇率从6.43直接上升到800以上，此后缅甸汇率一路震荡上行，最高超过1600，缅元急剧贬值（参见图6–25）。

1995年至2012年3月底，缅甸实行1SDR约等于8.5缅元的固定汇率制，在这种汇率制度下，法定汇率在1美元等于5缅元到9缅元的范围内变动，因而其汇率风险水平整体较低；不过，在对法定外汇交易严厉限制的背景下，形成了所谓的“并行汇市”，那时民间汇率远高于官方汇率，民间走私猖獗，这一汇率双轨制给缅甸经济带来了严重的负面影响，不仅滋生了腐败，而且给外国投资和援助进入缅甸设置了障碍，不利于缅甸吸收国外资本以获取长期经济发展以及国际贸易、金融活动的开展。1997年亚洲金融危机爆发、2001年至2003年缅甸政治局势动荡以及2008年的金融危机给汇率风险造成了短期冲击。2012年至2021年，缅甸逐渐转向浮动汇率制度，并采取大幅贬值的措施以刺激金融危机后经济复苏与发展，汇率制度的变化、宽松的货币政策以及国际国内局势风云变幻等因素共同推高了缅甸汇率风险水平以及外汇市场波动性，从而导致指数在第二阶段中呈宽幅波动的趋势。

展望未来，随着缅甸市场化经济改革的深入推进，其经济融入全球分工以及其市场国际化的程度将日益增大。而疫情下全球经济增长乏力，国际贸易摩擦持续升温，国内政局动荡，国际以及国内矛盾的不断激化给缅甸的经济带来了极大的压力。因此，预计2022年缅元会继续贬值，其汇率风险指数或将在50线附近波动。

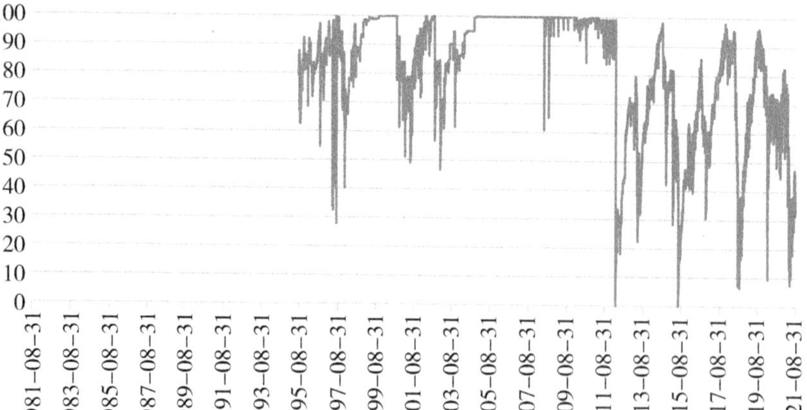

图6–24 缅甸汇率风险指数趋势

资料来源：北京睿信科全球风险管理平台（www.sunrisk.cn）。

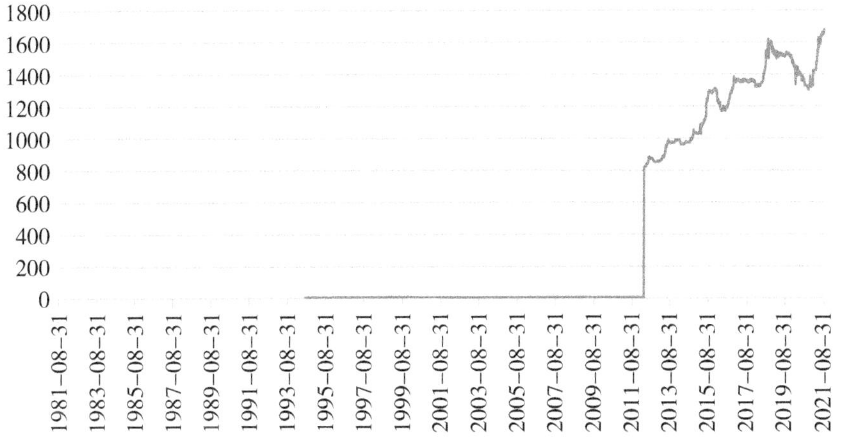

图 6–25　美元兑缅元汇率走势

资料来源：北京睿信科全球风险管理平台（www.sunrisk.cn）。

四、国债风险指数趋势

由于缅甸至今尚未建立完善有效的国债市场，数据缺乏可得性，因此没有缅甸的国债风险指数走势，可通过缅甸政府财政收支与政府债务情况来观察，缅甸的财政收支余额占GDP比重和政府债务余额占GDP比重皆从1998年才开始有数据。

从整体来看，1998年至2012年，缅甸财政赤字占GDP比重超过了3%（欧盟对成员国有两个安全标准，即财政赤字占GDP比重不超过3%、政府债务余额占GDP比重不超过60%），2001年赤字率最高到达5.86%，这主要是因为初期受政府主导的各类行业免税政策以及税基过窄等因素，缅甸从1998年开始税收收入表现不佳，2011政府税收还不到GDP的4%，且缅甸国内政府性工程项目支出扩大，使得赤字持续走高。2012年至2015年，缅甸旅游业得到较好的发展，国内经济向好且天然气出口收入增加，赤字有所缓解，财政赤字占GDP比重均低于3%。但在过去的十年中，缅甸经济蓬勃发展，GDP以年均7.8%的速度持续增长，然而税收却极低，仅占GDP的7.5%（此时泰国为16%，柬埔寨为14%），缅甸的赤字状况仍不容乐观。随着疫情的传播，政府投入大幅度增加，赤字率自2019年骤增，预计2021年财政赤字率将达到6.84%，为史上最高。事实上，早期缅甸政府财政赤字主要是通过国内市场融资和外债融资，这对缅甸政府构成了较大的偿债压力。但是，随着近年来缅甸逐步推进的政治经济转型为政府解决债务问题提供了较好的外部条件，以及众多外债债权国家均对缅甸政府进行了债务减免，缅甸政府的债务余额占GDP比例从2001年开始持续下降，缅甸面临的政府债务风险由此逐渐降低。但从图中仍可以看到，自疫情暴发后，政府债务总额占GDP的比重再呈上升的趋势（参见图6–26）。

根据IMF的预测，2021年至2026年，缅甸的财政赤字占GDP的比重逐步减少，但仍在4%以上，财政收支失衡压力仍不容乐观；缅甸疫情的持续扩散、政变爆发使得缅甸也面临着较高的债务压力。长远来看，缅甸只有有效控制疫情、解决国内矛盾，创造良好稳定的发展环境，才能促进各行业进一步发展、吸引更多的国际投资，进而带动经济的发展，政府的赤字与负债方能有所缓解。

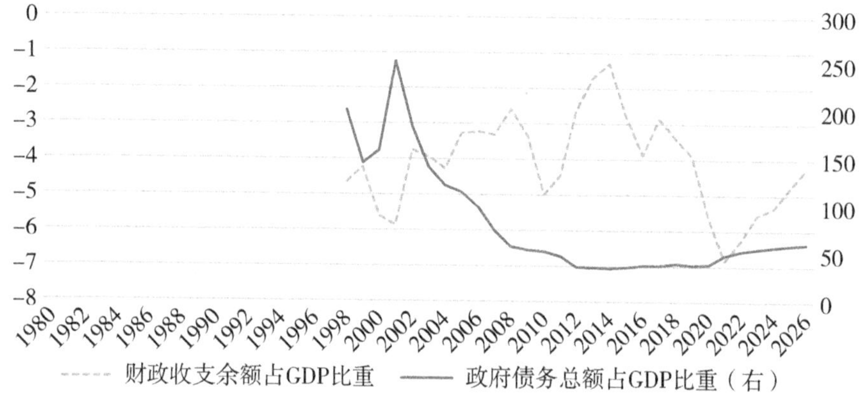

图6–26　缅甸财政收支余额和政府债务余额占GDP比重走势（%）

资料来源：北京睿信科全球风险管理平台（www.sunrisk.cn）。

五、经济物价风险指数趋势

由于缅甸缺乏实时的物价风险指数，故可以从IMF缅甸年度购买力平价（PPP）走势来观察。

从缅甸年度购买力平价走势图来看，缅甸的年度购买力平价自1998年起呈上升态势，即缅甸国内的物价水平在这二十多年来一直是上升的。1995年，缅甸政府制订了农业带动工业发展的“五年计划”，但该计划以失败告终，而且缅甸过去以大量发行货币的方式融通财政缺口，由此带来了严重的通货膨胀；此外，受到缅元贬值的影响，缅甸进口价格上涨，进一步推高了国内物价。2021年，受一系列事件影响，缅甸国内的物价风险仍不可小觑（参见图6–27）。

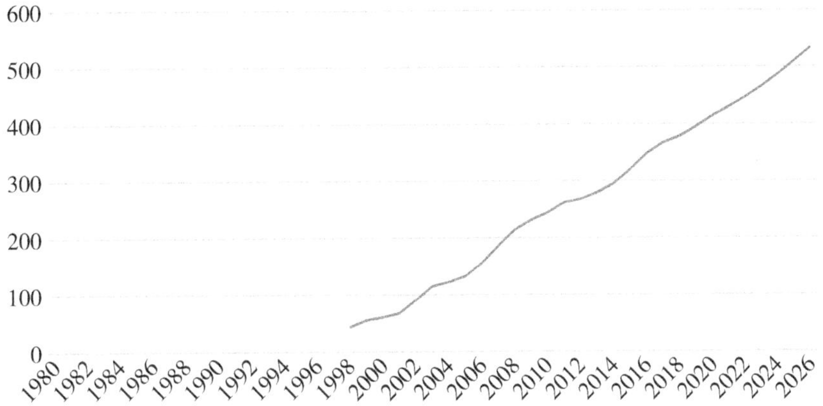

图 6–27　缅甸年度购买力平价走势

资料来源：北京睿信科全球风险管理平台（www.sunrisk.cn）。

六、经济潜力风险指数趋势

由于计算所需的相关指标的数据缺乏，1981年1月1日至1996年12月31日经济潜力风险指数和经济潜力空间比值指标均为无效数值，相关分析将从1997年1月1日开始。

从缅甸的经济潜力风险指数趋势来看，可分为两个阶段：第一阶段为1997年至2012年，该时期内缅甸的经济潜力风险指数和经济潜力空间比值基本一致，皆在0线附近呈轻微下行趋势，此时缅甸经济发展潜力甚低；第二阶段为2012年至2021年，该时期内缅甸的经济潜力风险指数在2012年从0.9直接上升至100线，并一直维持在100线的高位，表明第二阶段中缅甸拥有较高的经济潜力水平（参见图6–28）。从缅甸的经济潜力空间比值走势来看，同样分为两个阶段：第一阶段为1997年至2012年，该时期内缅甸的经济潜力空间比值呈下行趋势，从最高0.17跌至最低0.03；第二阶段为2012年至2021年，该时期内缅甸的经济潜力空间比值在3线到4.5线之间上下波动（参见图6–29）。

第一阶段中，缅甸从计划经济体制向市场经济体制转变的进程尚未完成，加之经济体系较为封闭，经济基础薄弱，且缅甸政局不稳、战争频发，使其经济发展具有极大的不确定性，同时缅甸的基础设施建设落后、汇率设置不合理以及其较高的财政赤字与通货膨胀率，尽管缅甸拥有着丰富的自然资源和劳动力资源，也难以吸引国外投资者，压制了其经济发展潜力，导致经济潜力风险指数和经济潜力空间比值长期处于极低水平。第二阶段中，缅甸几乎完成向市场经济体制的转型，且进一步扩大了开放力度，政府为了保障外国投资也制定了一系列法规，金融和外汇市场的改革使得其经济体系开放程度大大增加，进一步融入世界经济贸易中。市场制度的变革以及不断提升国际化程度大大挖掘了缅甸在国际贸易金融和旅游等方面的经济潜力，加之作为新兴市场经济体的缅甸仍处于经济发展初期，前景广阔，因而具有极高的经济潜力风险指数和经济潜力空间比值。

展望未来，缅甸经济增长将面临的最大阻碍仍来源于外部国际环境的恶化以及国内政局的动荡，包括通货膨胀、能源价格上涨以及劳动力素质较低仍然制约缅甸进一步发展；另外，种种历史问题导致缅甸无法建立起一个统一的制度，许多丰富的矿藏也因此无法开发。同时疫情在世界范围内还未得到有效控制，西方对缅甸的封锁和制裁或将继续。缅甸若能妥善处理这些问题，创造良好的发展环境，将迎来极大的发展机遇，因此预计未来缅甸经济潜力空间比值将继续波动，经济潜力风险指数可能仍将在100附近运行。

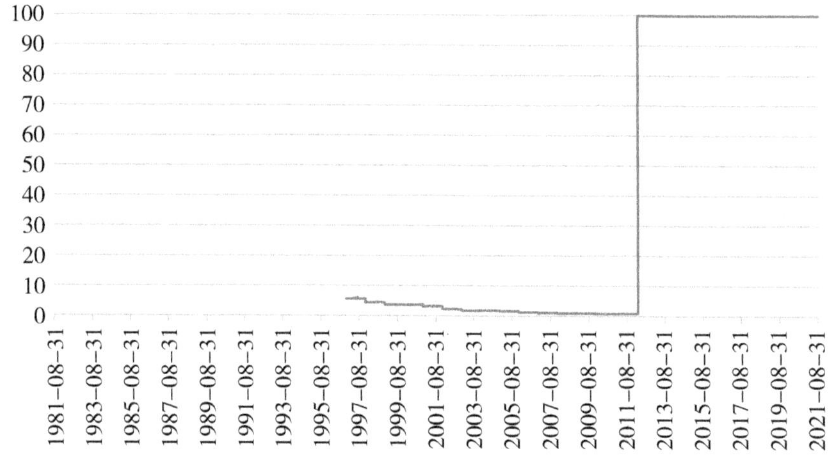

图 6-28 缅甸经济潜力风险指数趋势

资料来源：北京睿信科全球风险管理平台（www.sunrisk.cn）。

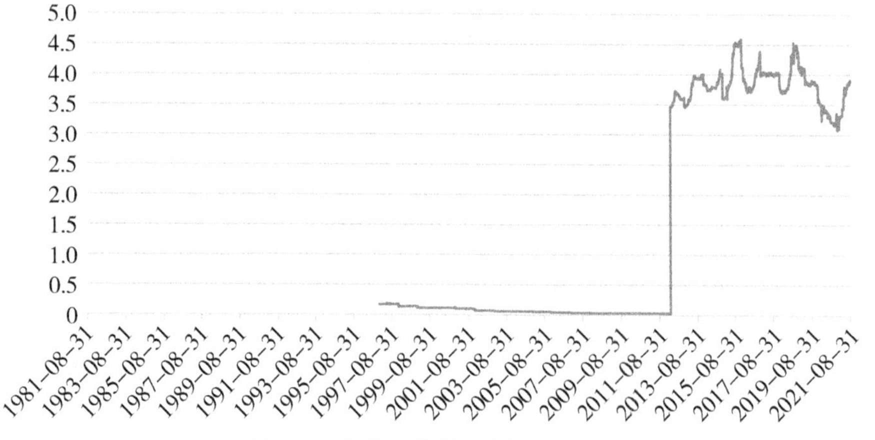

图 6-29 缅甸经济潜力空间比值走势

资料来源：北京睿信科全球风险管理平台（www.sunrisk.cn）。

第四节 阿富汗系统性风险趋势

阿富汗地理位置位于中亚，北方分别与土库曼斯坦、乌兹别克斯坦、塔吉克斯坦三国交界，东方和中国接壤，东南方与巴基斯坦交界，西方和伊朗交界。阿富汗是一个内陆国家，从东北部到西南部横贯的兴都库什山脉将国家分开，形成一个瓦罕走廊。由于阿富汗属大陆性气候，全年干燥少雨，冬季寒冷，夏季炎热，全国年平均降雨量仅有240毫米左右，常年气候恶劣。

一、系统性风险趋势

由于阿富汗的系统风险趋势相关数据在2003年后才开始统计。阿富汗系统性风险趋势指数总体处于25—40区间内，在2001年阿富汗伊斯兰共和国建立后阿富汗系统性风险指数经历快速增长期，迅速上升至40线。2007年至2012年，受到美国次贷危机影响，指数整体呈现震荡下降趋势至低点23.53。2013年至2015年，随着美国次贷危机影响逐步消减，指数快速上升至40线。但是由于美联储退出定量宽松货币政策和加息、全球贸易战以及石油价格的影响，系统性风险指数在经过三年持续上升回归40线后不到一年的时间，于2015年年底跌落至低点24.88。2015年至2017年，阿富汗系统性风险指数随着国际环境好转后又回归到40线。因此，可以看出阿富汗亲美政权掌权期间阿富汗与美国经济关系紧密，受到美国影响较大。2018年至2020年，塔利班与阿富汗政府军交火，指数上下起伏呈现“W”状，这段时间指数与阿富汗国内军事和政治变化联系紧密。自2003年有数据统计开始仅有少数时间节点低于25，在塔利班重新执掌政权后，阿富汗系统性风险指数一度迅速下降到22.46（参见图6-30）。

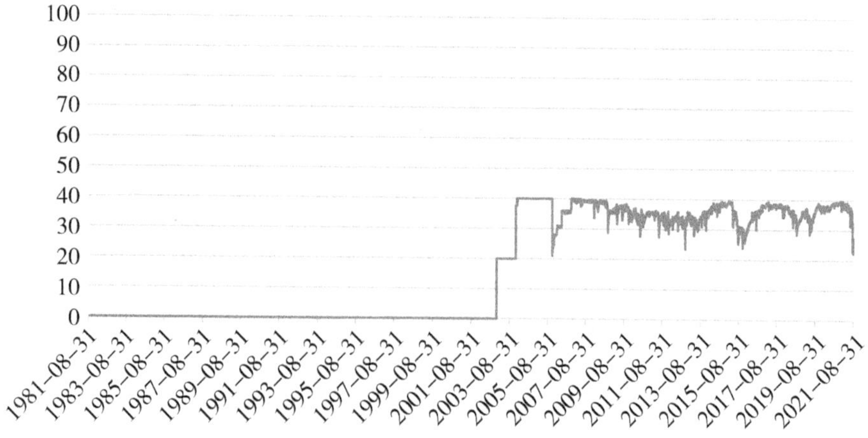

图 6-30 阿富汗系统性风险指数趋势

资料来源：北京睿信科全球风险管理平台（www.sunrisk.cn）。

二、股指风险指数趋势

由于阿富汗经历了长达三十多年的持续战乱，经济破坏严重，国内市场落后，现有上市公司较少，交易量少，且未建立有效的股票市场，缺乏股指风险指数。

三、汇率风险趋势

阿富汗现在使用的主流货币是由阿富汗过渡政府于2002年10月7日发行的新阿尼币，由于塔利班政权重新执掌阿富汗不久，并且为保持全国经济稳定，暂未对原政府发行的新阿尼币进行改动。

阿富汗汇率风险趋势总体经历三个阶段，第一阶段（2003年1月—2011年6月），美元兑阿富汗尼汇率在原阿富汗政府初始执政期间汇率经历迅速下降后稳定在42—43，即阿富汗尼先升值后稳定，阿富汗尼汇率风险指数表现为先上升后稳定在100线。主要是原阿富汗政府维持阿富汗相对和平带来的整体发展在起作用。由于美国退出强美元政策的影响以及亲美政权与美国紧密的关系，使得阿富汗尼快速贬值，并且由于金融危机引发的全球金融风暴，致使阿富汗尼一直没有较大起色，直到金融危机逐步缓解后也随之升值，美元兑阿富汗尼汇率迅速拉升至50线后保持稳定，阿富汗尼汇率风险指数则迅速跌落至低点5.15后逐步上升至90线上。这一阶段，美元兑阿富汗尼呈现明显的向右横倒的“弓”字形，阿富汗汇率风险指数则呈现瘦尖的“V”字形。

第二阶段（2011年7月—2020年10月），随着塔利班与亲美政府的政治以及军事斗争愈加激烈，美元兑阿富汗尼汇率呈现总体持续上升趋势，阿富汗原先的整体稳定和经济发展再次受到一定影响，阿富汗尼逐步贬值。这一阶段，美元兑阿富汗尼呈现上升趋势，阿富汗汇率风险指数则呈现多重“V”字形组成的震荡起伏趋势。

第三阶段（2020年11月—2021年9月），在美国白宫正式公布美军将分批次撤军的计划后，阿富汗局势持续动荡，阿富汗尼继续贬值，美元兑阿富汗尼呈现迅速拉升趋势至2021年8月31日的87.91，而阿富汗汇率风险指数则呈现迅速下降趋势至2021年8月31日的20.9（参见图6-31和图6-32）。

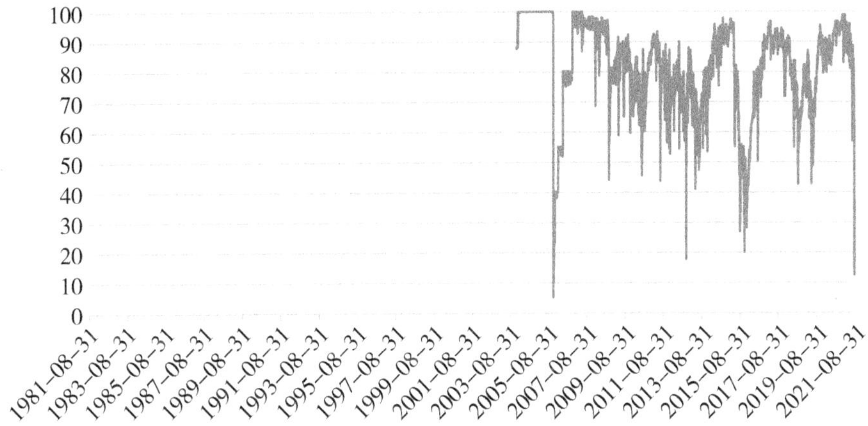

图6-31　阿富汗汇率风险指数趋势

资料来源：北京睿信科全球风险管理平台（www.sunrisk.cn）。

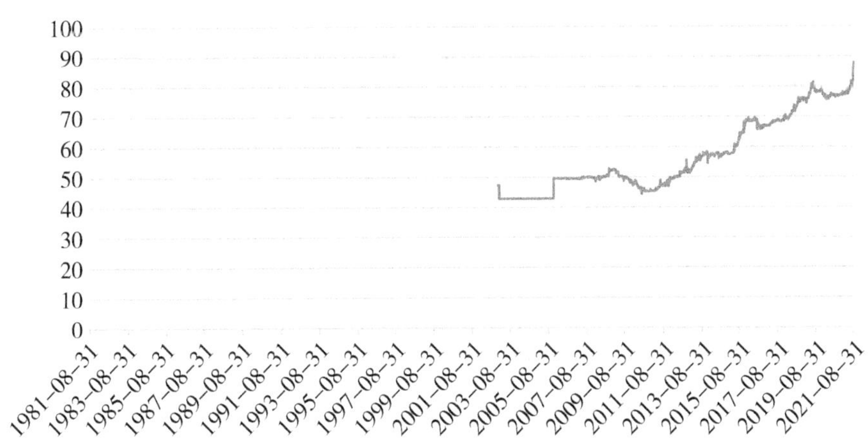

图6-32　美元兑阿富汗尼汇率走势

资料来源：北京睿信科全球风险管理平台（www.sunrisk.cn）。

四、国债风险指数趋势

由于统计数据的缺失，阿富汗没有国债风险指数，本节中从国家财政收支和政府债务余额角度来进行分析，通过财政收支余额占GDP比重和政府债务余额占GDP比重两个指标走势来解读阿富汗国债风险趋势。

阿富汗财政收支余额占GDP比重在原阿富汗政府执政初期负债相对较为多，尤其是2004年达到-2.393%，随着美国以及国际社会对阿富汗援助和阿富汗经济秩序和政治秩序逐步恢复开始好转，在2005年至2006年阿富汗负债比重持续下降，而财政收支余额占GDP比重在2006年达到0.643%。由于美国的金融危机在全球范围引发的金融风暴的影响，阿富汗财政收支余额占GDP比重在2008年跌落低谷为-3.882%，并随着金融危机的好转随之好转，呈现持续上升趋势，至2010年达到0.922%。在奥巴马政府逐步减少在阿富汗军事活动，在2014年北约驻阿富汗部队宣布正式结束在阿战斗任务并于次年1月1日启动培训和支持阿富汗安全部队的非作战任务，致使原阿富汗政府在军事方面投入资金大幅增加，财政收支余额占GDP比重也下降到2010年至2018年的最低点-1.719%。在原阿富汗政府军对塔利班采取军事行动获得较大成果后，原阿富汗政府减少部分军队开支以及相对促进阿富汗经济发展带来的税收，阿富汗财政收支余额占GDP比重在2014年至2018年整体呈现上升趋势，并在2018年达到最高点1.634%。随着美军逐步撤军，一方面，原阿富汗政府在军队开支大幅提升；另一方面，随着对塔利班军事行动的失败，所掌控区域迅速减少，税收收入持续性减少，在2021年美国白宫宣布结束在阿富汗军事行动后，阿富汗财政收支余额占GDP比重到达下跌至-2.5%。预计未来，随着阿富汗国内战争的逐步结束，阿富汗财政收支余额占GDP比重将会有所上升。

阿富汗政府债务余额占GDP比重自有数据以来持续下降，并在2010年后稳定在10%线下，说明愿阿富汗政府从建国起都在控制并减少政府债务规模，并在2010年后将政府债务稳定在GDP比重的10%线下。预计未来，塔利班政府可能会延续原先负债政策的基础上有所提升，但预计提升幅度不会较大（参见图6-33）。

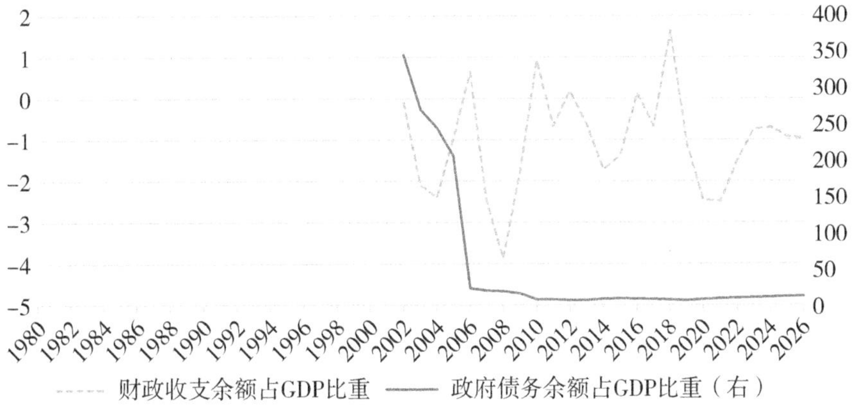

图 6-33　阿富汗财政收支余额与政府债务余额占 GDP 比重走势（%）

资料来源：北京睿信科全球风险管理平台（www.sunrisk.cn）。

五、经济物价风险指数趋势

由于统计数据，阿富汗没有经济物价风险指数，因此本节从阿富汗消费物价和购买力平价两个角度分析，通过阿富汗CPI年末同比走势和阿富汗PPP走势两个指标解读阿富汗经济物价风险趋势。

从阿富汗年末CPI同比走势图可以看出，阿富汗物价波动较大。通常认为CPI控制在3%—5%有利于促进经济发展，是较为温和的通货膨胀区间，而阿富汗在2002年至2013年中只有2006年和2009年低于5%，通货膨胀较为严重。其中2006年为4.285%，略低于5%，而2009年受金融危机冲击跌落至最低点-9.836%，进入通货紧缩状态，使得2008年至2010年CPI年同比走势呈现“V”字形。从2010年开始，由于阿富汗政府在经济方面的调控，CPI逐步下降，从2014年开始阿富汗年末CPI同比走势基本保持在0%—5%。由于塔利班击败原政府军执掌政权，在2020至2021年再次超过5%，但是随着阿富汗国内战争的逐步结束，预计未来将保持在4%左右（参见图6-34）。

从阿富汗PPP走势图可以看到，阿富汗PPP呈现上升趋势，说明阿富汗物价持续上升，并且上升速度高于国际元，这主要是由于阿富汗的国内战争导致民用物资短缺导致的，目前阿富汗失去了美国为首的部分国际物资援助，并且大量国内物资和生产资料被阿富汗精英阶层逃离阿富汗时带走，即使塔利班呼吁阿富汗人民保持正常生产活动和控制阿富汗人员以及物资的流出，但是短时间内仍将难以解决物资供应问题。预计未来，阿富汗PPP将会继续上升（参见图6-35）。

图 6-34　阿富汗年末 CPI 同比走势（%）

资料来源：北京睿信科全球风险管理平台（www.sunrisk.cn）。

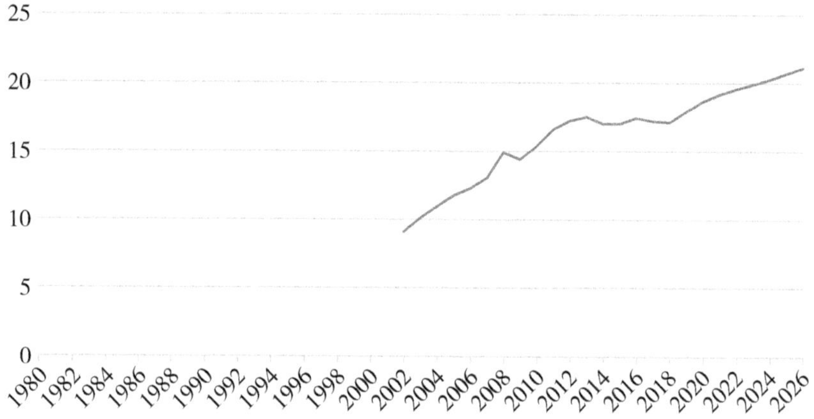

图 6-35　阿富汗 PPP 走势

资料来源：北京睿信科全球风险管理平台（www.sunrisk.cn）。

六、经济潜力风险指数趋势

阿富汗目前以农牧业为支柱性产业，农牧业人口占全国总人口的80%，但是由于其所处地理环境影响，年均降水量仅有240毫米左右，耕地不到全国土地总面积的10%，因此农牧业为主逐步过渡到多元化产业是势在必行的，而阿富汗工业以轻工业和手工业为主，由于战乱的影响，发展极度缓慢，交通也极为不便。

通过对阿富汗地理勘探知道阿富汗矿藏资源较为丰富，目前已探明的资源主要有天然气、煤、盐、铬、铁、铜、云母及绿宝石等多种稀有资源，而位于首都喀布尔南部的埃纳克铜矿已探明矿石总储量约7亿吨，铜金属总量达1133万吨。据估计可能是世界第三大铜矿带。阿富汗还可能拥有全球第五大铁矿脉，煤储量约7300万吨，并且这些资源未得到充分地开发利用。而塔利班在2021年宣布成立新的临时政府后，向外界释放积极响应中国"一带一路"倡议的信号，所以阿富汗的经济发展预计有很大潜力。

阿富汗经济潜力风险指数趋势虽然在2010年至2015年受到次贷危机影响呈现"V"字形波动，但是阿富汗经济潜力风险指数依旧高于86线，其余时间更是长期处于100线。阿富汗经济潜力空间比值与阿富汗经济潜力风险指数走势类似，2008年至2016年呈现较宽的"V"字形，低于3.5，其余时间均高于3.5，并在2012年后持续上升，2021年8月31日阿富汗经济潜力空间比值为4.58，展现出较大的发展潜力（参见图6-36和图6-37）。

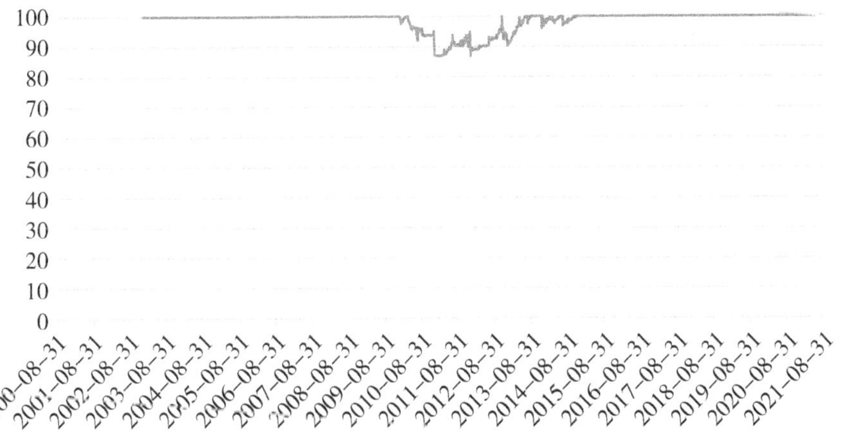

图6-36　阿富汗经济潜力风险指数趋势

资料来源：北京睿信科全球风险管理平台（www.sunrisk.cn）。

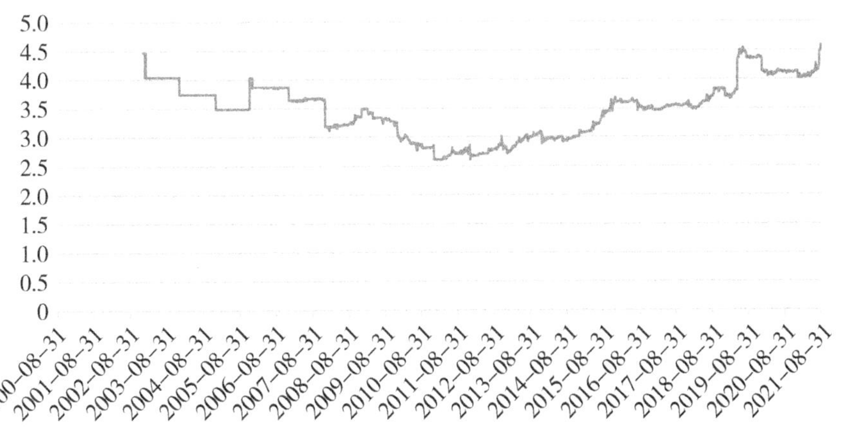

图6-37　阿富汗经济潜力空间比值走势

资料来源：北京睿信科全球风险管理平台（www.sunrisk.cn）。

第7章
全球危机国家的系统性风险趋势（下）

导读

2020年新型冠状病毒感染的流行导致一些国家受到不同程度的打击，但是这背后又不是完全因为疫情，疫情更像是一种催化剂和导火索，把各个国家本来面临的问题提前揭露出来了。

南非属于中等收入的发展中国家，也是非洲经济最发达的国家之一。自然资源十分丰富。金融、法律体系比较完善，通信、交通、能源等基础设施良好。矿业、制造业、农业和服务业均较发达，是经济四大支柱，深井采矿等技术居于世界领先地位。但国民经济各部门、地区发展不平衡。20世纪80年代初至90年代初受国际制裁影响，经济出现衰退。新南非政府制订了"重建与发展计划"。在政府经济刺激措施、国际经济环境逐渐好转和筹办世界杯足球赛的共同作用下，南非经济逐渐企稳。但是，受全球经济增长缓慢，尤其是欧债危机的拖累，南非经济总体低迷，增长乏力。2018年年中以来，受外部环境影响，货币兰特贬值幅度较大。2018年9月，拉马福萨总统宣布南非政府将实施总额约500亿兰特的经济刺激和复苏计划，应对南非经济严峻挑战。自2020年3月开始，南非经济在屡次陷入技术性衰退之际遭遇了疫情。南非经济本就已处于疲弱运行的状态，疫情暴发更使得民生压力加剧、诸多结构性矛盾进一步凸显。2021年7月，南非因前总统祖玛自首一事引发了其支持者的不满，并走上街头进行反抗，爆发了自1990年以来规模最大、性质最恶劣的暴动事件。预计南非系统性风险指数可能会在50—60区间持续下降，整体风险有所上升。

中非共和国是非洲大陆中部的内陆国家，该国经济以农业为主，工业基础薄弱，80%以上的工业品靠进口。木材、钻石、棉花、咖啡是该国经济四大支柱。中非共和国常年处于不稳定状态，为了迅速恢复国家经济，中非共和国历届政府都做出了不懈的努力。20世纪90年代初曾3次同国际货币基金和世界银行达成协议，执行结构调整计划。2012年年底以来，中非共和国局势再次动荡，经济遭受重创，政府财政极度困难。2016年图瓦德拉总统就职以来，重视经济发展，积极争取国际援助，重点发展农业，优先保障饮用水、能源、教育、卫生、交通等基础设施服务，鼓励私营企业发展带动青年就业。总体经济形势有所好转。目前，和平与重建是中非共和国最重要的主题。中非共和国未来局势既不可能迅速好转，也不会过度恶化，预计南非系统性风险指数可能会持续保持较低的水平，在20—30的区间内波动，整体风险仍然较高。

几内亚自然条件优越，水资源丰富，农业发展潜力巨大，与6个国家接壤，底土富含矿物。尽管几内亚资源得天独厚，但其社会经济发展指标仍然薄弱，经济相对缺乏多样性，经济结构脆弱，极易受外部冲击，特别是原材料的冲击。主要原因有（1）农业对国内生产总值的贡献相对较小；（2）第二产业占国内生产总值的35%左右，采矿业为主导；（3）第三产业占GDP的46%，主要是由贸易、运输、电信、房地产和商业服务组成。埃博拉病毒疫情后，几内亚的经济发展经历了短暂复苏，2016—2017年增长超过10%。自2018年以来发展放缓，但在非洲仍居高位（平均约6%），采矿业成为经济增长的主要驱动。2020年，尽管受疫情和总统选举带来政治局势紧张的影响，但由于两家新铝土矿公司投入生产，黄金生产得到更好的管理以及中国需求的恢复，几内亚经济仍然保持了显著的增长水平，达7.1%。然而，占国内生产总值75%以上、吸收90%以上就业岗位的非采矿业却急剧放缓（+1.3%）。2020年受疫情影响，在2020年人类发展指数排名中垫底。2021年，几内亚局势剧变，其国内局势尚不明朗，几内亚系统性风险指数持续在30—40区间下行，整体风险相对较高。

海地位于加勒比海北部，全称海地共和国农业为海地主要经济部门，全国近2/3人口从事农业生产。由于基础设施薄弱，耕作技术落后，粮食不能自给，每年耗费大量外汇进口粮食。同时，海地资源短缺，工业极不发达，旅游业收入和国际援助成了主要经济来源。2010年，海地又经历了一场毁灭性的大地震，更是摧毁了其几近不存在的经济基本盘。由于地震的严重破坏，经济负增长7%。2011年以来，政府以灾后重建为工作中心，积极开展国际合作，经济有所恢复，但灾后重建进展未达预期目标。2021年7月，海地政治局势剧变，导致其风险指数震荡。2021年8月，海地遭受地震自然灾害，一度进入国家紧急状态。未来的海地走向何方，仍然有很多未知因素，海地的系统性风险指数也将在10—20区间继续下降，整体风险极高，国家濒临崩溃。

阿根廷是拉美地区综合国力较强的国家。阿根廷农牧业发达，工业门类较齐全，主要有钢铁、汽车、石油、化工、纺织、机械、食品加工等。食品加工业较先进，主要有肉类加工、乳制品、粮食加工、水果加工、酿酒等行业。20世纪初，阿根廷经济总量曾位居世界前十名。20世纪80年代因债务危机，经济大幅衰退。1991年起实行比索兑美元1∶1固定汇率制，阿根廷经济重新步入增长轨道，1991年至1998年年均增长率达6%。受东南亚金融危机和巴西金融动荡冲击，阿根廷经济自1998年下半年开始滑坡，国家风险指数飙升，外债压力加剧，财政与金融崩溃，使得2001年年底爆发严重经济危机。2001年经济危机以来，阿根廷历届政府把偿还外债作为核心工作，由于国际融资艰难，被迫立足国内，强化政府干预，实施进口替代，通过刺激出口、限制进口确保外贸盈余，同时严格外汇管制，形成“阿根廷模式”，一度取得了较好成效。2003年至2011年，阿根廷经济实现较快增长。自2012年以来，受国际经济金融形势等影响，阿根廷经济增速明显放缓，通货膨胀高企，本币贬值，外汇储备下降。2014年年初以来，阿根廷政府采取放松外汇管制、提高利率、减少财政补贴等举措，宏观经济形势好转。2018年，阿经济金融形势多次剧烈波动。政府大力实施紧缩政策，获得国际货币基金组织援助贷款支持。2019年8月，阿根廷金融形势再次剧烈波动。费尔南德斯总统执政后，出台系列改革举措，将解决债务问题作为优先任务。2020年8月，阿根廷政府就662亿美元外债重组同主要债权人达成一致。受疫情等影响，阿根廷经济下行压力加大，2020年经济衰退11.8%。数据显示，2021年第一季度，阿根廷全社会完成的名义GDP约为9.22万亿比索（折合1040亿美元），与2020年同期相比，剔除物价变动因素后，实际增长2.5%。如果不剔除物价变动因素，那2021年一季度阿根廷GDP的名义增速超过了46%。换言之，一季度阿根廷境内的商品、服务价格同比涨幅超过40%，这属于严重的通货膨胀了，预计未来阿根廷系统性风险在20—30区间持续走低，整体系统性风险有上升趋势。

第一节　南非系统性风险趋势

南非共和国（以下简称南非）位于非洲大陆最南端，东濒印度洋，西临大西洋，北邻纳米比亚、博茨瓦纳、津巴布韦、莫桑比克和斯威士兰。其西南端的好望角航线，是世界上最繁忙的海上通道之一，有“西方海上生命线”之称。

南非属于中等收入的发展中国家，也是非洲经济最发达的国家之一，2020年国内生产总值3632亿美元。自然资源十分丰富，金融、法律体系比较完善，通信、交通、能源等基础设施良好。矿业、制造业、农业和服务业均较发达，是经济四大支柱，深井采矿等技术居于世界领先地位。但国民经济各部门、地区发展不平衡。

一、系统性风险趋势

南非共和国自1961年独立成立，自1996年7月1日开始有股指风险指数数据，1999年12月6日始才有国债风险指数。从南非系统性风险指数分布区间来看，其主要分布于20—80区间。1981—1994年，系统性风险指数集中于20—30区间，这说明南非这段时期处于系统性风险较高的时期，符合该阶段南非社会的特征。曼德拉自1994年出任总统后，执政初期系统性风险指数出现了较大程度的下跌，这可能是经济长期停滞不前、社会矛盾尖锐爆发导致的。自1996年之后，政府推出“增长、就业和再分配计划”，旨在通过推进私有化，削减财政赤字，增加劳动力市场灵活性，促进出口，放松外汇管制，鼓励中小企业发展等措施实施经济增长，促进就业，至2004年系统性风险指数呈现波动性上升的状态，从14的低位上升至80的高位。1999年系统性风险指数出现过“V形”变化，这与1999年曼德拉卸任总统有关，社会不安和恐慌情绪抬头。2004年至2011年南非再度出现系统性风险，但主要集中在2006—2008年，受国际金融危机影响，2008年系统性风险指数达到底部，出现了21世纪以来最低位（2008年11月25日系统性风险指数为23.98），之后开始回升。2010—2015年没有出现大的系统性风险，2016年至2018年系统性风险指数在60—80的区间内波动。2019年至2020年受新型冠状病毒感染大流行的影响，南非各地发生动乱，系统性风险指数也出现了大幅下降，从2019年10月24日的84.28骤降到2020年3月18日的34.28，系统性风险显著上升。

由于疫情尚未得到完全控制，发达国家又采取宽松政策，依赖外资的南非经济可能存在较大的不确定性，股市泡沫会继续存在，其系统性风险指数将会回到60—80区间，但不排除新冠病毒变异株不断出现以及其他国家政策的外溢性影响（参见图7-1）。

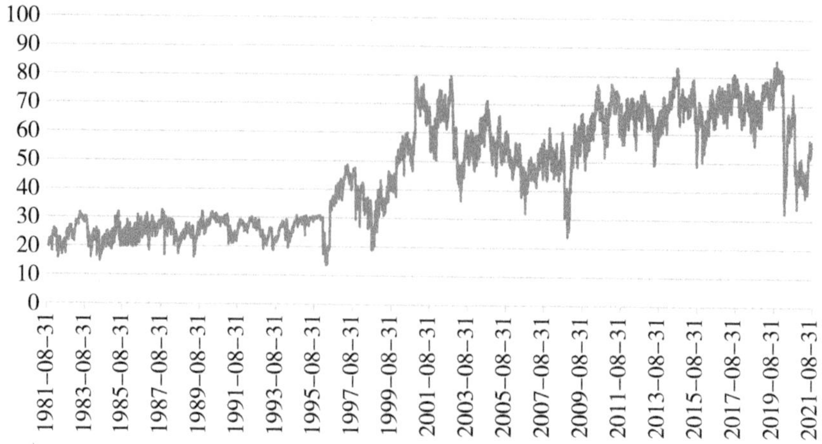

图 7-1　南非系统性风险指数趋势

资料来源：北京睿信科全球风险管理平台（www.sunrisk.cn）。

二、汇率风险趋势

南非兰特（标准符号ZAR）是由南非储备银行于1961年2月正式发行的南非通用货币。

从汇率风险指数频率分布区间来看，南非汇率风险指数波动性较大，集中在20—80的区间，但是仍然有多次触及底部，体现出的风险性较大；其中，1985年汇率风险指数多次下探至0线，这与南非的汇率制度改革相吻合，存在着巨大汇率的风险；1986年至2000年汇率风险指数回落至较安全的位置，但仍存在汇率风险；自实施自由浮动汇率制度之后，南非兰特的汇率风险指数仍呈现出周期性的变化，2003年11月、2008年10月、2015年12月以及2020年4月出现风险指数跌落至0线附近，这与南非中央银行实施通货膨胀目标制以及外部的风险有关。

未来两年，全球经济已受重创，宽松的政策以及经济恢复的需要，可能会推动大宗商品的持续性涨价，对南非有输入性通货膨胀的影响，较大程度上会继续影响南非兰特的稳定性（参见图7-2和图7-3）。

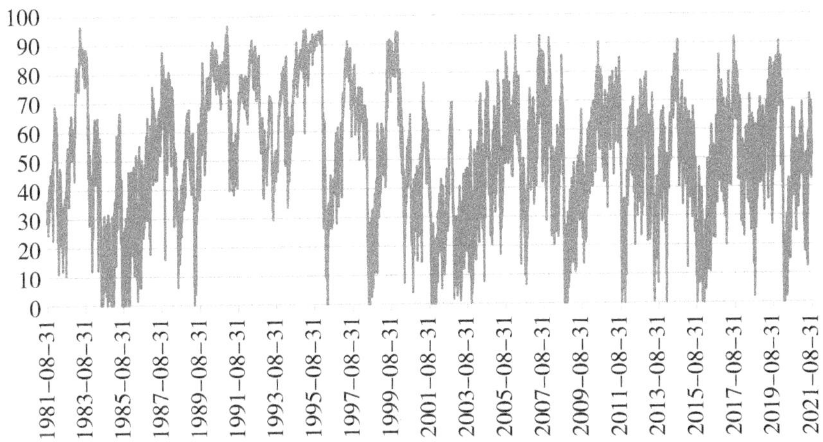

图 7-2　南非兰特的汇率风险指数趋势

资料来源：北京睿信科全球风险管理平台（www.sunrisk.cn）。

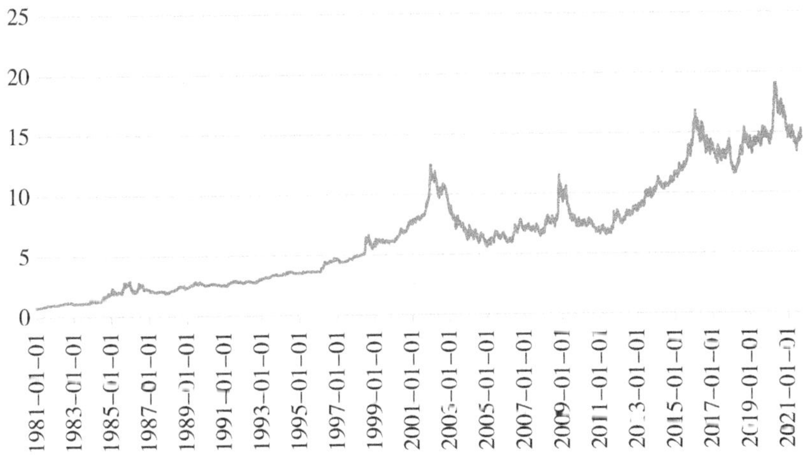

图 7-3　美元兑南非兰特的汇率走势

资料来源：北京睿信科全球风险管理平台（www.sunrisk.cn）。

三、国债风险指数趋势

南非国债风险指数从1999年12月6日始有数据，其数值主要分布在40—100的区间之内。从南非国债风险指数小于50的年份来看，主要分布在2002—2003年、2005—2009年、2020年，显然既与国内经济形势有关，也与全球系统性风险有关。南非国债风险指数于2001—2002年、2003年和2006—2009年极低，处于国债风险危机状态。除去2007—2009年国际金融危机的国债风险指跌至0线附近外，2010—2018年国债风险指数集中于50—100的区间，这也反映了该期间南非经济基本向好，投资者偏好于投资南非国债，致使国债收益率走低，国债风险整体较小。疫情对经济的影响加剧了南非债务危机，10年期国债收益率逼近10%，显示南非仍面临偿债成本过高的问题，且国际评级机构穆迪于2020年3月27日下调了南非的主权信用评级，评级展望保持在“负面”，这会进一步导致南非主权债务不受市场投资者的欢迎（参见图7–4）。

从南非国债收益率和利差来看，2年期国债和10年期国债收益率均一路走跌，2年期国债和10年期国债分别从13.74%和20.19%下降至5%—10%的区间范围，之后两者的收益率便稳定在5%和10%的区间之内。从利差来看，国际金融危机期间，南非国债利差出现倒挂，自2006年9月开始10年期国债收益率便低于2年期国债收益率，至2007年12月两者差值达到最大化，为–1.73%。国际金融危机之后，利差开始恢复正常，长期利率再次高于短期利率。2015年开始10年期国债收益率与2年期国债收益率呈现出“剪刀差”的状态，利差持续走高（参见图7–5）。

未来两年，全球经济存在不确定性，国际资本可能会更加偏好于安全性比较高的资产，而新兴市场的主权债务可能存在违约，这会增加南非这类国家的债务风险，债务风险指数会进一步下降。

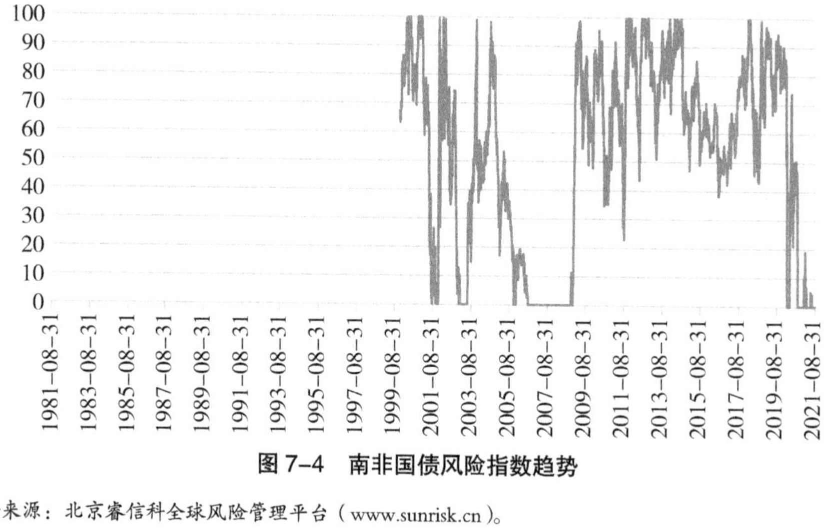

图7–4 南非国债风险指数趋势

资料来源：北京睿信科全球风险管理平台（www.sunrisk.cn）。

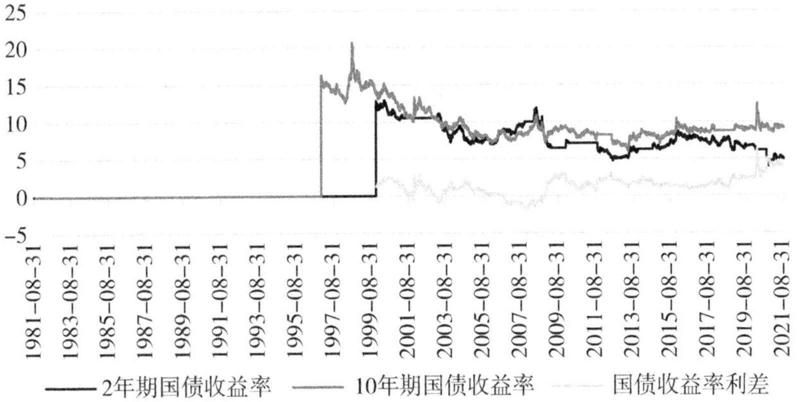

图7-5　南非国债收益率与利差（%）

资料来源：北京睿信科全球风险管理平台（www.sunrisk.cn）。

四、经济物价风险指数趋势

南非经济物价风险指数从2000年12月5日才有数据。从指数分布来看，2001年至2007年经济物价风险指数多高于50线，其间2003年12月2日达到了阶段性低点41.71，但自2003年年底又开始改善，经济物价风险总体不高，处于安全状态。自2003年第四季度南非经济增长率逐步从2.4%上升至2006年第四季度的7.1%。受疫情持续蔓延的影响，南非经济物价风险指数下降到进入新世纪以来的最低点（2020年11月9日的10.09），此后几日南非发布2020年的经济增速为-8.2%（参见图7-6）。

购买力平价作为两种货币之间汇率取决于它们单位货币购买力之间的比例，可以用来比较不同国家之间的生活水平，这里以南非的年购买力平价（PPP）走势来辅助观察其经济物价风险。南非购买力平价指数整体处于一直上升的趋势（参见图7-7）。

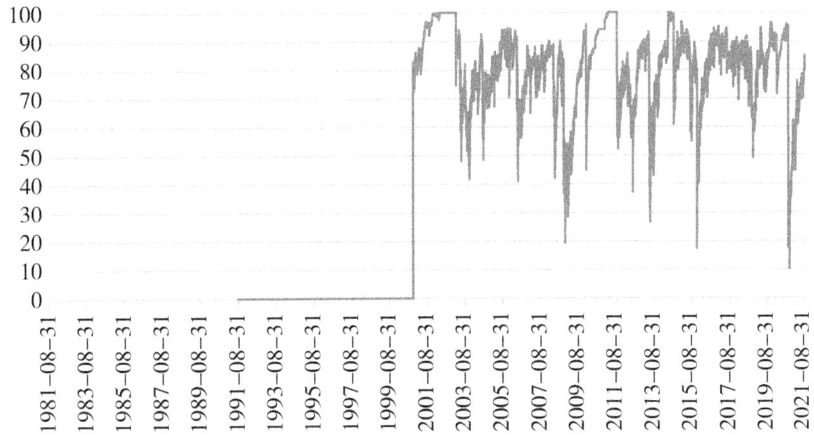

图7-6　南非经济物价风险指数趋势

资料来源：北京睿信科全球风险管理平台（www.sunrisk.cn）。

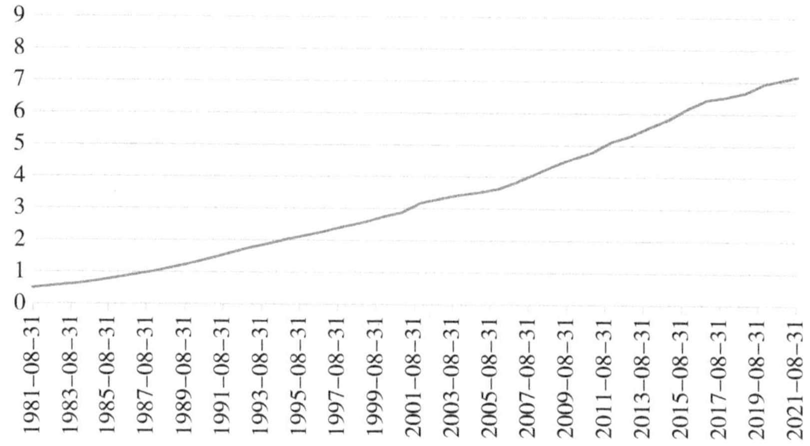

图 7-7 南非购买力平价指数

资料来源：北京睿信科全球风险管理平台（www.sunrisk.cn）。

五、经济潜力风险指数趋势

经济潜力空间比值的计算方法是市场汇率和购买力平价汇率的比值，它的变化趋势与市场汇率变化趋势密切相关。而经济潜力风险指数又是根据经济潜力空间比值计算出来的，所以南非的经济潜力风险指数趋势和经济潜力空间比值趋势是较为一致的。

南非作为英国的原殖民地，具有一定的工业基础，制造业门类较为齐全，农业也较为发达。从南非经济潜力风险指数来看，其主要分布于50—100区间之内，仅2010年和2011年两年的个别时间低于50线，2008年10月22日，国际金融危机时南非经济潜力风险指数上升至94.6的高点，此后一路下滑至2011年9月1日的低点49，缘由是美联储退出宽松货币政策和加息带来的不确定性。2017—2019年，南非经济潜力风险指数波动幅度进一步收窄于60—80的区间之内，较为稳定。2020年受疫情的影响，风险指数出现下滑，达到63点，但仍居于安全位置（参见图7-8）。

经济潜力空间比值主要在1.8—3.0的区间内波动，其间出现了两次峰值，1985年12月24日的4.11，以及2001年12月27日的4.13，同期南非经济潜力风险指数也达到了顶线100的位置。未来美联储预计在2021年年底开始进入加息进程，南非兰特汇率有进一步贬值的可能性，其经济潜力空间比值可能上升至2—3.5的区间（参见图7-9）。

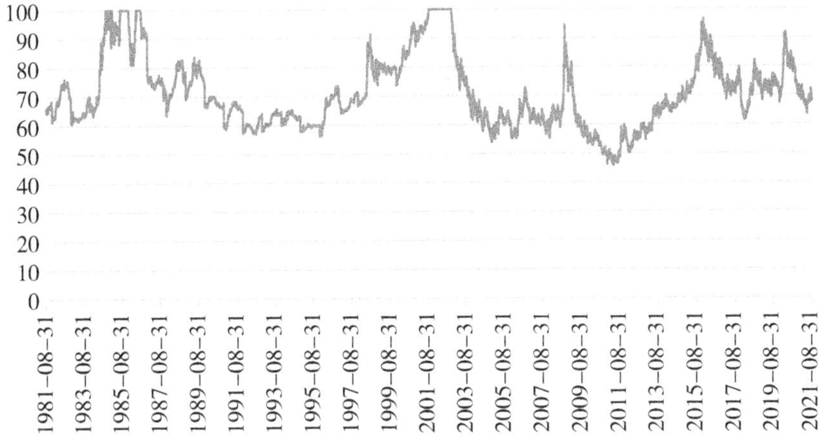

图 7-8　南非经济潜力风险指数趋势

资料来源：北京睿信科全球风险管理平台（www.sunrisk.cn）。

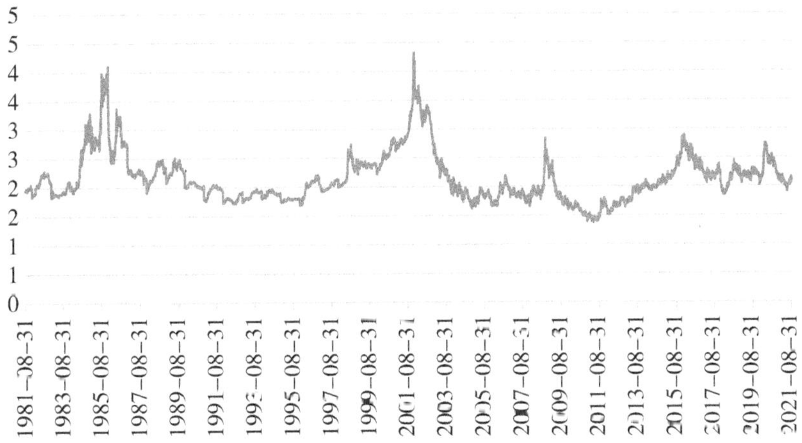

图 7-9　南非经济潜力空间比值趋势

资料来源：北京睿信科全球风险管理平台（www.sunrisk.cn）。

六、股指风险指数趋势

南非的约翰内斯堡证券交易所成立于1887年，除矿业股占据相当大的位置外，工业股和金融股已经成为交易所的主角。但是本报告的股指风险指数自1996年7月1日才开始有数据，因此有一定的局限性，但是不影响现阶段对南非资本市场的分析。

从南非股指来看，1996年以来股指是呈现波动上升的状态，从1995年7月3日的4828.46点至2008年6月30日的阶段性顶点30413.43点，之后受国际金融危机的影响，股指开始大幅回撤，跌落至2009年3月3日的18120.69点，较最高点跌幅达到40.42%；其间，南非股指风险指数自2004年至2009年呈现剧烈波动下降的状态，表明存在着较大的系统性风险。2009年3月之后南非股指便开始一路上涨，直至疫情的出现，全球经济出现严重的衰退，南非股指也在2020年3月出现骤减，3月19日跌落至37963.01，是继金融危机以来跌幅最大的一次，股指风险指数此时刻也出现了相应的骤降，3月18日股指风险指数跌落至0线以下，系统性风险出现。

从频率的分布区间来看，南非股指风险指数主要在40—90的区间内波动，从指数小于50的年份来看，主要集中于1997—2000年、2007—2010年、2012—2015年和2020年，与国际的系统性风险基本吻合，这再一次说明南非依赖外资的程度依然较大。未来各国逐渐放开管制，宽松的政策推动全球经济逐步恢复，南非的股指仍然有进一步上涨的可能性，但是新型冠状病毒感染的流行、全球上游原材料价格上涨、发达国家政策的外溢性还是会给南非股指带来影响（参见图7-10和图7-11）。

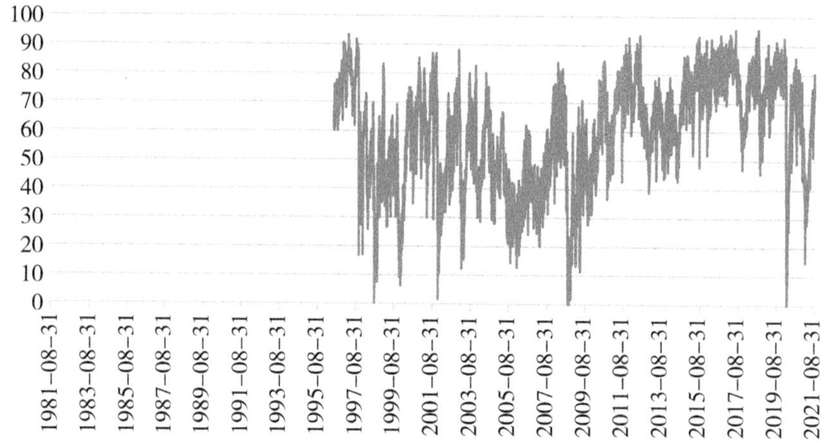

图7-10 南非股指风险指数趋势

资料来源：北京睿信科全球风险管理平台（www.sunrisk.cn）。

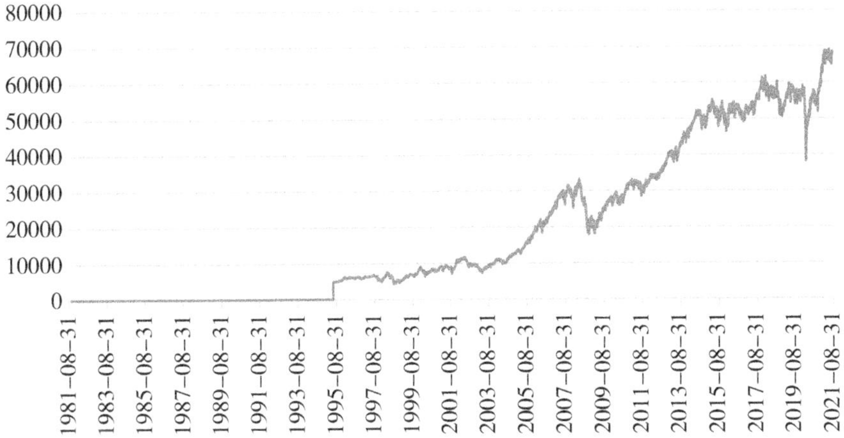

图 7–11　南非股指走势

资料来源：北京睿信科全球风险管理平台（www.sunrisk.cn）。

第二节　中非共和国系统性风险趋势

中非共和国位于非洲大陆中部，内陆国家，东接苏丹，南接刚果（布）、刚果（金），西连喀麦隆，北邻乍得。

一、系统性风险趋势

中非共和国自1960年宣告独立，成立共和国以来，政权反复更替。因此，内部政治环境的不确定性是中非共和国系统性风险的主要来源，在此环境下，其经济政策、投资环境、对外贸易和工业生产等各个方面都受到较大影响，经济体系也非常不完善，最终表现为其长期较低的系统性风险指数和对应较高的系统性风险。自1993年有相关数据以来，1993—2021年，中非共和国系统性风险指数在10—40的区间内波动，波动频率和波动幅度都较高。

具体来看，1993年下半年、2008—2010年和2015年上半年其系统性风险指数都低于20线。1993年年初，中非共和国国内政局尚不稳定，系统性风险指数极低，徘徊在0—10线触底边缘，1993年9月，昂热—菲利克斯·帕塔塞首次通过大选担任总统，中非政治开启新局面，其系统性风险指数开始逐步上升，系统性风险降低。1994年中非法郎贬值，中非出口贸易增加，系统性风险指数上升至20线左右。这种稳定局面一直持续到21世纪初期，系统性风险指数整体处于20—40的范围内，并且在

2002年达到峰值38.49点。2003年中非共和国国内再次政变，系统性风险指数达到阶段性低点16.27。

受国际金融危机的影响，中非共和国国内经济受到冲击，贸易出口大幅下降，系统性风险骤然上升，系统性风险指数于2008年10月27下降到15.38的阶段性低点。2016—2019年，图瓦德拉总统就职以来，推动了各项经济政策，加之国内局势稳定，其系统性风险指数回升至28—35区间，2020年年初，新型冠状病毒感染大流行来袭，中非共和国系统性风险指数再度下降，直至全球新型冠状病毒感染的情况得到一定控制后，才开始有所回升（参见图7-12）。

在中非共和国政局保持稳定的情况下，预计未来几年，其系统性风险指数将会保持稳定上升态势，但依然在28—30的区间内波动，低于国际平均水平，这表明整体上，中非共和国的系统性风险仍将处于较高水平。

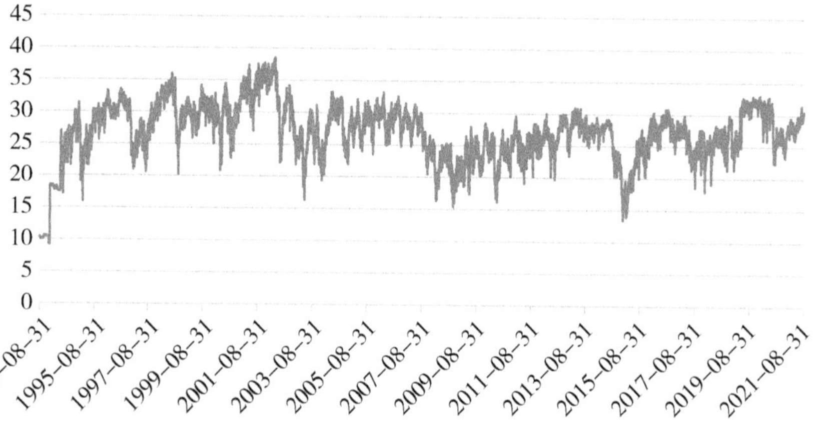

图7-12　中非共和国系统性风险指数趋势

资料来源：北京睿信科全球风险管理平台（www.sunrisk.cn）。

二、汇率风险趋势

中非共和国的官方货币为中非金融合作法郎，简称中非法郎，是非洲法郎的一种，是中非经济共同体国家银行发行的一种货币。1999年之前，中非法郎与法国法郎挂钩，1999年法国加入欧元区后，中非法郎开始与欧元挂钩，固定汇率为1欧元等于655.957中非法郎，汇率固定不变并延续至今。事实上，美元兑中非法郎与美元兑西非法郎的汇率走势有一定的一致性，也在一定程度上与美元兑欧元的汇率走势有一定的类似性。

1994—2021年，中非共和国汇率风险指数在0—100之间大幅波动，汇率水平非常不稳定，总体呈贬值趋势，汇率风险较高，这与其国内政局动荡和全球经济大环境变化密不可分。1994、1997、2000、2003、2008年和2015年的汇率风险指数水平低于50线，分别对应着1997年亚洲金融危机、2003年中非国内政变、2008年全球金融危机和2015年中非总统大选（参见图7-13和图7-14）。

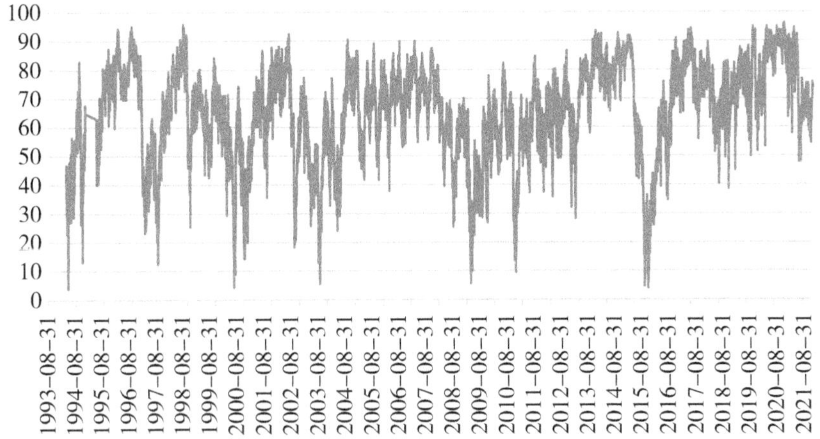

图7-13　中非法郎汇率风险指数趋势

资料来源：北京睿信科全球风险管理平台（www.sunrisk.cn）。

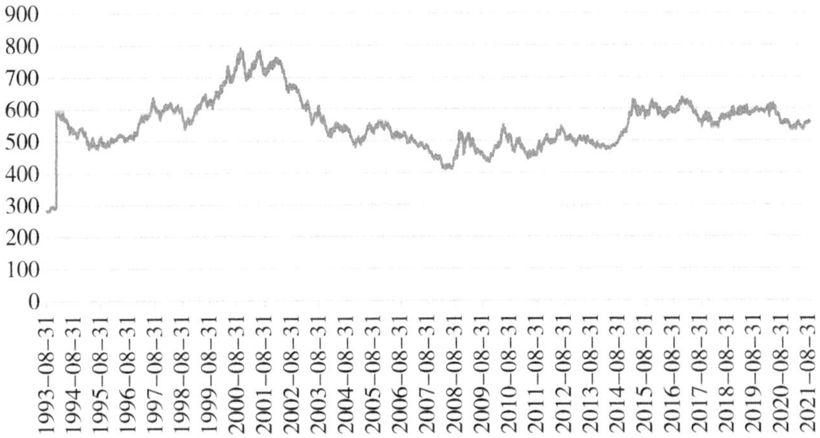

图7-14　美元兑中非法郎汇率走势

资料来源：北京睿信科全球风险管理平台（www.sunrisk.cn）。

从时间分布来看：

1993—1994年，中非法郎汇率保持稳定，美元兑中非法郎汇率在300至600上下浮动。

1994—2002年，中非法郎汇率处于贬值走势。20世纪80年代后期，咖啡、木材等产品的世界价格急剧下降，使得很多非洲国家出口严重萎缩，加重了法郎区国家的债务负担。1993年后，随着内外部形势急剧恶化，非洲法郎地位岌岌可危，贬值压力激增，汇率风险指数急速上升。1994年年初又因政治原因，非洲法郎区14国（中非法郎6国和西非法郎8国）被迫共同宣布非洲法郎对法国法郎大幅贬值50%。同年7月中非法郎汇率风险指数降至3.87最低点。自1995年起，美元开启了长达7年的升值周期，导致中非法郎持续贬值，2000年10月25日，美元兑中非法郎汇率上升至791.60的最高点，中非法郎汇率风险水平也随着其贬值而不断升高。

2002—2014年，中非法郎总体处于升值走势。2002年年底，美元强势周期结束，国际大宗商品价格、原材料价格回升，中非地区各国的商品收入上升。市场上对中非法郎的需求量加大，中非法郎持续升值，汇率风险指数下降到50以下。2008年美元兑中非法郎汇率下降到410.11的最低点。此后，受国际金融危机影响，中非法郎略有贬值，到2014年汇率略低于500，风险指数下降。

2014—2018年，中非法郎总体处于贬值态势。2014年起受强势美元影响，国际油价下跌，中非各国出口收入急剧下降，而进口刚性需求又处于高位，使得对中非法郎的需求量下降，中非法郎被迫再次走上贬值之路，直至2015年下半年起，其贬值步伐暂缓，汇率稳定在600左右，汇率风险下降。

2018—2021年，中非法郎处于先升后降走势。2020年以前，美元兑中非法郎汇率在小幅缓慢上升至阶段性高点617.68，随后在疫情冲击下，开始进入下行走势。

未来几年，受新型冠状病毒感染影响，美元从强势向弱势转化，加之中非法郎的不稳定性，贬值可能较大，主要波动区间可能为500—650，预计汇率风险指数仍将在20—90之间宽幅波动。

三、国债风险指数趋势

中非共和国缺乏国债风险指数，政府的债务风险可以从其财政收支余额和政府债务总额占GDP的比重来大致观察（参见图7-15）。

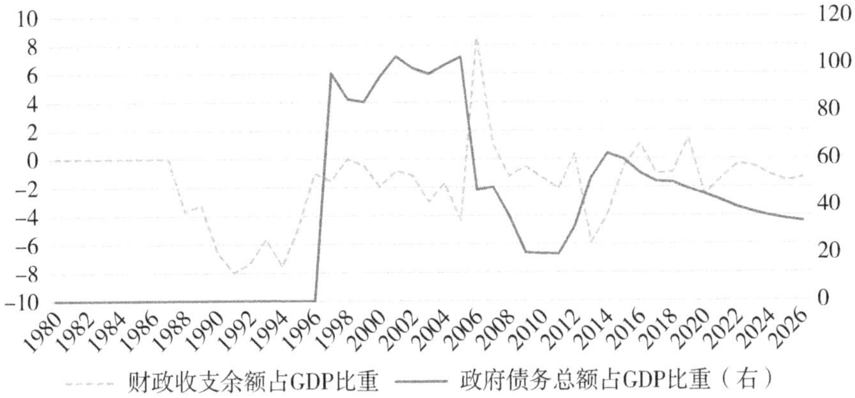

图7–15　中非共和国财政收支余额与政府债务总额占GDP比重（%）

资料来源：北京睿信科全球风险管理平台（www.sunrisk.cn）。

中非共和国财政收支余额自1988年有数据以来，除1998年达到盈余平衡外，直至2005年都处于赤字状态，其中2003、2005年赤字占GDP比重分别为3.05%和4.34%，超过欧盟3%的赤字安全线，政府债务总额也从2003年阶段性低点95.89升至2005年历史高点102.96。2006年开始由赤字转为盈余，这是因为国际货币基金组织为中非共和国制订了3年总额为5600万美元的援助计划，且该年法国与中非共和国政府签订了三期总额为1280万欧元的援助协定，使得中非共和国财政收支状况大幅改善，财政盈余占GDP比重达到了9.04%，对应的政府债务总额也出现了断崖式下降，从102.96降至46.75，降幅高达54.59%。从2008年开始，受国际金融危机影响，中非共和国贸易出口收入下降，导致中非财政状况再度恶化，自2008年起重新处于赤字状态，2009年由于在推进经济改革、维护宏观经济稳定等方面做出了积极努力，世界银行和国际货币基金组织减免了中非5.78亿美元债务，使得赤字状态下的债务总额占GDP比重下降。由于2012年年底开始中非局势再次动荡，中非共和国经济遭受重创，政府财政极度困难，2013年中非财政赤字占GDP比重高达6.54%，创下21世纪以来的记录，负债总额也在上升。从2015年开始，随着中非共和国政局趋于稳定，经济形势好转，财政收支状况趋于平衡。疫情暴发，让中非共和国财政收支再次跌回0线以下，根据IMF预测，未来几年，受全球新型冠状病毒感染持续影响，中非共和国财政收支将持续处于赤字状态，2025年以后预计会得到缓和。

四、经济物价风险指数趋势

中非共和国缺乏实时的经济物价风险指数数据，购买力平价作为两种货币之间汇率取决于它们单位货币购买力之间的比例，可以用来比较不同国家之间的生活水平，这里以中非共和国的年购买力平价（PPP）走势来观察其经济物价风险（参见图7–16）。

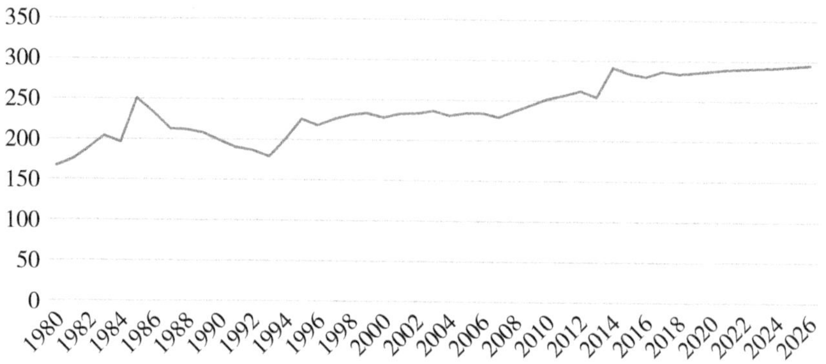

图 7–16　中非共和国年购买力平价走势

资料来源：北京睿信科全球风险管理平台（www.sunrisk.cn）。

中非共和国购买力因为整体处于上升走势，只在特别时期剧烈波动变化。可以分为以下4个阶段，一是1980—1985年，这一时期中非购买力平价整体处于上升走势。在1985年达到阶段性高点250.50，主要由于1985年中非共和国成立了新政府之前，经济形势不稳定，经济物价风险较高；二是1988—1993年，这一阶段中非共和国购买力平价基本处于一路下降走势，1993年降至178.88历史最低点，表明中非法郎的购买力在一路上升，主要是因为这一时期中非国内局势相对稳定，经济得到一定程度的发展，经济物价风险较低；三是1993—2014年，1993年受咖啡、棉花和木材等主要经济作物的世界价格下降和1995年美元长达7年的升值周期的影响，中非法郎购买力一直下降，2002年后虽然大宗商品交易价格回升，美元强势周期结束，中非法郎汇率也在上升，但其购买力仍处于下降走势，表现为购买力平价的持续上升，主要是因为2003年中非国内政局再次动荡，这近10年间其经济并没有得到较大程度发展，甚至处于倒退状态，此阶段经济物价风险较高；四是2014至今，中非购买力平价处于小幅下降走势，主要得益于新任总统在内部稳定局面下推行的一系列新经济政策，使其国内经济得到发展，经济物价风险也有所下降。

未来几年，预测中非共和国购买力平价可能再度上升，主要取决于外部经济环境以及国内政治局势发展状态，总体而言，中非共和国国内经济体系不完善，机制不健全，还具有较大发展空间，从整体来看，中非共和国将一直面临较高的经济物价风险。

五、经济潜力风险指数趋势

时至今日，中非共和国仍处于贫穷落后状态，局势动荡给中非共和国经济快速健康发展带来了巨大的阻碍。科学技术的落后和教育资源的匮乏使其第三产业极度不发达，工业生产落后，80%依靠进口，主要以农业经济为主。这一方面说明其经济潜力空间较大，主要体现在其具有丰富的矿藏和钻石以及石油和名贵热带木材，另一方面表明中非共和国经济潜力风险值较高，面临发展机遇，具体体现为其较高的经济潜力风险指数和较高的经济潜力空间比值，前者整体位于48—100之间，后者位于1.8—3.5之间，且两者走势保持相一致（参见图7–17和图7–18）。

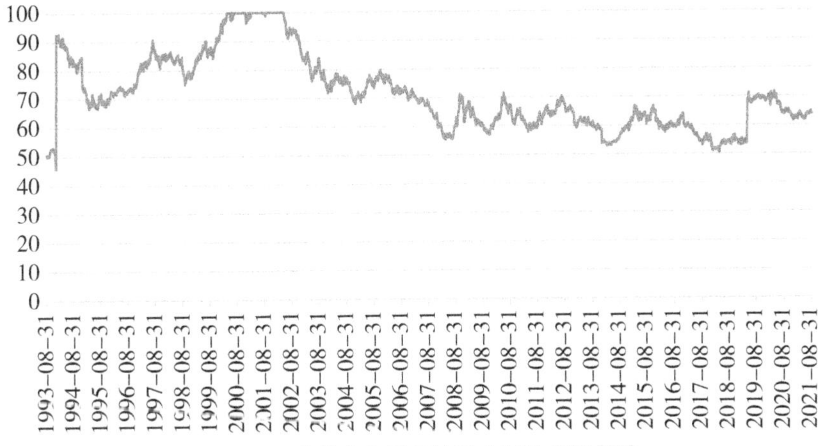

图 7–17　中非共和国经济潜力风险指数趋势

资料来源：北京睿信科全球风险管理平台（www.sunrisk.cn）。

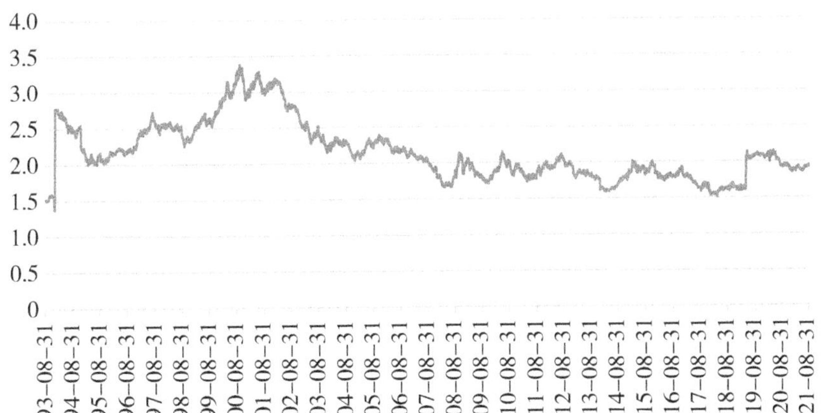

图 7–18　中非共和国经济潜力空间比值走势

资料来源：北京睿信科全球风险管理平台（www.sunrisk.cn）。

以不同时期内的重大事件为转折点，中非共和国经济潜力风险大致可以划分为5个阶段：一是1993年6月—1994年年初，受新任总统上任这一事件影响，经济潜力空间比值骤然从1.49上升到2.78，与此同时，经济潜力风险指数也同幅度上升了近一倍；二是1997年1月—2000年4月，随着中非法郎贬值，其经济潜力水平也随之上升，此阶段经济潜力风险指数整体位于70—100范围内，同期经济潜力比值在2—3之间波动；三是2000年5月—2002年5月，短期内中非共和国国内政治局面稳定，加之20世纪末与国际货币基金组织和世界银行达成的执行结构调整的计划已经开始起到积极作用，此时中非共和国经济潜力风险指数保持在100，同时，经济潜力空间比值介于3—3.5之间；四是2003年—2008年，2003年中非共和国国内局势再度动荡，加之2008年经济危机影响，这一时期中非共和国经济潜力空间比值一直处于下行趋势，整体位于1.8—3.0之间，对应的经济潜力风险指数也处于一路下行状态，从87下降到55，降低了近三分之一；五是2008—2021，随着中非共和国政局逐渐稳定，积极争取国际援助，重点发展农业，加大教育投入，鼓励私营企业发展，经济得到了一定程度的发展，经济潜力空间比值2.0线上下小幅波动，经济潜力风险指数在70附近小幅波动。

尽管中非共和国没有大规模暴发新型冠状病毒感染，但受外部大环境影响，近两年中非共和国经济潜力风险指数下降，对应风险增加，经济潜力空间减小。未来几年，随着全球经济环境好转，美元兑中非法郎进一步升值，中非经济潜力空间还有进一步上升空间，但总体潜力不高。

第三节　几内亚系统性风险趋势

几内亚共和国，简称几内亚，地处西非西岸，北邻几内亚比绍、塞内加尔和马里，东与科特迪瓦、南与塞拉利昂和利比里亚接壤，西濒大西洋。

一、系统性风险趋势

几内亚系统性风险指数从1994年6月20日开始有数据。从频率分区间的分布来看，几内亚系统性风险指数主要在18—40之间波动。系统性风险指数体现出几内亚存在一定的系统性风险，可能与几内亚政局动荡不稳定、经济结构单一、绝大多数消费品完全依赖进口、经济增长依赖铝土矿和黄金出口、基础设施相对不健全、国际外债负担较重等因素有关。从几内亚系统性风险指数常年小于40，体现出几内亚国家的脆弱性，因此相较于外部冲击带来的影响，国家内部的政治、经济等因素对其系统性风险应起决定性作用。

几内亚系统性风险指数趋势可分为以下3个阶段。一是1994年6月20日—2004年6月29日，波动中上行。二是2004年6月30日—2010年6月30日，迅速下落后波动中上行。三是2010年7月1日—2021年8月31日，总体波动中上行，其间经历两次迅速下落。

第一阶段，几内亚系统性风险指数逐渐攀升，2002年12月26日达到峰值39.84。几内亚于1993年12月19日选举确认原军政府领导人兰萨纳·孔戴当选总统，并于次年1月宣布第三共和国成立，国家形势较为安定，处于经济建设期，系统性风险指数缓慢攀升。

第二阶段，几内亚系统性风险指数迅速下落至逼近20，而后继续缓慢上升35左右。2003年，国内政治情况劣化，指数迅速下跌，而后指数一直保持反复波动，政局的不稳定带来政策时滞性，直到2008年前后，指数才随着国家建设而逐步上升。

第三阶段，几内亚系统性风险指数总体保持上升，但其中2010年9月20日和2016年6月20日迎来两次下跌，分别跌至19和17。2008年12月，孔戴总统病逝，次日部分军人发动政变并于2009年1月组建过渡政府，并于2010年军政权才宣布还政于民，由此带来的外部援助中断和政局动荡等因素，使指数在此阶段迎来第一次迅速下跌。2014年3月埃博拉病毒疫情的巨大冲击，给几内亚政治、经济、社会各领域均造成巨大影响，风险及群众不安情绪的积聚，使指数迎来此阶段的第二次迅速下跌。总体上看，通过国际外资的援助、孔戴政府对基础设施建设和农业的重视，国内经济整体向好发展，指数保持稳步上升。综上，不难发现几内亚系统性风险指数的回落均与其政治形势重合，可见其系统性风险的最深层次的因素是国内政治。

未来两年，预测几内亚系统性风险指数将主要在18—40的区间内波动。考虑到新型冠状病毒感染的缓和、全球经济缓慢复苏、进出口恢复向好，几内亚经济将逐渐好转，但经常账户赤字是一个重大压力，未来该方面可能会导致系统性风险上升，存在较大风险（参见图7–19）。

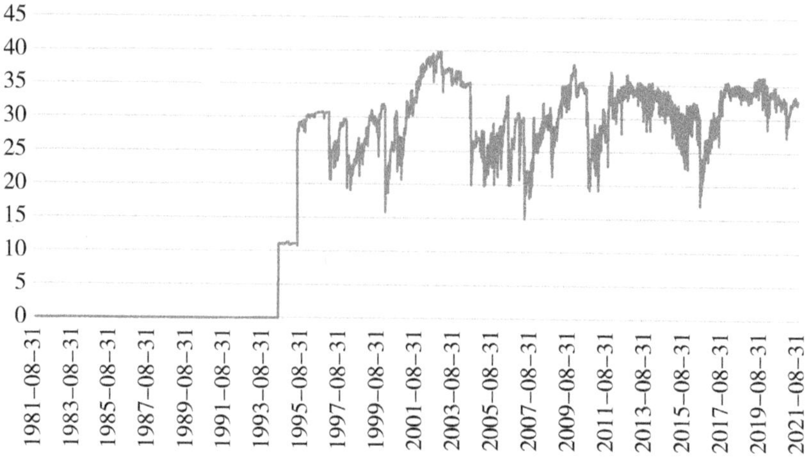

图 7-19　几内亚系统性风险指数趋势

资料来源：北京睿信科全球风险管理平台（www.sunrisk.cn）。

二、汇率风险趋势

几内亚货币是几内亚法郎。几内亚实行有管理的浮动汇率制度，官方汇率由前一天各商业银行与客户成交汇率按交易量加权计算得出。2016年1月4日起，几内亚中央银行通过每两周1次的竞争性拍卖来干预外汇市场调节汇率，并定期公布汇率市场干预的信息。

几内亚汇率风险指数从1994年6月20日开始有数据。从频率分区间的分布来看，几内亚汇率风险指数在0—100之间大幅波动，自2017年末起波动区间收窄，整体上风险水平有所降低。从美元兑几内亚法郎的汇率走势图可以看出，美元兑几内亚法郎的汇率自976上升至最高点10193.26，总体上呈现美元升值，几内亚法郎快速贬值的趋势。本报告以汇率风险指数为基准，参考美元兑几内亚法郎汇率，可将几内亚汇率风险指数划分为以下5个阶段（参见图7-20和图7-21）。

第一阶段：1995年6月至2000年1月。这一阶段，几内亚汇率风险指数大部分时间稳定在50线以上，但呈波动下行趋势。20世纪末，几内亚发行第二套货币，总体面值偏小，在新兴政府的控制下整体汇率保持稳定，风险指数高位波动。1997年亚洲金融危机的冲击以及1999年欧元的诞生，使得当时与法国法郎挂钩的几内亚法郎受到影响，发生贬值，同时几内亚汇率风险指数趋势也骤降至0线，降幅巨大，系统性危机爆发。

第二阶段：2000年1月至2004年7月。这一阶段指数呈波动上行的态势，大部分时间回升至50线以上，风险较小。但受到2003年几内亚总统选举和2004年国际石油价格向上波动的影响，汇率风险指数再次骤降至0线以下，危机爆发。

第三阶段：2004年7月至2010年9月。这一阶段指数大多处于50线以下，风险较大。该时期几内亚国内局势不稳定，以此带来的货币政策低效率，使得美元兑几内亚法郎汇率迅速上升，不断积聚的风险在2010年终于爆发，汇率风险指数再次骤降至0线以下。

第四阶段：2010年9月至2016年6月。这一阶段指数回升到50线以上，风险较低。其间，2014年几内亚暴发埃博拉病毒疫情，给经济带来冲击，几内亚法郎贬值，同时导致指数出现下跌。2015年总统选举期，国内形势再次变化，导致指数再次骤降至1.1点。

第五阶段：2016年6月至2021年8月。这一阶段指数总体回升，保持50线以上高位波动，风险较低。孔戴总统第二任期之内，对内加强宏观经济调控，对外积极寻求国际支持。且西非国家经济共同体15个成员国计划于2027年推出"ECO"统一货币，预计能有效拉动几内亚在内的西非国家经济增长，脱离与欧元挂钩的时代。

未来两年，随着美元从强势向弱势转化，美元兑几内亚法郎的汇率可能会贬至7000左右，但几内亚近期内部局势动荡带来了较大不确定性，几内亚法郎的汇率风险指数可能会从高位下跌。

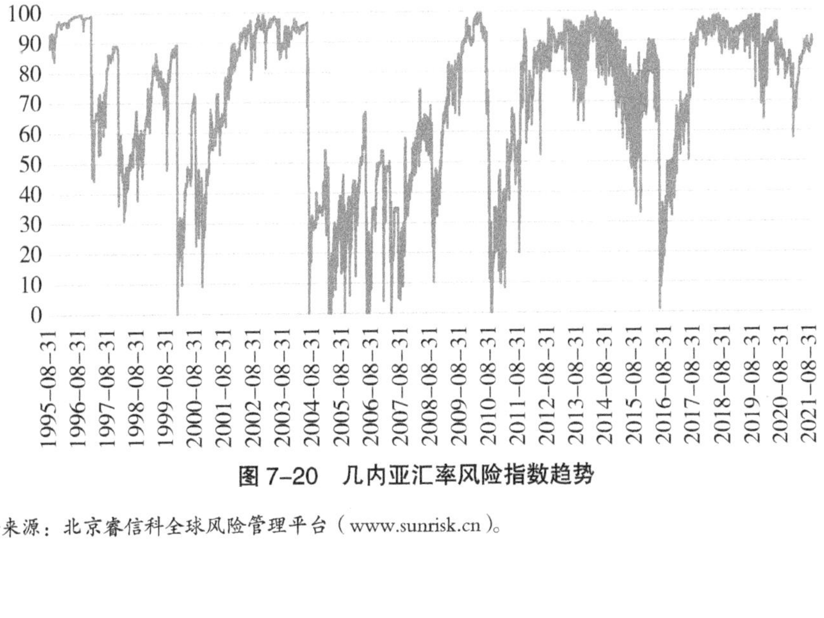

图7–20　几内亚汇率风险指数趋势

资料来源：北京睿信科全球风险管理平台（www.sunrisk.cn）。

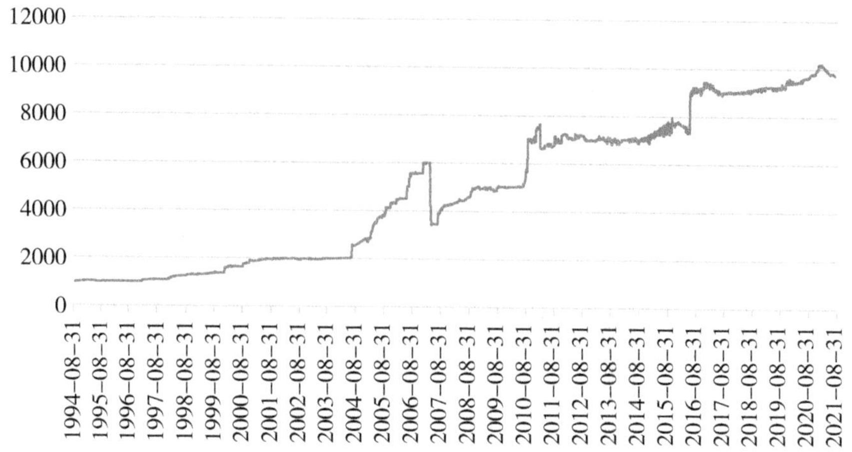

图 7-21 美元兑几内亚法郎汇率走势

资料来源：北京睿信科全球风险管理平台（www.sunrisk.cn）。

三、国债风险指数趋势

几内亚国债风险指数数据缺失，可从政府收支余额占GDP比重和政府债务余额占GDP比重走势来观察。

几内亚财政收支大多时间表现为赤字，其剧烈波动主要是受政治局势和疫情冲击影响。1990年其财政赤字占GDP比重为3.9%，1998年收缩至0.5%，2003年再度扩大至4.7%，到2007年转化为财政盈余，占GDP比重为1.3%。随后受总统病逝与政变的影响，此后再度转化为赤字，且在2010年达到9.7%的历史性高点。2011年赤字收缩至0.9%以后，由于埃博拉病毒疫情的影响，2015年赤字率扩大至6.9%。2016年收缩至0.15%后保持相对稳定。2019年IMF预计几内亚财政赤字会在短暂扩大后，收缩保持在2%左右，低于欧盟3%的标准安全线，能较好控制风险。

几内亚政府债务余额占GDP比重从1990年的71.6%上升至2005年的97.9%。2012年9月，几内亚达到重债国减债标准（PPTE），其总额为31亿美元的外债被减免三分之二，约合21亿美元，外债负担大幅减轻。由此债务余额占GDP比重下行至2012年的27.2%，2018年小幅上行至38.7%。IMF预计未来几年将保持在40%左右波动，低于欧盟设定的60%的安全标准线，预示着未来几内亚政府债务风险相对较低（参见图7-22）。

从整体来看，几内亚财政收支失衡风险和政府债务风险都处于欧盟设定标准线以下，但受近期政治局势变化影响，预计未来会产生较大波动。

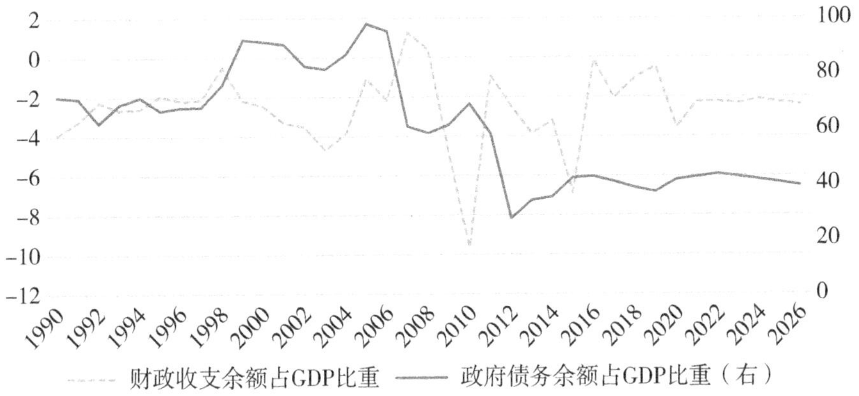

图7-22 几内亚政府债务和财政收支余额占GDP比重走势（%）

资料来源：北京睿信科全球风险管理平台（www.sunrisk.cn）。

四、经济物价风险指数趋势

几内亚缺乏经济物价风险指数，可从年均PPP走势来观察（参见图7-23）。

从几内亚的PPP走势可以看出，从1980年的64.31到2002年的696.18属于平稳增长期，经济物价风险较低。但2003年开始急速增长，至2018年数据显示已高达3455.85，币值购买力下降，出现恶性通货膨胀，严重威胁实体经济的发展。IMF预计未来几年其PPP将继续陡峭上升，根据2021年9月的相关事件，预计其经济物价风险仍然很高，必须警惕。

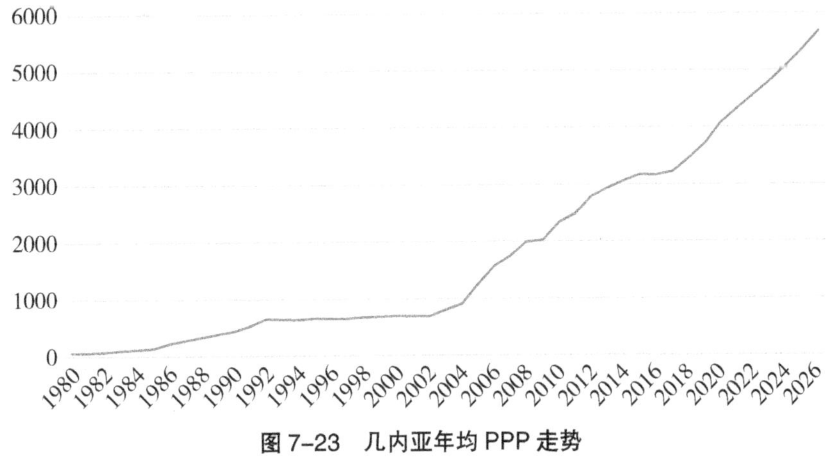

图7-23 几内亚年均PPP走势

资料来源：北京睿信科全球风险管理平台（www.sunrisk.cn）。

五、经济潜力风险指数趋势

几内亚经济潜力风险指数从1994年6月20日开始有数据。从几内亚经济潜力空间比值走势图来看，其比值在1.8—4.5之间波动，经历波动上行和波动下行两个阶段。从频率分区间的分布来看，几内亚经济潜力风险指数在50—100的区间内波动，不存在低于50线的情况。几内亚作为最不发达的国家之一，凭借其优质丰富的铝土矿、黄金等矿产资源，在部分年度区间其经济潜力空间比值有冲破3以上的表现，显示其仍存在较好的经济潜力发展空间。

几内亚经济潜力风险指数与其经济潜力空间比值走势基本一致，整体呈现“几”字形。1994年6月—2002年12月，经济潜力空间比值从1.66波动上升至3.02，经济潜力风险指数从55.23缓慢上升至100，主要与国家经济发展开始步入正轨有关，整体风险呈渐低趋势。2002年12月—2011年3月，经济潜力空间比值在2.24—4.16的区间较大幅度波动，经济潜力风险指数在78—100的区间内波动，其间美元兑几内亚法郎有两次大幅升值然后快速贬值，但整体仍为升值走势。2011年3月—2021年8月，经济潜力空间比值在2—2.65的区间内波动，经济潜力风险指数在69—88的区间内波动，波动区间收窄，其间美元兑几内亚法郎在波动中持续升值。

2016年6月以来，几内亚经济潜力风险指数与其经济潜力空间比值在波动中有下滑趋势，2021年9月再次发生军事政变，预计未来两年，经济潜力风险指数将在波动中下行，经济潜力空间比值将逐渐下滑，有较大风险（参见图7-24和图7-25）。

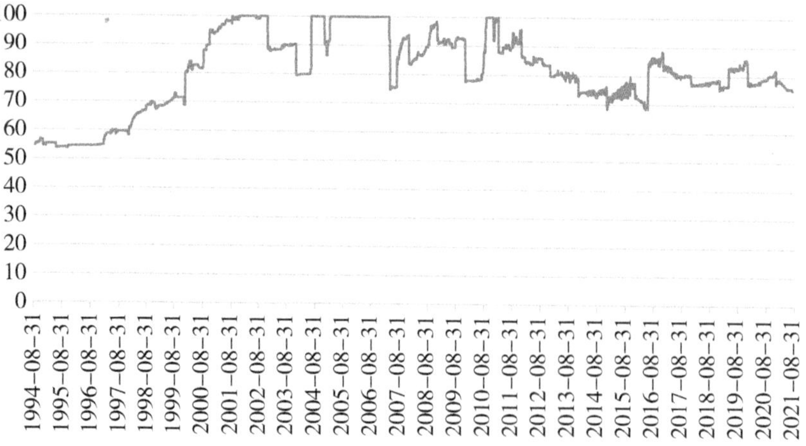

图7-24 几内亚经济潜力风险指数趋势

资料来源：北京睿信科全球风险管理平台（www.sunrisk.cn）。

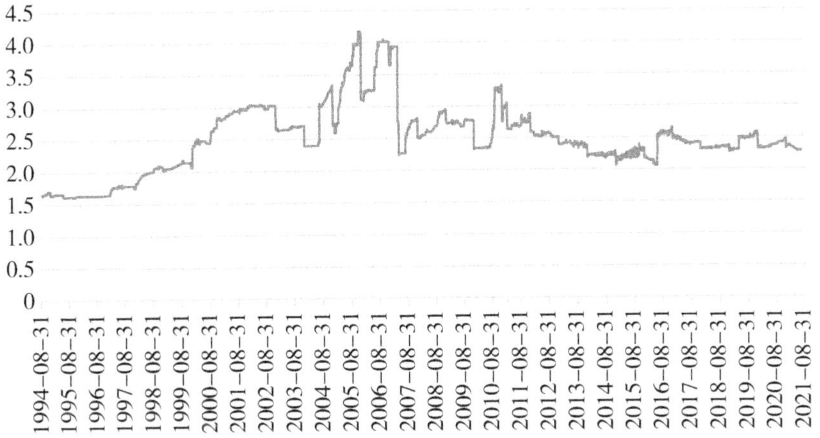

图 7-25　几内亚经济潜力空间比值走势

资料来源：北京睿信科全球风险管理平台（www.sunrisk.cn）。

第四节　海地系统性风险报告

海地共和国是拉美第一个独立共和国，位于加勒比海北部，伊斯帕尼奥拉岛（海地岛）西部。东与多米尼加共和国相邻，北濒大西洋，西与古巴和牙买加隔海相望，大部分国土为山地，其余为平原和高原。

一、系统性风险趋势

海地是世界上经济最不发达的国家之一。海地系统性风险指数的数据起始于1993年6月9日。整体而言，海地系统性风险指数常年低于50线，截至2021年8月31日的7366天内，有5330天位于25—35水平，并且波动频率较大。海地系统性风险指数呈现的这些特征表明其系统性风险常年处于较高水平，这与海地政局动荡、经济发展落后、资源匮乏、文化教育长期落后、常遇自然灾害等因素有着密切的联系。

1996—1999年，海地国内政治环境相对稳定，加上国际基金货币组织对其进行经济救助，系统性风险指数整体呈现上升的趋势，逐渐从20上升至30—40的区间内。2000年，美股科技股泡沫破裂，而美国是当时海地最大的援助国，因此海地系统性风险受此影响跌到20—30的区间内。2001年至2009年，海地系统性风险有整体下降的趋势，并且其波动的范围也在缩小，从20—35的区间缩小至30—35的区间。2010年1月12日，海地曾发生7.3级毁灭性地震，造成了22万—30万人死亡，另有30万人受伤，直接经济损失达140亿美元。因此从2010年开始的5年内，海地系统性风险指数开始下降，从35左右的水平跌至20以下。此后的两年，在联合国的救助下，系统性风险指数稍有提升，但2018年开始，海地系统性风险指数又呈现了下降的趋势，甚至跌破了10，这主要是因为2018年10月海地北部发生的5.9级地震，2021年7月，海地总统遇刺身亡，海地整个国家局面陷入混乱之中，并进入紧急状态，随后新政府虽在一定程度上稳定了局面，但2021年8月14日，海地又迎来了一场7.3级的地震，随后热带风暴“格蕾丝”的到来又加重了地震救灾工作的难度。同时对医疗设施落后的海地而言，新型冠状病毒感染的暴发使得其处境更加艰难，因国家缺乏储存疫苗的设施，直至2021年7月海地才开始接种疫苗，而接踵而来的灾难增加了疫情蔓延的风险（参见图7-26）。

因此，海地未来形势不容乐观，系统性风险指数可能主要在18—25左右波动，若再遇严重自然灾害、政治局面进一步恶化、联合国减少对其救助或者与其他国家产生摩擦等情况，海地系统性风险指数可能会再次出现跌破10线的危险局面。

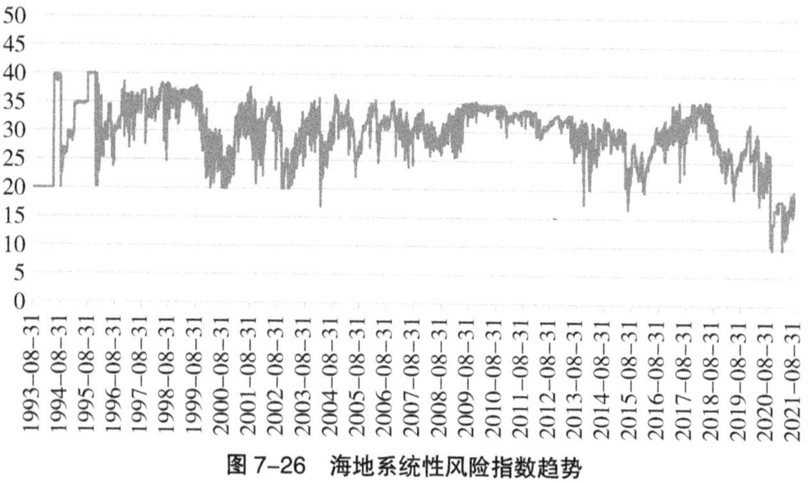

图7-26　海地系统性风险指数趋势

资料来源：北京睿信科全球风险管理平台（www.sunrisk.cn）。

二、汇率风险趋势

海地的官方货币为古德，从美元兑古德汇率趋势图和海地古德汇率风险指数趋势图来看，古德有贬值的趋势，美元兑古德汇率整体上呈现出上升的趋势，曾在1993年8月达到最小值11.85，2020年8月达到最大值116.82，其间上升了约9倍，汇率风险指数在0—100之间大幅波动，汇率风险较高（参见图7-27和图7-28）。

整体而言，古德汇率风险指数波动较大，在0—100之间波动，波动范围较大且较为频繁，多次出现剧烈波动，说明海地汇率稳定性较低，汇率风险较大。2004年起，联合国维和部队进驻海地，在一定程度上缓解了海地的混乱局势，因此海地古德汇率风险指数开始呈现上升的趋势。海地经济以农业为主，由于其经济实力较弱，对外援的过度依赖使得其汇率极易受到影响，稳定性低。

根据美元兑古德汇率趋势图，古德整体上具有贬值的趋势。1993年，美元兑古德汇率在12水平左右，随后呈现整体上升的趋势，在2008年汇率上升至40水平左右。在2009—2012年这段时间内汇率较为稳定，位于40水平左右的水平，对应的汇率风险指数大致维持在80—100的区间内，且波动幅度较小。2020年9月汇率出现了大幅度跳动，从1美元兑105.71古德降至了1美元兑67.30古德，同时，当日汇率风险指数也跌至0线。骤降后的5个月间，美元兑古德汇率维持在60—70的区间内，随后波动上行。

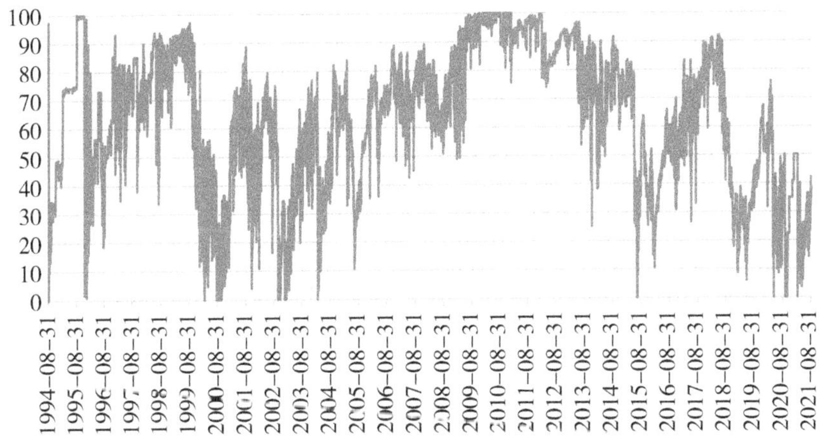

图 7-27　海地古德汇率风险指数趋势

资料来源：北京睿信科全球风险管理平台（www.sunrisk.cn）。

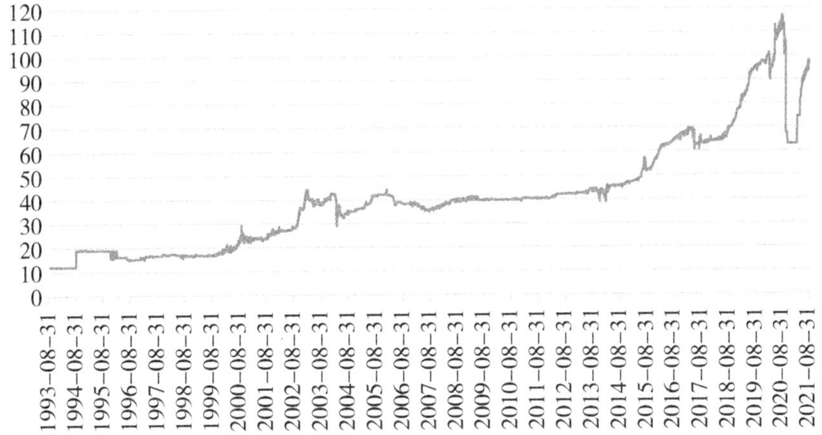

图 7-28　美元兑古德汇率趋势

资料来源：北京睿信科全球风险管理平台（www.sunrisk.cn）。

三、国债风险指数趋势

海地缺少国债风险指数相关数据，但可以根据海地的财政收支余额和政府债务总额分别占GDP的比重大致分析其国债风险。

根据IMF数据，海地政府债务总额占GDP的比重在1997—2020年整体处于20%—40%水平，其中有21年分布在20%—35%，因此20%—35%为其主要的分布区间。受到干旱等自然灾害的影响，海地政府债务总额占GDP的比重在1997—2003年整体呈上升趋势，在2003年达到最大值38.71%。之后由于国际援助力度加大，海地国内政局相对稳定，海地政府债务总额占GDP呈现下降趋势，在2009年达到最低水平19.83%。2010年以后，海地陷入了灾难频发的阶段，2010年7.3级毁灭性地震，2014年连降暴雨，2016年遭受飓风袭击，2018年再次地震，2020年全球疫情暴发，国内经济发展严重受阻，政府财政状况持续恶化，政府债务总额占GDP的比重整体上呈现上升的趋势。但由于2010年发生地震后，世界银行宣布免除海地在今后五年的所有债务，这在一定程度上减轻了海地政府的负债情况，因此虽然灾难频发，但依然没有突破2008年前的占比，整体维持在30%以内（参见图7-29）。

海地的财政收支余额占GDP比重在1997—2020年整体处于-4%—1%的水平，其中有18年分布在-3%—0%，因此-3%—0为主要的分布区间。海地的财政收支余额占GDP比重仅在1997、1998、2016年及2017年为正，并且2016年和2017年仅有0.02%。自1997年起海地的财政收支余额占GDP比重便有下降趋势，在2013年达到最低点-4.09%，随后2015年开始，海地财政收支状况开始好转，在2016及2017年该比重突破了0，实现了财政盈余，但好景不长，2020年受疫情冲击较大情况又一次恶化。

海地的财政收入由于得到国际援助，因此政府债务总额占GDP近年来大都维持在30%以内，相比于欧盟规定的政府债务余额占GDP比重不超过60%的标准，债务压力暂时不大。其财政收支虽然目前处于赤字的状况，但好于欧盟规定的财政赤字占GDP比重不超过3%的标准。不过，2021年以来，受地震、热带风暴“格蕾丝”以及总统遭刺杀的政局动荡等影响，联合国可能会减少或停止对其救助，这可能会导致海地国债风险加大。

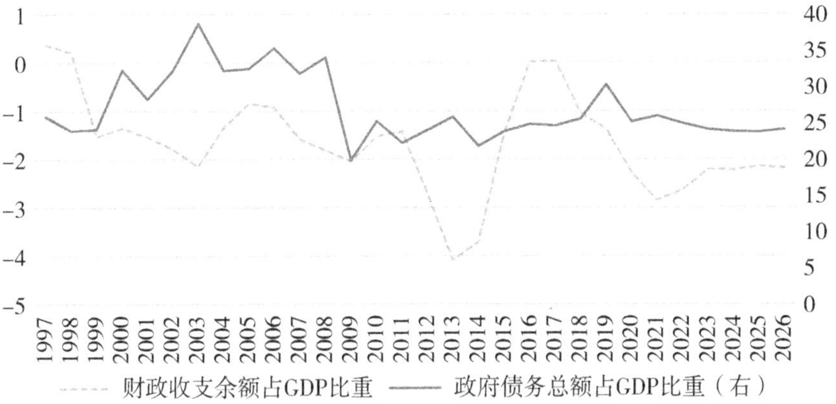

图 7–29 海地国家财政收支余额 / 政府债务总额占 GDP 比重（%）

资料来源：北京睿信科全球风险管理平台（www.sunrisk.cn）。

四、经济物价风险指数趋势

由于海地缺少经济物价风险指数，因此从其年均消费者物价指数（CPI）走势来观察其经济物价风险。根据海地CPI年均走势图，总体而言波动起伏较大，经济物价风险较高，1986、1987年及2009年年均CPI降至0以下，出现了一定程度的通货紧缩，1986年达到最低点 −11.35%。整体在 −10%—40% 间波动，波动幅度较大。

海地整体通货膨胀严重，1982—2020年，39年间有26年CPI大于10%，甚至有6年CPI大于20%，通货膨胀较为严重。根据IMF预测，未来几年，海地CPI将有所下降，主要在10%—20% 的区间内波动，经济物价风险较高（参见图 7–30）。

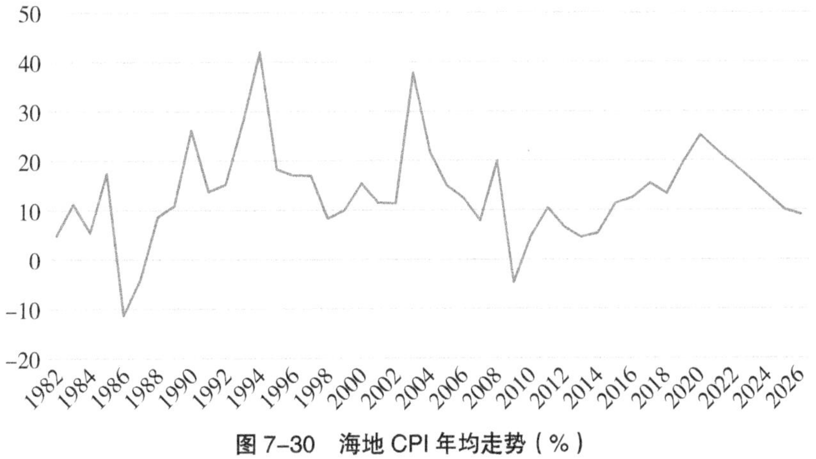

图 7–30 海地 CPI 年均走势（%）

资料来源：北京睿信科全球风险管理平台（www.sunrisk.cn）。

五、经济潜力风险指数趋势

海地是世界上最不发达的国家之一，经济状况发展艰难，近7成人口没有固定工作，近一半人口挨饿。贫穷导致海地社会治安恶化，政府没有公信力，部分政策无法执行，因此没有人愿意到海地投资，只能依靠国际援助，这形成了一个恶性循环。

从经济潜力空间比值的经验标准来看，发展中国家高于3是安全的，新兴市场经济体高于2是安全的，1.5是临界线，发达国家在1左右是安全的。根据海地经济潜力空间比值走势，其值常位于3以下水平，2021年第一季度甚至达到了最低点1.24水平。

海地经济潜力风险指数趋势整体上位于40—100水平，2019年来有下降的趋势，并且在2020年年底跌破50线，2021年第一季度达到历史最低水平41.19点，随后稍有上升的迹象。对于海地的经济潜力分析，可大致分为3个阶段：第一个阶段为1993—2005年，第二阶段为2006—2019年上半年，第三阶段为2019年下半年至今（参见图7–31）。

第一阶段中，海地经济潜力风险指数基本维持在90—100的范围内，经济潜力空间比值也基本在3以上。1993年起，联合国开始对海地进行扶贫工作，因此在1993—2005年这段时间内，海地的经济潜力是较大的，具有发展前景的。

第二阶段中，海地经济潜力风险指数在波动中形成了一个“U”形，经济潜力空间比值也在2—3间形成了一个“U”形。2010年1月12日，海地曾发生7.3级毁灭性地震，直接经济损失达140亿美元，2016年10月和2017年9月遭受飓风重创，2018年10月海地北部发生了5.9级地震……接连不断的重大自然灾害，加上森林覆盖率低、水土流失严重，让依靠热带经济作物种植业的海地陷入了经济发展困境。

第三阶段中，海地经济潜力风险指数呈现下降的趋势甚至在2020年年底跌破50线，随后达到历史最低水平41.19，经济潜力空间比值也跌破了3并达到了历史最低值1.24。虽然之后有上升的趋势，但是2021年7月海地国内政治动荡不安，加之从1993年开始，联合国就开始了针对海地的扶贫工作，前后援助超过80亿美元，但总体成效有限。因此结合当前形势，其经济潜力空间比值虽有上升趋势，但可能难以突破3（参见图7–32）。

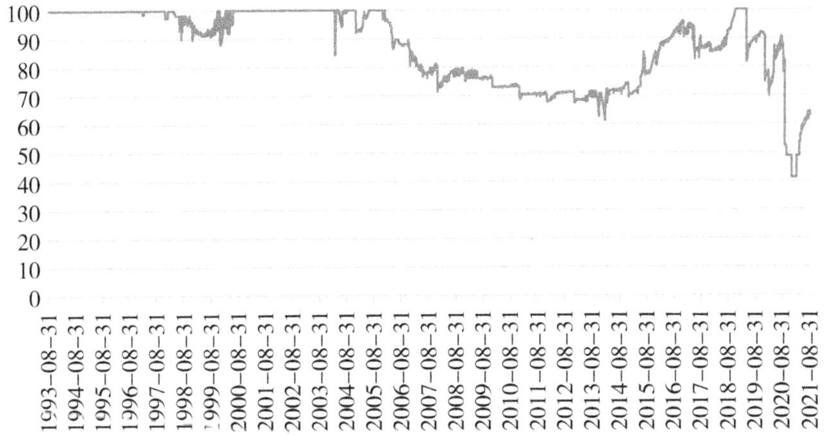

图 7-31　海地经济潜力风险指数趋势

资料来源：北京睿信科全球风险管理平台（www.sunrisk.cn）。

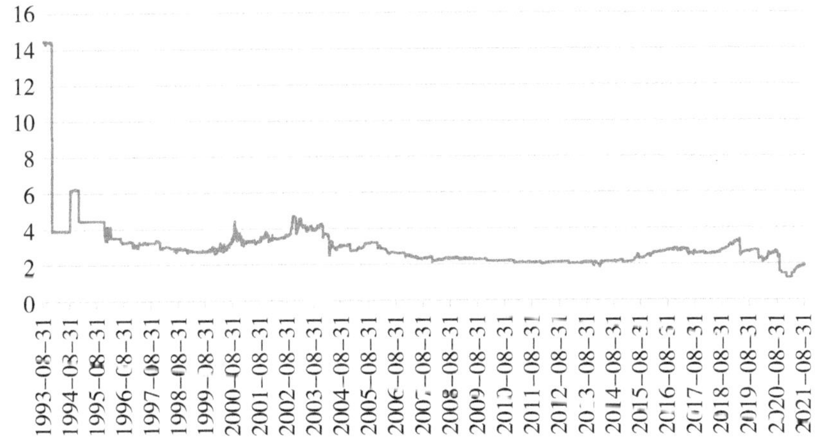

图 7-32　海地经济潜力空间比值走势

资料来源：北京睿信科全球风险管理平台（www.sunrisk.cn）。

第五节　阿根廷系统性风险趋势

阿根廷全称为阿根廷共和国，西班牙语意为“白银”，最早因西班牙殖民者抵达此地以为发现了盛产白银的宝地而得名。阿根廷位于南美洲南部，东濒大西洋，西临智利，北部和东部与玻利维亚、巴拉圭、巴西、乌拉圭接壤。2020年人口为4538.8万人，GDP规模3882.79亿美元，人均GDP为8554.64美元，是南美洲第二大经济体。

一、系统性风险趋势

阿根廷系统性风险数据始于1989年1月3日，从频率分区间的分布来看，其系统性风险指数整体处于50线以下，系统性风险水平较高。受20世纪80年代拉美债务危机影响，1993年以前系统性风险指数一直处于20线以下，此后主要集中在20—50之间。

阿根廷的系统性风险指数趋势可从6个阶段来看：一是1989年1月—1998年7月，指数低位中波动上行，并在一段时期内保持相对平稳；二是1998年8月—2003年6月，指数呈“倒N形”波动；三是2003年7月—2008年5月，指数波动中上行；四是2008年6月—2015年10月，指数呈“W形”波动；五是2015年11月—2019年11月，指数在一定区域内震荡；六是2020年12月—2021年9月，指数波动在低位保持相对平稳。

第一阶段：拉美债务危机导火索被点燃后的自救，系统性风险波动中缓和。20世纪70年代包括阿根廷在内的拉美国家盲目借债发展经济为20世纪80年代受国际经济不利环境影响而爆发的债务危机埋下导火索，阿根廷在这场债务危机中未能幸免，经济大幅衰退，此后系统性风险一直处于极高水平（10线以下）。1991年起阿根廷实施以私有化为核心的经济政策，实行比索兑美元1∶1固定汇率制，阿根廷经济重新步入增长轨道。经过两年的经济调整，系统性风险有所缓和，1993年至1998年7月系统性风险指数在30到45之间周期性波动。

第二阶段：前遇金融风暴，后遭经济危机，系统性风险的失败“挣扎”。1998年下半年以来，受东南亚金融风暴、俄罗斯金融危机和巴西金融动荡影响，阿根廷经济开始滑坡，外债压力加剧，财政与金融崩溃，最终于2001年年底因无力偿还外债而爆发严重的经济危机，此后两年也一直深陷债务危机之中，系统性风险指数一度处于30线以下，并向下突破20低位线。

第三阶段：以偿还外债为核心工作的“阿根廷模式”下，系统性风险得到了一次有效缓和。在经历2001年经济危机之后，阿根廷历届政府把偿还外债作为核心工作，由于国际融资艰难，被迫立足国内，强化政府干预，实施进口替代，通过刺激出口、限制进口确保外贸盈余，同时严格外汇管制，形成“阿根廷模式”，一度取得较好成效。2003年至2008年，阿根廷经济实现较快增长，系统性风险指数也在波动中上升，2008年7月以前系统性风险指数一度在40—50的相对高位区间内波动。

第四阶段：严峻的国际形势下系统性风险指数的“W形”波动。2008年7月以来，受到美国次贷危机引发的全球金融危机影响，阿根廷外部经济环境恶化使得阿根廷系统性风险骤升，后在全球宽松的货币财政政策环境下又有所好转。但自2012年以来，受欧美债务危机引发的新一轮全球金融动荡影响，阿根廷经济增速明显放缓，通货膨胀高企，本币贬值，外汇储备下降，系统性风险又再一次上升。虽然2014年年初以来，阿政府采取放松外汇管制、提高利率、减少财政补贴等举措，使得阿根廷的宏观经济形势好转。但在2014年7月阿政府与“秃鹫基金”债务谈判失败，阿根廷陷入技术性债务违约的条件下，系统性风险指数并没有上升至危机开始前，且较危机前的高点下降约40%。

第五阶段：在马克里政府有效政策实施下系统性风险指数的区域内震荡。马克里在任期间（2015年11月—2019年11月），推行经济改革，陆续出台取消外汇管制、放松进出口管制等举措，并于2016年2月成功解决“秃鹫基金”债务纠纷，使得阿根廷时隔15年后重返国际资本市场，阿根廷宏观形势发展较好。但自2018年4月底以来，受美联储加息预期等内外因素影响，阿根廷经济金融形势剧烈波动，本币比索急剧贬值，系统性风险指数降至20线左右。但随后阿根廷采取大幅加息、削减政府支出、调整政府经济团队等措施，并同国际货币基金组织达成571亿美元备用贷款协议，成功缓和系统性风险。在2019年全球降息潮下，阿根廷有效的货币财政政策再一次成功抵抗冲击，系统性风险指数于2019年11月突破40线。

第六阶段：费尔南德斯政府以解决债务为核心的政策主张与“疫情+石油价格”黑天鹅之下外债压力飙升的相互对抗，系统性风险的暂时平稳。2019年12月费尔南德斯上台执政后提出解决债务问题是推进阿根廷经济发展的重中之重，并通过新债置换旧债、债务展期、临时贷款、发行不可转让票据等方式，基本解决了其国内法项下的主权债务重组（约占债务总量的55%）。但疫情暴发和石油价格大幅下跌两个黑天鹅事件发生以来，新兴经济体外债负担被动加大。阿根廷自身疫情蔓延加剧加上全球贸易萎缩将冲击新兴经济体创汇能力，使其偿债能力进一步受损。在外债负担加大和偿债能力受损的双重压力下，阿根廷债务违约风险攀升，其经济陷入衰退，系统性风险指数在30线上下波动，风险较高。

未来两年，随着全球新型冠状病毒感染的治理情况逐渐好转，美联储加息计划可能被提前，进而导致资金外逃，全球新兴市场或发展中经济体汇率贬值，最终导致物价上涨，央行不得不大幅提升利率试图稳定汇率，控制物价上涨，但这也同时恶化了投资环境，阻碍了国内经济发展。此外，虽然新总统上台后解决了大量债务问题，但阿根廷目前所面临的债务压力仍然不容乐观，随着后续疫情状况的改善，阿根廷债务压力可能会有所缓解，但经济依然面临继续衰退的可能，预计系统性风险指数将继续在30线上下波动（参见图7–33）。

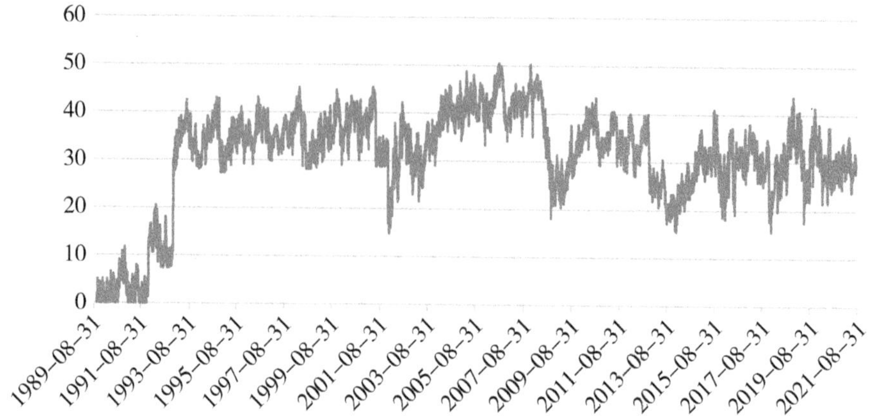

图 7-33 阿根廷系统性风险指数趋势

资料来源：北京睿信科全球风险管理平台（www.sunrisk.cn）。

二、股指风险指数趋势

股市是经济的晴雨表？阿根廷民众可能不这么认为。

阿根廷股指风险指数始于1989年1月3日，从频率分区间的分布来看，阿根廷股指风险指数在0—90之间呈周期型波动，符合股票市场特性，但指数大部分时期处于50线以下，股指风险整体较高。1989年1月3日至2021年8月31日，股指风险的显著上升主要发生在以下7个时期：一是20世纪80年代末爆发的拉美债务危机时期；二是从1997年7月的亚洲金融危机到1998年8月的俄罗斯金融危机，再到1999年1月拉丁美洲第一大经济体巴西爆发的金融危机，使得包括阿根廷在内的拉美各国股市的大幅动荡时期；三是2001年年底由高外债触发的阿根廷经济危机时期；四是2008年美国次贷危机引发的全球金融危机时期；五是2012年欧债危机带来的国际环境严峻期；六是2018年的比索快速贬值期；七是2019年8月阿根廷前任总统马克里初选失败和2020年年初开始的新型冠状病毒感染大流行时期。

从阿根廷股指走势来看，截至2021年8月31日，阿根廷股指较1991年1月1日上涨超800倍，1991—2021年的30年间，股指复合增速超20%，是当之无愧的“超级牛市”，这与阿根廷这20年间的经济状况大相径庭。

1991年以前，受拉美债务危机影响，在恶性通货膨胀下，阿根廷股指风险指数长期处于20线以下，股指风险较高。1991年《自由兑换法》的实施有效控制了恶性通货膨胀和恢复国内经济，股指风险指数在周期型波动中缓慢上升，股指风险有所缓解。2001年年底货币局制度隐含的潜在风险全面爆发引发经济危机后，比索兑美元1:1的联系汇率制度崩溃，比索开始了20年的贬值之路。在阿根廷对内高通货膨胀、对美元大幅贬值的情形下，由于股票属于真实资产、代表对实际企业资产的要求权，当地投资者将现金投资到资产之中来对冲通货膨胀，股市随之走高，股指在2021年8月31日达到76451.68的高点，股市泡沫严重。畸高的通货膨胀率和极端汇率贬值下货币泛滥驱动的股指疯涨使得这20年间的股指风险指数大幅波动，股指风险处于高位。

截至2021年8月31日，阿根廷在面临极大外债压力与通货膨胀威胁下，股指风险指数低至10.67，股指涨至76451.68点，当前的阿根廷股市积聚了大量泡沫。在短期内债务情况和通货膨胀水平得不到明显改善的情形下，预计未来阿根廷股指风险指数将仍然在50线以下波动，阿根廷面临较大的股指风险（参见图7-34和图7-35）。

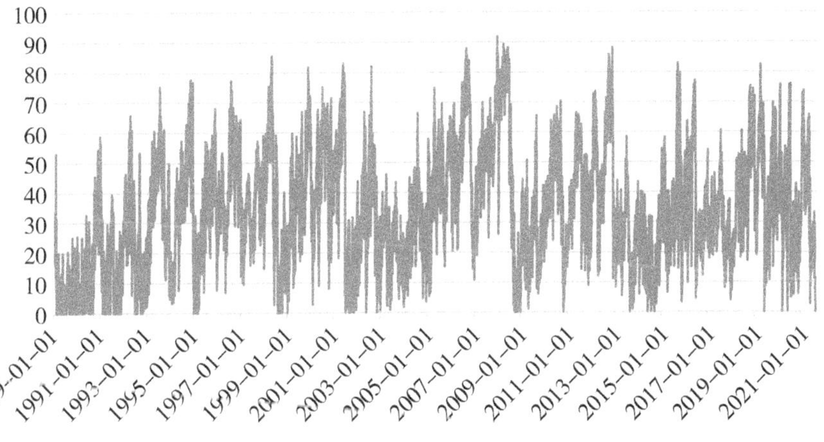

图 7-34　阿根廷股指风险指数趋势

资料来源：北京睿信科全球风险管理平台（www.sunrisk.cn）。

图 7-35　阿根廷股指走势

资料来源：北京睿信科全球风险管理平台（www.sunrisk.cn）。

三、汇率风险指数趋势

阿根廷的官方货币为比索，2002年以前，为遏制20世纪80年代债务危机引发的高通货膨胀，阿根廷采取了长达11年的货币局制度，即将比索和美元的汇率固定为1∶1。2002年后在高通货膨胀、高赤字、高外债、低外汇储备的威胁下放弃固定汇率制，实行浮动汇率制。从美元兑阿根廷比索的汇率走势图来看，自2002年货币局制度崩溃后，比索开始贬值，至2021年8月31日，美元兑比索为97.74。

阿根廷汇率风险指数趋势可以分5个阶段来看：一是1993年1月—2001年12月，指数处于高位平稳；二是2002年1月—2008年6月，指数在经济危机中骤降后回升；三是2008年7月—2010年12月，指数在全球金融危机蔓延下呈“V形”波动；四是2011年1月—2015年11月，指数的“N形”波动；五是2015年12月—2021年8月，指数的长期低位波动。

第一阶段：高通货膨胀背景下治标不治本的货币局制度出台，汇率风险爆发前的长昼。1991年，深陷高通货膨胀、高失业、高债务困境的阿根廷政府推出《自由兑换法》，将比索和美元的汇率固定为1∶1，要求央行用等量的外汇、黄金和其他外国证券担保比索的发行，保证两种货币可自由兑换。《自由兑换法》的实施抑制了恶性通货膨胀，阿根廷经济一度快速发展，此阶段汇率风险指数在90—100之间波动，汇率风险较低，但本身基础并不牢固的货币局制度所暗藏的汇率风险正在酝酿之中。

第二阶段：长昼结束，汇率风险的爆发与危机后的自救。国内方面，1995年，阿根廷为维持与美元1∶1的固定汇率，多次加息，比索币值被高估，其商品竞争力下降，经济增速低迷。货币局制度之下，政府只能通过施行更为积极的财政政策来刺激经济，造成了赤字规模不断上升和过度举债。国际方面，1998年亚洲金融危机和巴西金融动荡抑制了全球需求，经常项目逆差加剧，阿根廷出口创汇能力大幅下降。2000年和2001年，随着资本净流入的迅速减少和国内资本的抽逃，央行外汇储备及货币发行进一步下降。在过度举债与政府高赤字和央行外汇储备不足的威胁下，2002年1月，阿根廷放弃货币局制度，随后比索贬值40%，汇率风险全面爆发。伴随而来的还有债券市场大幅震荡，梅尔瓦股票指数大幅波动，形成“股债汇”三杀，经济继续在低谷徘徊，直到2003年才略有起色。2003年至2008年美元兑比索长期维持在1∶3的水准，汇率风险持续缓和，风险指数也在不断上升，伴随着2005年违约债务再谈判之后债务总量的大幅下降，汇率风险指数在2005年至2008年处于高位波动，汇率风险水平较低。

第三阶段：白昼中的一道霹雳，全球金融危机蔓延下汇率风险的“N形”波动。

2008年金融危机后，阿根廷经济遭受重创，汇率下跌、物价飞涨、民众抗议不断。汇率风险指数快速下降至50线以下，汇率风险水平飙升，随后在阿根廷政府的扩张性财政政策实施和经济改革下，汇率风险指数拉升至90线左右，汇率风险得到控制。

第四阶段：2021年后，在政府高福利政策下，双赤字带来汇率风险再度爆发。伴随着2011年以来克里斯蒂娜政府实施的高福利政策与2012年起阿根廷由于宏观经济环境显著失衡而导致的经济缓慢增长和通货膨胀高速发展，阿根廷出现经常账户和财政账户双赤字，并且呈逐年增加趋势，汇率风险指数陡降至50线以下，风险水平较高，这种状态一直持续到2015年年底马克里继任。

第五阶段：比索大幅贬值下汇率风险居高不下。2015年12月，马克里总统就职后推出一系列经济政策，放宽资本和外汇管制，对吸引外资进入取得了一定的积极成效，汇率风险指数也被拉升至80线左右。但放开外汇管制也导致了外汇储备大量流失，与此同时，为抑制政府支出而大幅削减公共补贴更是引起强烈的社会反弹，阿根廷比索飞速贬值。此后，2018年在美联储加息，美元走强的压力下，阿根廷央行8天内3次上调基准利率至40%，即使这样也没能挽回比索下跌的趋势，比索加速贬值。2019年8月马克里总统大选初期选举中意外败选，阿根廷再次上演股债汇“三杀”，阿根廷比索也跌至新低，汇市大幅波动，汇率风险指数降至30线以下。2020年以来，受到新型冠状病毒感染大流行影响，阿根廷经济宏观表现不佳，阿根廷比索持续贬值接近三位数，汇率风险指数长期在50线以下波动，汇率风险水平较高。

2021年8月31日，阿根廷的汇率风险指数为51.72，在当前阿根廷面临高通货膨胀、高赤字、高举债、低外储，且全球经济增速放缓、经济疲软的形势下，未来比索还有进一步贬值的可能，汇率风险指数预计将主要在50线以下的区间波动（参见图7-36和图7–37）。

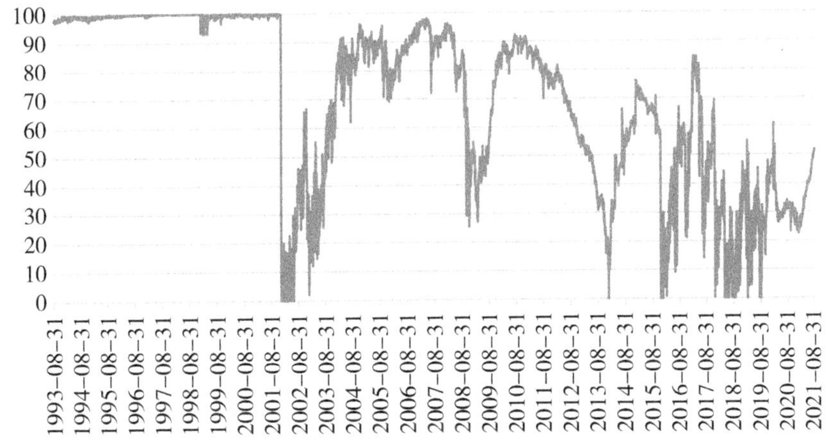

图7–36　阿根廷汇率风险指数趋势

资料来源：北京睿信科全球风险管理平台（www.sunrisk.cn）。

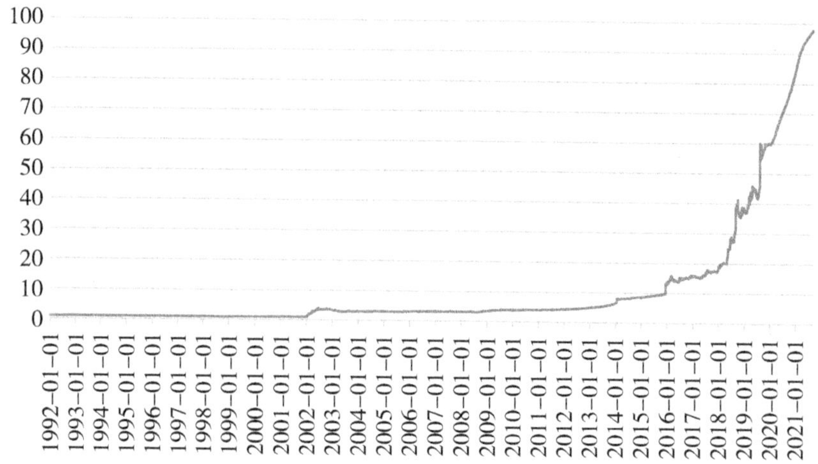

图 7-37 美元兑阿根廷比索走势

资料来源：北京睿信科全球风险管理平台（www.sunrisk.cn）。

四、国债风险指数趋势

由于阿根廷金融市场和经济发展程度相对较低，阿根廷没有国债风险数据。不过，可通过阿根廷政府的财政收支余额占GDP的比重和政府债务总额占GDP的比重的状况来大致分析其国债风险状况。

阿根廷的国债风险趋势可从以下4个阶段来看：

第一阶段（1992年1月—2001年12月）：赤字和债务螺旋上升，国债风险连年攀升。受19世纪80年代末债务危机影响，阿根廷公共财政连年赤字。1991年实施的经济政策仅在控制通货膨胀率和放开国内市场上发挥了效用，并没有如预期地通过技术进步和资本聚集提高生产率，从而实现经济增长。而彼时经济发展以对内为主、出口薄弱的阿根廷连年贸易逆差，此后伴随着资本项目收入下降，阿根廷只能靠举借外债来充实央行储备以保证联系汇率制的实施。1995年，受墨西哥金融危机影响，阿根廷转为负增长，同时，美联储奉行强势美元政策，提高加息速度。在货币局制度之下，政府只能通过更为积极的财政政策来刺激经济，造成了赤字规模不断上升，为弥补赤字，举借外债成为必然的政策选择。1998年，亚洲金融危机和巴西金融动荡放大了盯住美元制度下比索被严重高估的态势，进而导致阿根廷出口创汇能力低下，偿债能力严重受损，政府债务面临严峻考验。在这10年间，受财力限制的政府只能靠借新债还旧债，借新债支付利息，也即政府把应付的利息变成了新的债务，而难以偿还的高额债务又进一步加剧了财政赤字，该阶段下国债风险极高。

第二阶段（2002年1月—2011年12月）：以偿债为核心的政策实施下国债风险的缓和。2001年年底债务危机爆发后，2002年年初阿根廷政府债务总额占GDP比重高达147.20%，此阶段以处理债务问题为核心工作。2003年1月中旬与IMF就推迟偿还2003年上半年到期债务达成的短期协议、2005年债务违约再谈判、2010年债务重组后债务总量的下降，以及此后的一系列债务解决措施使得这10年间阿根廷的政府债务状况得到改善，2011年政府债务总额占GDP比重下降至38.94%。财政赤字伴随着债务总量下降在连年扩大，但没有突破3%的安全线，此阶段下的国债风险稍有缓和。

第三阶段（2012年1月—2020年2月）：阿根廷内部局势变化，国债风险的加剧与缓和。2012—2015年，政府施政出现大量偏差，在国际经济环境恶化、大宗商品价格下跌，以及国内经济刺激政策延续性减弱下，阿根廷出现了经济增长乏力、通货膨胀高企、民众生活压力增加等情况。高福利政策下的政府财政赤字不断扩大，占GDP比重突破6%，为弥补赤字，政府举债增加，政府债务占GDP比重接近60%安全线，此期间国债风险加重。2015年12月新总统上台后，减少政府补贴、削减财政开支，并于2016年2月与“秃鹫基金”达成总额为46.53亿美元的违约债务偿还原则协议，结束了长达15年的债务违约纠纷，阿根廷政府财政收支状况开始好转，上升的国债风险得到缓和。

第四阶段（2020年3月—至今）：疫情加剧国债风险，20年后的历史重演。国内方面，大规模新型冠状病毒感染下阿根廷的经济发展严重受阻，财政收入减少，而为了应对疫情，财政支出增加，导致阿财政赤字扩大，2020年财政赤字占GDP比重高达8.87%。国际方面，国际经济环境恶化对阿根廷的出口形成冲击，国际收支恶化，政府高赤字下外汇储备的减少使得阿根廷债务高筑。2020年阿根廷政府债务总额占GDP比重为103%，相对2002年爆发债务危机而言比重较低，但在超高的政府赤字下，国债风险不容小觑，甚至有超过2002年年初的态势。

高赤字和高举债是阿根廷政府面对的两大难题，在当前高通货膨胀、高失业等众多经济不利好条件下、短期甚至长期内这两大问题预计难以解决，阿根廷未来国债风险将持续高企（参见图7–38）。

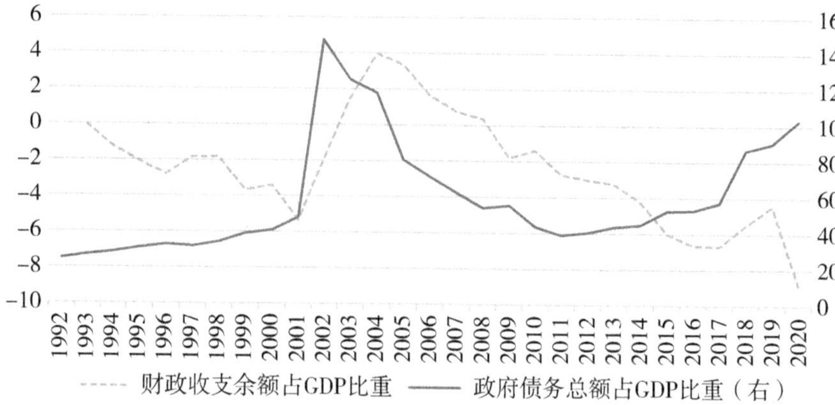

图 7-38　阿根廷财政收支余额与债务总额占 GDP 比重走势（%）

资料来源：北京睿信科全球风险管理平台（www.sunrisk.cn）。

五、经济物价风险指数趋势

由于缺少阿根廷经济物价风险指数的数据，本报告从其年度CPI的同比变化来大致分析经济物价风险状况。

CPI是反映与居民生活有关的产品及劳务价格统计出来的物价变动指标，通常作为观察通货膨胀水平的重要指标。阿根廷CPI同比变化数据始于1998年，从整体来看，CPI在这20年间呈趋势上涨，阿根廷面对严峻的经济物价风险。

2001年以前，在当时经济政策的推行下，阿根廷国内通货膨胀得到有效控制，2001年阿根廷年均CPI同比变化为-1.07%。2001年年底债务危机爆发，货币局制度崩溃后，阿根廷比索迅速贬值，物价也随之上涨，物价上行风险席卷整个阿根廷，CPI同比变化在2002年高达25.87%。2003年以来，阿根廷采取促进经济增长来解决社会问题的思路，成功地使阿根廷摆脱经济危机的打击，阿根廷比索币值一度保持稳定，不到两年，CPI同比增速下降至4.42%，此后9年CPI同比增速维持在10%左右。2013年以后，国际经济环境的恶化、克里斯蒂娜政府的政策实施偏差、政府的高赤字和高举债、市场信心不足、马克里总统连任初选失败和新型冠状病毒感染大流行的冲击，等等。使得阿根廷比索一路贬值，截至2021年8月31日，美元兑阿根廷比索为97.74，即将跌破100。比索暴跌也带来了物价的飞速上涨，2019年CPI同比增速超50%，2020年达42.02%，阿根廷经济物价风险处于极高水平。

在高通货膨胀和自身经济复苏高度不确定性的背景下，未来阿根廷比索还有进一步贬值的可能，物价水平将仍然处于高增长状态，阿根廷未来经济物价风险会持续处于高位（参见图7-39）。

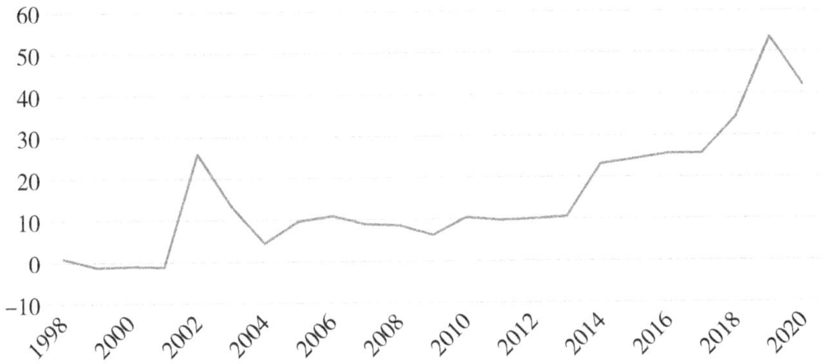

图 7–39 阿根廷年均 CPI 同比走势（%）

资料来源：北京睿信科全球风险管理平台（www.sunrisk.cn）。

六、经济潜力风险指数趋势

经济潜力风险指数根据经济潜力空间比值计算而来，总体来看，阿根廷经济潜力风险指数趋势与经济潜力空间比值走势基本保持一致。经济潜力风险指数趋势方面，阿根廷的变动幅度较大，但2002年债务危机后基本处于50线以上。经济潜力空间比值走势方面，其比值在1.0—4.0之间大幅波动。从经济潜力空间比值的经验标准来看，发展中国家高于3是安全的，新兴市场经济体高于2.0是安全的，1.5是临界线，发达国家在1.0左右是安全的。阿根廷是新兴市场经济体，2002年债务危机后经济潜力空间比值基本大于1.5临界线，经济潜力中等。

经济潜力空间比值是市场汇率（美元/本币）与购买力平价（PPP）汇率的比值，经济潜力空间的大小取决于市场汇率与购买力平价的变动方向和幅度。阿根廷经济潜力风险数据始于1992年1月3日，变动趋势可从以下3个阶段来分析。

第一阶段（1992年1月—2002年1月）：货币局制度下经济潜力风险指数的暂时性低位维稳。受到20世纪80年代末债务危机影响，该时期阿根廷经济潜力风险指数与经济潜力空间比值不高，分别处于50线与1.5临界线以下。但在货币局制度下，实行比索兑美元1∶1的固定汇率制度很好控制了当时的恶性通货膨胀，该段时期的经济潜力风险指数稳定在40线左右，经济潜力空间比值也稳定在1.0—1.5之间，且皆呈上升趋势。

第二阶段（2002年1月—2012年12月）：美元低潮期下经济潜力风险指数的阶梯式下降。2000年美国科技泡沫破灭、7年后房地产泡沫被刺破，带给美元很长一段时间的低潮期，阿根廷经济潜力风险指数和经济潜力空间比值在这一时期皆呈阶梯式下降，分别降至50线和1.5临界线以下。

第三阶段（2013年1月—2021年8月）：比索大幅贬值下经济潜力风险指数的波动性上升。2013年以来，阿根廷比索迅速贬值，截至2021年8月31日，美元兑比索即将突破三位数，2018年5月以来，阿根廷经济潜力风险指数也一直在70到100之间波动，经济潜力风险较低。其经济潜力空间比值也处于安全线2.0以上，并于2018年9月28日超过4.0。

在当前阿根廷经济前景不明朗，比索持续贬值的背景下，预计阿根廷未来经济潜力空间比值将在2.5上下波动，经济潜力风险指数将在80线上下波动，具有较大的经济潜力（参见图7-40和图7-41）。

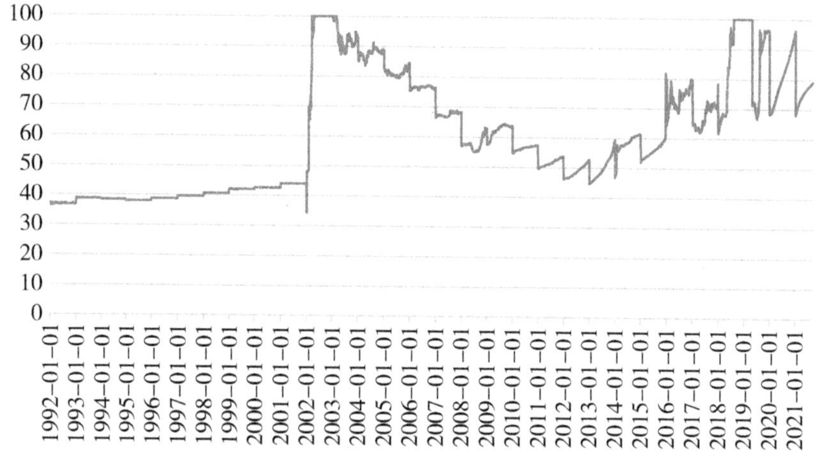

图7-40　阿根廷经济潜力风险指数趋势

资料来源：北京睿信科全球风险管理平台（www.sunrisk.cn）。

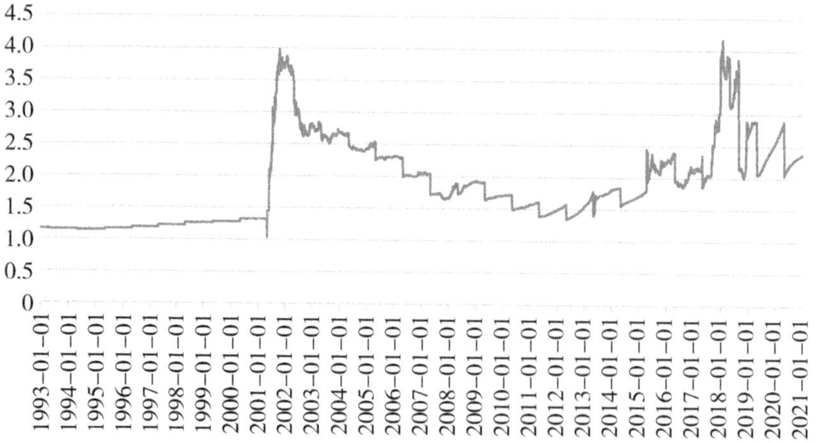

图7-41　阿根廷经济潜力空间比值走势

资料来源：北京睿信科全球风险管理平台（www.sunrisk.cn）。

第8章
全球主要行业系统性风险趋势

导读

和2020年本报告编写的全球系统性风险报告一样，全球行业系统性风险指数同样是采样市场交易数据、公司财务数据、相关国家统计的部门数据和国际组织宏观数据（IMF、世界银行、联合国贸发会等）等。全球行业系统性风险指数就是采用有关数据复合而成。在抽取样本数据过程中，除了考虑数据的权威性和全面性之外，在数据的精细度、准确度和数据连续性也要达到“全球风险管理平台”模型对行业系统性风险数据的要求。需要特别申明的是，每个行业里有众多标杆性企业，都要使其数据满足连续性要求，有时存在着一定的困难，或在许多时候需要加以变频处理或模糊处理。但有关指数的意义在于，它可以给读者带来有关行业系统性风险与机遇的参考。不过，有关指数当然不能替代各个主体自主的分析与决策。

本章首先对全球行业的分类、标杆企业的选择及全球行业系统性风险指数的算法做了说明；其次对全球行业系统性风险指数趋势做了分析；最后列举了风险好转、风险变高及可能爆发危机的行业和企业分别做了统计说明。这是对后面五章内容在某种程度上的概要，但主要还是从全球64个行业的系统性风险指数出发做出的独立分析。

在定性描述行业或企业的系统性风险好转、风险上升、风险下降和可能出现危机时，本报告依据的是企业或行业本身风险数据的变化，定性描述判断具有相对性，比如某家企业，风险历史指数非常低，以后相对升高了，但整体依然偏低，这时，本报告会判断该企业的系统性风险好转，也会判断该企业的风险较高。

由于篇幅限制，本章节的相关内容属于统计性质的，按行业的指数数值变化判断行业的风险并进行风险分类，仅做了简要定性分析，没有过多的定量解读。有相关需求的读者，请直接联系全球风险管理平台（www.sunrisk.cn），可根据实际需求提供定制化的服务。

第一节　全球行业系统性风险指数趋势

一、全球行业系统性风险指数说明

全球行业系统性风险指数，采集了全球有代表性的3000家企业公开的指标数据，全球企业风险指数模型对相关指标与数据进行加工复合，形成以“天”为频次的全球行业系统性风险指数。

采样企业指标的时间从1993年1月1日起计，由于指标变为指数需要1年的时间作为计算基础，所以全球行业系统性风险指数是从1994年1月1日开始的，本章描述的最后日期到2021年8月31日止。需要了解2021年8月31日以后的行业风险数据，请关注北京睿信科信息科技有限公司网站（www.sunrisk.cn）或关注“睿信科全球风险管家”微信公众号（sun_risk），本报告每周定期发布《全球系统性风险监测周报》。

和全球风险平台的其他指数一样，全球行业系统性风险指数也是将机遇与风险统一为0—100的数值，趋向0则行业的风险越来越高、机遇越来越小，趋向100则表示行业的机遇越来越高、风险越来越小。

二、全球行业系统性风险指数趋势

全球行业风险指数描述的是全球行业系统性风险的趋势，指数的大小及变化趋势与全球系统性风险指数的变化息息相关，特别与经济活动中出现的类似亚洲金融风暴、全球金融风暴和新型冠状病毒感染大流行之类的各类危机息息相关。另外，由于全球行业风险指数是由64个行业指数合成，64个行业指数又是由3000家企业系统性风险指数合成，所以全球行业系统性风险指数与3000家企业系统性风险指数是直接相关的，企业的运营行为会直接影响全球行业系统性风险的数值。

从全球行业系统性风险指数的走势来看，全球行业系统性风险指数整体在25—70区间运行，风险指数准确地体现了1997—1999年的亚洲金融风暴，2000年美国新经济泡沫破裂（指数降至40线左右），2008—2010年的全球金融风暴（指数剧降至25线），欧债危机（指数在40—50线徘徊）、2015年开始的美联储缩表危机和2018年的全球贸易战（数次跌落50线）。之后，是受疫情影响和人们对经济的悲观预期，全球行业系统性风险指数变化呈现大幅波动，总体呈下降趋势，2020年3月16日为最低值34.8点，触及一级警报，这时候，很多行业处于困难阶段，特别是交通业、能源业、餐饮业和旅游业等，均受到较大的冲击。2020年6月初后，全球行业系统性风险指数开始反弹。截至2021年8月31日，全球行业系统性风险指数为57水平线，未触及警报线。预计后期可能会在50—60区间震荡（参见图8-1）。

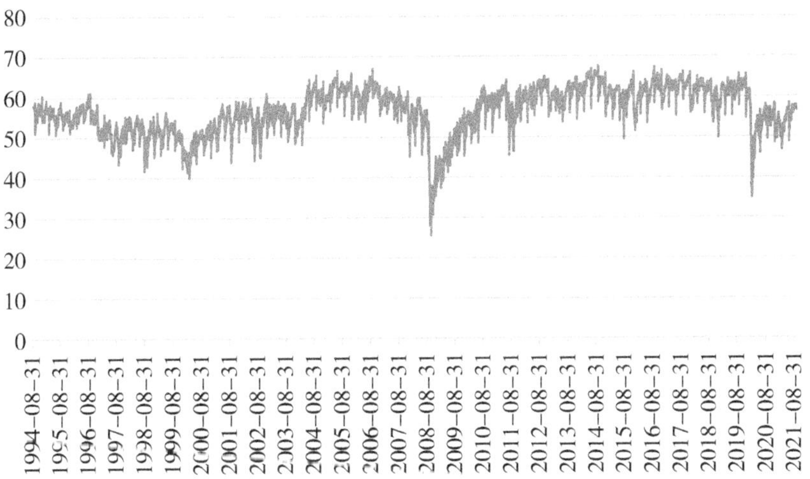

图8-1　全球行业系统性风险指数趋势

资料来源：北京睿信科全球风险管理平台（www.sunrisk.cn）。

第二节　系统性风险较低或好转的行业

通过对全球64个行业系统性风险指数在2020年8月31日的情况和2021年8月31日较2020年年底和2021年8月31日的变化，可以对全球64个行业进行风险趋势做出判断。

一、全球系统性风险好转的行业

2021年相对于2020年，多数行业的系统性风险指数有所上升，体现出其系统性风险水平的下降。以一年时间为统计节点，2021年，系统性风险指数上升的行业共有40个，排名前十的分别是航空业、油气服务与设备业、生物燃料业、广告娱乐业、饮料业、油气生产业、贵金属业、物流服务业、工业服务业和医疗设备与器械业。这些风险在好转行业中，有些行业风险指数一直较低，说明虽然较2020年有所好转了，但该行业的系统性风险依然较高，如油气生产业（参见表8-1）。

表8-1　系统性风险好转的行业

序号	行业名称	指数增量	2020/8/31行业系统性风险指数值	2021/8/31行业系统性风险指数值
1	航空业	10.48	47.37	57.85
2	油气服务与设备业	9.04	45.04	54.08
3	生物燃料业	7.79	43.15	50.94
4	广告娱乐业	7.19	50.31	57.50
5	饮料业	7.07	56.23	63.30
6	油气生产业	6.88	52.95	59.83
7	贵金属业	6.61	45.58	52.19
8	物流服务业	6.06	50.62	56.68
9	工业服务业	5.06	54.45	59.51
10	医疗设备与器械业	4.93	51.60	56.53
11	油气提炼及销售业	4.85	53.35	58.20
12	油气勘探生产与支持业	4.74	44.49	49.23
13	消费品百货与卖场业	4.55	51.16	55.71
14	食品包装业	4.33	60.17	64.50
15	餐饮业	4.20	50.01	54.21
16	新能源设备业	4.07	41.58	45.65
17	电信业	3.85	62.21	66.06
18	电脑及电子消费业	3.59	54.33	57.92
19	移动电话业	3.53	49.90	53.43
20	旅游博彩业	3.53	48.30	51.83
21	汽车制造业	3.34	53.38	56.72
22	服饰销售业	2.66	44.98	47.64
23	林业与纸业	2.54	51.25	53.79

续表

序号	行业名称	指数增量	2020/8/31 行业系统性风险指数值	2021/8/31 行业系统性风险指数值
24	必需消费品批发与零售业	2.42	55.78	58.20
25	保险业	2.09	63.10	65.19
26	医疗设施与服务业	1.88	54.58	56.46
27	交通运输设施业	1.73	59.14	60.87
28	容器与包装业	1.53	57.53	59.06
29	出版与广播业	1.50	49.19	50.69
30	成衣设计业	1.48	53.23	54.71
31	软件业	1.33	55.34	56.67
32	特种化学品业	1.29	59.70	60.99
33	半导体业	1.20	53.06	54.26
34	康养行业	1.19	59.33	60.52
35	建筑业	1.15	64.28	65.43
36	生物科技和制药业	0.65	59.38	60.03
37	农产品与农用产品业	0.64	55.31	55.95
38	烟草业	0.63	59.92	60.55
39	机械业	0.57	59.43	60.00
40	国防航空航天业	0.35	47.67	48.02

资料来源：北京睿信科全球风险管理平台（www.sunrisk.cn）。

二、全球系统性风险较低的行业

2021年相对于2020年，一些行业的系统性风险指数保持较高，体现出其系统性风险水平较低。以一年时间节点统计，本报告把2020年8月31日和2021年8月31日，行业系统性风险指数都大于55水平的行业，归类为风险较低的行业。2021年，系统性风险较低的行业共有28个，分别是电信业、建筑业、保险业、银行业、食品包装业、电力公用事业、饮料业、天然气和公共事业网络业、代工业和特种化学品业等（参见表8-2）。

表8-2　系统性风险较低的行业

序号	行业名称	2021/8/31行业系统性风险指数值	2020/8/31行业系统性风险指数值
1	电信业	66.06	62.21
2	建筑业	65.43	64.28
3	保险业	65.19	63.10
4	银行业	65.13	66.38
5	食品包装业	64.50	60.17
6	电力公用事业	64.11	66.17
7	饮料业	63.30	56.23
8	天然气和公共事业网络业	62.05	62.76
9	代工业	61.63	62.70
10	特种化学品业	60.99	59.70
11	交通运输设施业	60.87	59.14
12	烟草业	60.55	59.92
13	康养行业	60.52	59.33
14	港口业	60.33	64.17
15	生物科技和制药业	60.03	59.38
16	机械业	60.00	59.43
17	投资银行业	59.62	62.44
18	金融支持服务业	59.33	63.68
19	容器与包装业	59.06	57.53
20	房地产投资信托业	58.72	59.69
21	网络硬件与IT服务业	58.26	62.06
22	必需消费品批发与零售业	58.20	55.78
23	投资管理业	57.54	61.23
24	软件业	56.67	55.34
25	建筑材料业	56.61	57.13
26	农产品与农用产品业	55.95	55.31
27	电器设备业	55.83	58.12
28	汽车配件业	55.73	56.51

资料来源：北京睿信科全球风险管理平台（www.sunrisk.cn）。

第三节　系统性风险较高或风险指数下降较大的行业

通过对全球64个行业系统性风险指数在2020年8月31日的情况和2021年8月31日较2020年年底和2021年8月30日的变化，可以对全球64个行业进行风险趋势判断。

一、全球系统性风险指数下降的行业

2021年极不平凡，受2020年新型冠状病毒感染全球蔓延的影响，全球经济在遭受重创后开始恢复。2021年相对于2020年，大批企业的系统性风险指数有所下降，体现出其系统性风险水平的上升，本报告统计下降幅度大于6水平的行业。以一年时间节点统计行业系统性风险指数，2021年8月31行业系统性风险指数值较2020年8月31日数值下降大于6点的行业，共有6个，分别是综合石油与煤业、钢铁业、房屋建筑业、有色金属业、基本金属业和农用化学品业（参见表8-3）。

表8-3　系统性风险上升的行业

序号	行业名称	指数增量	2020/8/31行业系统性风险指数值	2021/8/31行业系统性风险指数值
1	综合石油与煤业	-12.91	54.76	41.85
2	钢铁业	-12.78	54.93	42.15
3	房屋建筑业	-11.67	63.59	51.92
4	有色金属业	-7.81	53.31	45.5
5	基本金属业	-6.69	51.91	45.22
6	农用化学品业	-6.15	58.28	52.13

资料来源：北京睿信科全球风险管理平台（www.sunrisk.cn）。

二、全球系统性风险较高的行业

2021年相对于2020年，部分行业的系统性风险指数继续保持低位，体现出其系统性风险水平一直较高。以一年时间节点统计，行业系统性风险指数自2020年8月31起至2021年8月31日止其系统性风险指数值始终保持在50线以下的行业，包括新能源设备业、油气勘探生产与支持业、服饰销售业、钢铁原料供应业和国防航空航天业（参见表8-4）。

表8-4 系统性风险较高的行业

序号	行业名称	2020/8/31行业系统性风险指数值	2021/8/31行业系统性风险指数值
1	新能源设备业	41.58	45.65
2	油气勘探生产与支持业	44.49	49.23
3	服饰销售业	44.98	47.64
4	钢铁原料供应业	46.83	42.13
5	国防航空航天业	47.67	48.02

资料来源：北京睿信科全球风险管理平台（www.sunrisk.cn）。

第四节 可能爆发系统性危机的行业

根据本报告对行业系统性风险指数的观察，其周期性非常明显，即上行到65以上的高度后一定会下行。本报告将2020年8月31日、2020年12月31日和2021年8月31日三个时间点的行业系统性风险指数进行排序后，获得了超过60的行业，然后将三个时间点涉及的行业的指数补齐，表中所有深色的行业都是未来要高度关注的可能出现系统性危机的行业。特别要关注其指数超过65的行业，这些行业包括电信业、建筑业、保险业、银行业和电力公用事业等（参见表8-5）。

表8-5 可能爆发系统性危机的行业

行业名称	2021/8/31	行业名称	2020/12/31	行业名称	2020/8/31
电信业	66.06	食品包装业	61.14	银行业	66.38
建筑业	65.43	必需消费品批发与零售业	58.27	电力公用事业	66.17
保险业	65.19	电信业	56.96	建筑业	64.28
银行业	65.13	天然气和公共事业网络业	56.85	港口业	64.17
食品包装业	64.5	餐饮业	55.49	金融支持服务业	63.68

续表

行业名称	2021/8/31	行业名称	2020/12/31	行业名称	2020/8/31
电力公用事业	64.11	交通运输设施业	54.68	房屋建筑业	63.59
饮料业	63.3	软件业	54.54	保险业	63.1
天然气和公共事业网络业	62.05	银行业	54.51	天然气和公共事业网络业	62.76
代工业	61.63	网络硬件与IT服务业	53.93	代工业	62.7
特种化学品业	60.99	港口业	53.88	投资银行业	62.44
交通运输设施业	60.87	电力公用事业	53.68	电信业	62.21
烟草业	60.55	保险业	52.84	网络硬件与IT服务业	62.06
康养行业	60.52	投资银行业	52.73	投资管理业	61.23
港口业	60.33	金融支持服务业	52.35	食品包装业	60.17
生物科技和制药业	60.03	建筑业	52.1	烟草业	59.92
机械业	60	房地产投资信托业	52.07	特种化学品业	59.7
油气生产业	59.83	烟草业	51.72	房地产投资信托业	59.69
投资银行业	59.62	代工业	51.67	机械业	59.43
工业服务业	59.51	康养行业	51.42	生物科技和制药业	59.38
金融支持服务业	59.33	油气提炼及销售业	51.09	康养行业	59.33

资料来源：北京睿信科全球风险管理平台（www.sunrisk.cn）。

附表 1　2021 年 8 月 31 日和 2020 年 12 月 31 日及 2020 年 8 月 30 日行业系统性风险指数

行业名称	2021/8/31 行业系统性风险指数	2020/12/31 行业系统性风险指数	2020/8/31 行业系统性风险指数
电信业	66.06	56.96	62.21
建筑业	65.43	52.10	64.28
保险业	65.19	52.84	63.10
银行业	65.13	54.51	66.38
食品包装业	64.50	61.14	60.17
电力公用事业	64.11	53.68	66.17

续表

行业名称	2021/8/31 行业系统性风险指数	2020/12/31 行业系统性风险指数	2020/8/31 行业系统性风险指数
饮料业	63.30	50.43	56.23
天然气和公共事业网络业	62.05	56.85	62.76
代工业	61.63	51.67	62.70
特种化学品业	60.99	47.55	59.70
交通运输设施业	60.87	54.68	59.14
烟草业	60.55	51.72	59.92
康养行业	60.52	51.42	59.33
港口业	60.33	53.88	64.17
生物科技和制药业	60.03	50.43	59.38
机械业	60.00	49.10	59.43
油气生产业	59.83	48.79	52.95
投资银行业	59.62	52.73	62.44
工业服务业	59.51	46.22	54.45
金融支持服务业	59.33	52.35	63.68
容器与包装业	59.06	50.43	57.53
房地产投资信托业	58.72	52.07	59.69
网络硬件与IT服务业	58.26	53.93	62.06
油气提炼及销售业	58.20	51.09	53.35
必需消费品批发与零售业	58.20	58.27	55.78
电脑及电子消费业	57.92	46.32	54.33
航空业	57.85	44.36	47.37
投资管理业	57.54	48.73	61.23
广告娱乐业	57.50	44.11	50.31
汽车制造业	56.72	43.25	53.38
物流服务业	56.68	46.52	50.62
软件业	56.67	54.54	55.34
建筑材料业	56.61	50.90	57.13
医疗设备与器械业	56.53	40.36	51.6
医疗设施与服务业	56.46	41.30	54.58
农产品与农用产品业	55.95	49.31	55.31

续表

行业名称	2021/8/31 行业系统性风险指数	2020/12/31 行业系统性风险指数	2020/8/31 行业系统性风险指数
电器设备业	55.83	50.24	58.12
汽车配件业	55.73	44.71	56.51
消费品百货与卖场业	55.71	45.81	51.16
成衣设计业	54.71	47.74	53.23
半导体业	54.26	41.40	53.06
餐饮业	54.21	55.49	50.01
油气服务与设备业	54.08	38.13	45.04
林业与纸业	53.79	42.95	51.25
移动电话业	53.43	40.26	49.90
贵金属业	52.19	39.53	45.58
农用化学品业	52.13	50.74	58.28
房屋建筑业	51.92	44.84	63.59
旅游博彩业	51.83	38.79	48.30
基本及多种化学制品业	51.76	41.49	53.94
互联网、有线和卫星业	51.35	45.85	51.73
奢侈品业	51.21	48.42	54.84
生物燃料业	50.94	37.73	43.15
出版与广播业	50.69	39.69	49.19
油气勘探生产与支持业	49.23	39.03	44.49
海运业	48.62	41.78	53.24
国防航空航天业	48.02	40.37	47.67
服饰销售业	47.64	47.94	44.98
新能源设备业	45.65	26.93	41.58
有色金属业	45.50	40.06	53.31
基本金属业	45.22	39.54	51.91
钢铁业	42.15	37.52	54.93
钢铁原料供应业	42.13	37.84	46.83
综合石油与煤业	41.85	43.70	54.76

资料来源：北京睿信科全球风险管理平台（www.sunrisk.cn）。

附表2 近10年、5年及2021年年初较8月底风险指数变化降序排名

降序排名	2021年8月31日较2011年1月1日指数变化		2021年8月31日较2016年1月1日指数变化		2021年8月31日较2021年1月1日指数变化	
1	机械业	17.27	油气服务与设备业	10.71	新能源设备业	13.43
2	特种化学品业	15.08	贵金属业	9.40	医疗设备与器械业	10.52
3	航空业	14.59	航空业	8.55	油气服务与设备业	10.33
4	建筑业	12.46	电信业	8.19	建筑业	9.31
5	金融支持服务业	12.08	油气勘探生产与支持业	7.20	航空业	9.17
6	汽车制造业	12.06	交通运输设施业	6.75	工业服务业	8.70
7	油气服务与设备业	12.01	建筑业	6.72	广告娱乐业	8.54
8	贵金属业	11.69	油气生产业	5.81	旅游博彩业	8.38
9	油气提炼及销售业	11.46	农产品与农用产品业	5.62	生物燃料业	8.33
10	投资银行业	10.27	生物燃料业	4.16	特种化学品业	8.27
11	基本及多种化学制品业	9.52	康养行业	3.72	医疗设施与服务业	8.26
12	电信业	9.45	移动电话业	3.65	饮料业	8.16
13	银行业	9.25	港口业	2.86	汽车制造业	7.91
14	投资管理业	9.02	电脑及电子消费业	2.22	移动电话业	7.76
15	广告娱乐业	8.97	天然气和公共事业网络业	1.68	半导体业	7.17
16	保险业	8.90	旅游博彩业	1.65	油气生产业	6.74
17	代工业	8.65	特种化学品业	1.52	电脑及电子消费业	6.73
18	农产品与农用产品业	8.63	烟草业	1.46	林业与纸业	6.59
19	奢侈品业	8.45	物流服务业	0.98	消费品百货与卖场业	6.50

续表

降序排名	2021年8月31日较2011年1月1日指数变化		2021年8月31日较2016年1月1日指数变化		2021年8月31日较2021年1月1日指数变化	
20	油气生产业	8.38	电力公刖事业	0.86	保险业	6.45
21	生物燃料业	8.10	基本及多种化学制品业	0.80	机械业	6.28
22	林业与纸业	7.70	代工业	0.73	出版与广播业	6.05
23	电器设备业	7.70	广告娱乐业	0.71	电力公用事业	5.95
24	房地产投资信托业	7.46	食品包装业	0.65	贵金属业	5.88
25	消费品百货与卖场业	7.24	油气提炼及销售业	0.52	油气勘探生产与支持业	5.72
26	港口业	7.08	国防航空航天业	0.32	康养行业	5.66
27	工业服务业	6.95	饮料业	0.27	基本及多种化学制品业	5.55
28	康养行业	6.77	新能源设备业	0.15	汽车配件业	5.52
29	旅游博彩业	6.65	成衣设计业	–0.12	物流服务业	5.28
30	医疗设备与器械业	5.61	消费品百货与卖场业	–0.24	银行业	5.26
31	汽车配件业	5.46	投资银行业	–0.47	代工业	5.01
32	移动电话业	5.29	林业与纸业	–0.5	电信业	4.77
33	交通运输设施业	5.02	钢铁原料供应业	–0.62	烟草业	4.56
34	出版与广播业	4.51	投資管理业	–0.76	生物科技和制药业	4.26
35	容器与包装业	4.45	建筑材料业	–0.78	投资管理业	3.41
36	食品包装业	4.16	机械业	–1.18	容器与包装业	3.36
37	基本金属业	4.12	生物科技和制药业	–1.34	油气提炼及销售业	2.99
38	饮料业	4.11	海运业	–2.38	国防航空航天业	2.89
39	房屋建筑业	3.72	保险业	–2.53	成衣设计业	2.60

续表

降序排名	2021年8月31日较2011年1月1日指数变化		2021年8月31日较2016年1月1日指数变化		2021年8月31日较2021年1月1日指数变化	
40	生物科技和制药业	3.72	工业服务业	–2.54	交通运输设施业	2.23
41	油气勘探生产与支持业	3.37	综合石油与煤业	–2.73	海运业	1.97
42	建筑材料业	3.35	容器与包装业	–2.84	投资银行业	1.84
43	电脑及电子消费业	3.30	基本金属业	–3.18	农产品与农用产品业	1.79
44	半导体业	3.03	银行业	–3.19	金融支持服务业	1.51
45	农用化学品业	2.76	农用化学品业	–3.67	港口业	1.10
46	互联网、有线和卫星业	2.55	有色金属业	–4.06	房屋建筑业	1.06
47	国防航空航天业	2.50	出版与广播业	–4.48	房地产投资信托业	1.04
48	综合石油与煤业	2.37	房屋建筑业	–4.55	建筑材料业	0.96
49	烟草业	2.33	医疗设施与服务业	–4.63	天然气和公共事业网络业	0.61
50	医疗设施与服务业	2.33	互联网、有线和卫星业	–4.82	钢铁原料供应业	0.58
51	物流服务业	2.27	房地产投资信托业	–4.99	有色金属业	0.42
52	新能源设备业	1.22	医疗设备与器械业	–5.04	电器设备业	0.42
53	成衣设计业	1.20	餐饮业	–5.96	网络硬件与IT服务业	0.06
54	软件业	0.83	电器设备业	–5.98	互联网、有线和卫星业	–0.11
55	有色金属业	0.42	必需消费品批发与零售业	–6.06	食品包装业	–0.14
56	天然气和公共事业网络业	–0.26	半导体业	–6.22	基本金属业	–0.50
57	海运业	–0.41	金融支持服务业	–6.25	钢铁业	–0.58
58	电力公用事业	–1.26	网络硬件与IT服务业	–6.77	奢侈品业	–1.51
59	钢铁原料供应业	–2.20	汽车配件业	–7.13	软件业	–2.34

续表

降序排名	2021年8月31日较2011年1月1日指数变化		2021年8月31日较2016年1月1日指数变化		2021年8月31日较2021年1月1日指数变化	
60	网络硬件与IT服务业	−3.38	汽车制造业	−7.69	服饰销售业	−3.25
61	必需消费品批发与零售业	−3.79	软件业	−7.81	农用化学品业	−3.63
62	餐饮业	−4.11	钢铁业	−8.05	必需消费品批发与零售业	−3.94
63	钢铁业	−6.91	奢侈品业	−10.74	餐饮业	−4.61
64	服饰销售业	−12.46	服饰销售业	−15.86	综合石油与煤业	−7.69

资料来源：北京睿信科全球风险管理平台（www.sunrisk.cn）。

第9章
全球金融行业系统性风险趋势

导读

金融体系十分复杂。它包括金融市场、金融机构（央行、银行、保险、证券、信托、清算机构和金融标准化组织等，多金融通常还包括财政）、金融法规和金融标准等。金融行业是经营金融商品和服务的特殊行业，它包括银行业、保险业、信托业、投资银行业、投资管理业、金融服务与支持业和房地产投资信托业等。金融行业的系统性风险，通常是指金融市场运行主体所体现的系统性风险。

金融行业的系统性风险与金融系统性风险有所不同。前者是以多家金融机构（企业）的指标为核心编制的指数，体现的是金融市场主体展现出来的系统性风险；后者是以金融市场指标为核心展示的整个金融系统的系统性风险，并与整个国家的系统性风险存在着镜像关系。事实上，金融系统性风险与金融行业的系统性风险存在着较强的相关性，并且有全球系统性风险与全球行业系统性风险类似的宏观与微观的关系。

即使是同一个国家，不同金融机构在风控能力、负债能力、科技能力和管理能力等方面的差异也非常大，表现为金融机构风险的差异，可以通过市值加权获得金融行业的系统性风险指数。

2021年，全球金融业系统性风险有所上升。但是，一些充分利用科技的金融机构呈现出较好的趋势。在本报告统计的金融行业的子行业中，包括保险业、银行业、投资银行业、投资管理业、金融支持服务业和房地产投资信托业。

2021年年初至8月31日，在本报告统计的金融行业中，部分企业风险指数下降幅度较大，加拿大银行、DB保险有限公司和DB保险有限公司下降幅度均超过5%，总体来讲，指数情况变化优于上一年度数据，金融行业企业的系统性风险有所降低。

但是，金融行业与金融市场高度相关，发达国家金融泡沫破裂可能会导致金融行业的风险显著上升，一些金融机构可能会“爆雷”。

第一节　全球金融行业的构成

一、金融行业的构成

金融体系十分复杂。它包括银行业、保险业、信托业、投资银行业、投资管理业、金融服务与支持业和房地产投资信托业等。

银行业是以商业银行、信用合作社等吸收公众存款的金融机构、非银行金融机构以及政策性银行为主体，经营货币和信用业务的行业。

保险业是将通过契约形式集中起来的资金，用以补偿被保险人的经济利益业务的行业。按照保险标的不同，保险可分为财产保险和人身保险两大类。其中，财产保险以有形或无形财产及其相关利益为保险标的，包括财产损失保险、责任保险、信用保险、保证保险、农业保险等；人身保险以人的寿命和身体为保险标的。

信托业是将通过委托人按照受托人意愿并以其名义集中起来的资金，为受益人的利益或者特定目的进行管理的行业。

投资银行业是以投资银行为主体，专门从事证券经营和为公司提供综合性金融服务与金融咨询的行业，广义的投资银行含义包括众多的资本市场活动，即公司融资、兼并收购顾问、股票的销售和交易、资产管理、投资研究和风险投资业务等，狭义的投资银行只限于某些资本市场，着重指一级市场上的承销、并购和融资业务的财务顾问等。

投资管理业是银行、信托、证券、基金、期货、保险资产管理等金融机构接受投资者委托，对受托的投资者财产进行投资和管理的行业。

房地产投资信托业是指通过发行收益凭证的方式汇集特定多数投资者的资金，由专门投资机构进行房地产投资经营管理，并将投资综合收益按比例分配给投资者的行业。

二、全球金融业系统性风险指数与全球系统性风险指数趋势

即使是同一个国家，不同金融机构在风控能力、负债能力、科技能力和管理能

力等方面的差异也非常大，表现为金融机构风险的差异，本报告通过选择相应的指标进行评分，再通过市值加权获得金融行业的系统性风险指数。金融行业的系统性风险，通常是指金融市场运行主体所体现的系统性风险。相应地，全球金融行业系统性风险指数是由银行业指数、保险业指数、信托业指数、投资银行业指数、投资管理业指数、金融服务与支持业指数和房地产投资信托业指数所构成的，但本章只分析银行业和保险业风险指数。

金融系统性风险与金融行业的系统性风险存在着较强的相关性，并且有全球系统性风险与全球行业系统性风险类似的宏观与微观的关系。从全球系统性风险指数与全球金融业风险指数趋势对比来看，两者有着高度正相关性，意味着全球系统性风险指数在很大程度上体现了全球金融系统性风险（参见图9-1）。

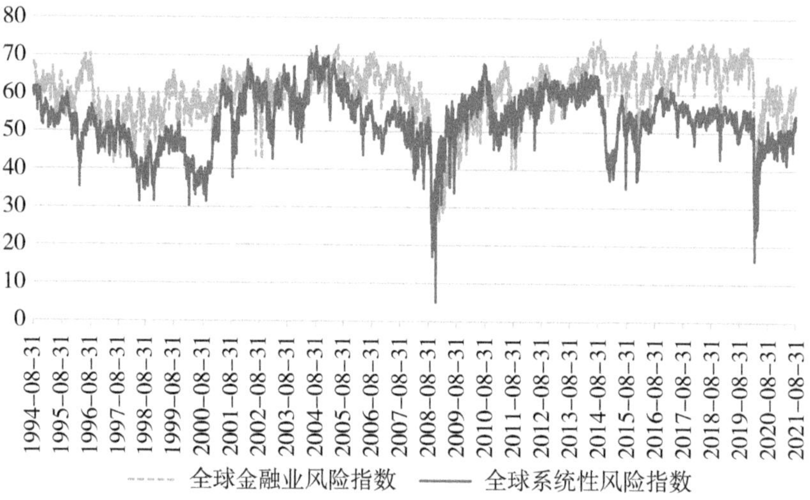

图9-1　全球系统性风险指数与金融业风险指数的趋势

资料来源：北京睿信科全球风险管理平台（www.sunrisk.cn）。

不过，就全球系统性风险指数（y）与全球金融业系统性风险指数（x）的相关性来看，其线性函数为y=0.502x+23.041，表明在1994年1月至2021年8月，当全球金融业系统性风险指数变动幅度为1%时，全球系统性风险指数变动0.505%。

自全球新型冠状病毒感染暴发和扩散以来，全球系统性风险指数与金融业系统性风险指数的线性方程为y=0.612x+11.869（2020年1月1日至2021年8月31日）。表明在此期间，当全球金融业系统性风险指数变动幅度为1%，全球系统性风险指数变动0.612%。这说明了在新型冠状病毒感染带来的负面影响尚未得到完全控制的背景下，微观的全球金融行业对宏观的全球系统性风险的影响更大。

第二节　全球金融行业系统性风险指数及其趋势

本报告构建了2007年1月1日至2021年8月31日的全球金融行业系统性风险指数，展现了银行、保险、信托、投资银行、投资管理、金融服务与支持和房地产投资信托等金融行业所面临的系统性风险情况。

一、全球金融行业系统性风险指数趋势

（一）基于2007年1月至2021年8月的样本数据

从图9-2中可以看到，受多种因素的综合影响，全球金融行业系统性风险指数呈现出波动性变化的特征。2010—2021年，全球金融行业系统性风险指数在20—80的范围内波动，从时间分布来看，大致分为3个周期：一是2008年国际金融危机发生之前。2007年，受美国次贷危机的影响，全球金融市场在金融危机的快速扩散和持续发酵中动荡不安，金融危机期间，全球金融行业系统性风险指数在2008年开始出现明显的下降，且波动幅度非常大，并在2008年达到历史最低点22.01。二是2008年国际金融危机结束后至新型冠状病毒感染大流行发生前。全球金融行业系统性风险指数逐步上升并稳定在一个较小的波动区间之内。2008年全球金融危机爆发后，各国政府大规模“救市”，全球金融市场次序开始逐渐恢复正常，金融行业也不断调整自身发展模式、风险治理水平、业务结构。国际社会对这次金融危机也进行了深刻的反思，对金融行业的监管也提升到了一个新的高度。整体风险水平开始逐渐下降，处于一个比较好的机遇期。全球金融行业系统性风险指数也在2009年后逐步上升，并逐渐恢复到2008年国际金融危机前水平。三是疫情发生以后。2020年，在疫情大流行的背景下，全球经济发展低迷，金融市场波动剧烈。全球金融行业系统性风险指数在2020年开始出现明显的下降，最低达31.84，接近2008年国际金融危机时期的历史最低值，随着各国央行持续推出量化宽松政策，全球主要国家金融市场逐渐平稳，金融行业经营情况也逐渐好转，全球金融行业系统性风险指数也以一个比较快的速度向到疫情暴发前指数水平靠拢。

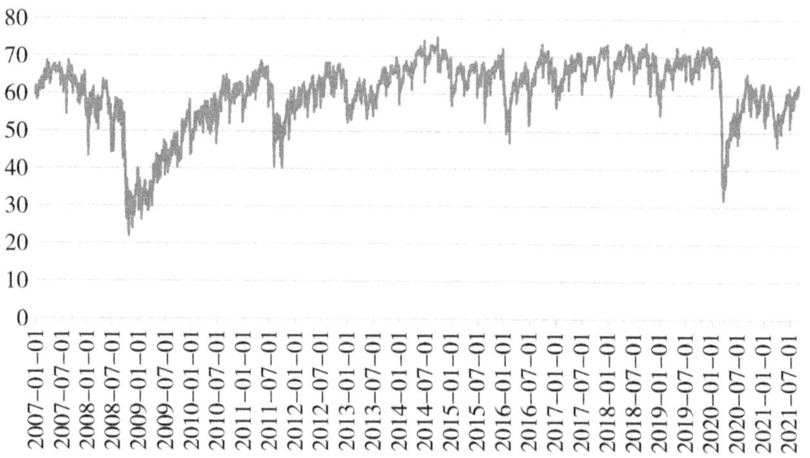

图 9-2 全球金融行业系统性风险指数（2007—2021 年）

资料来源：北京睿信科全球风险管理平台（www.sunrisk.cn）。

（二）基于2021年1至8月的样本数据

为了更好地观测2021年以来全球金融行业的综合投资风险状况，本报告分析了2021年1月至8月全球金融行业系统性风险指数（参见图9-3）。2021年上半年，全球经济复苏形势逐渐好转，进入2021年第三季度，全球新型冠状病毒感染的流行形势出现不同程度的反弹，主要经济体的增长速度有所放缓，发达经济体和新兴经济体经济复苏速度逐渐分化。控制疫情能力较强、经济复苏较快的国家，金融业盈利能力稳步提升，更快地穿越周期；控制疫情能力较弱、经济复苏较慢的国家，金融业经营情况较差，在危机中修复比较困难。从整体来看，2021年以来，全球金融行业系统性风险指数在45—65的范围内波动，震荡幅度较小，4月以后指数均在警戒线50以上。

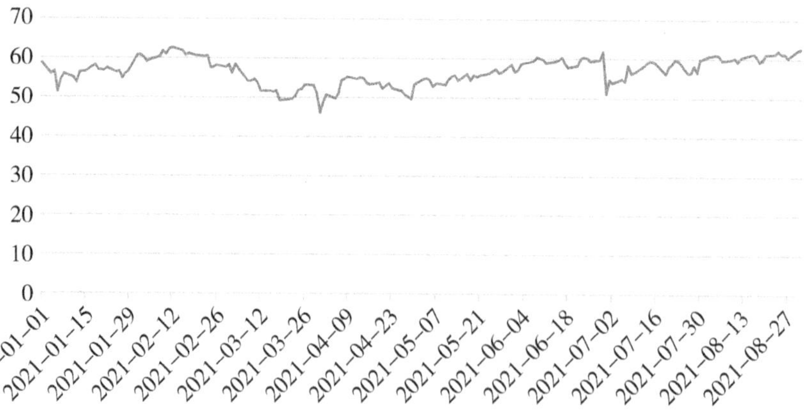

图 9-3 全球金融行业系统性风险指数（2020 年 1 月至 8 月）

资料来源：北京睿信科全球风险管理平台（www.sunrisk.cn）。

二、全球金融业风险指数子指数趋势

如前所言，全球金融业风险指数共有6个子指数。这6个子指数包括银行业指数、保险业指数、信托业指数、投资银行业指数、投资管理业指数、金融服务与支持业指数和房地产投资信托业指数。

具体来看，全球银行业与全球保险业系统性风险指数有大致相同的趋势，从1994年1月3日至2021年8月31日的线性相关系数为正的0.8213，但保险业的系统性风险指数整体要比银行业的系统性风险指数高（参见图9-4）。不过，投资银行业和投资管理业的系统性风险指数趋势基本一致，从1994年1月3日至2021年8月31日的线性相关系数为正的0.7281（参见图9-5）。而金融支持服务业与房地产投资信托业的系统性风险指数也有大致相近的趋势，但在全球金融风暴以前，房地产信托投资系统性风险指数大多数时候要高于金融支持服务业，而全球金融风暴爆发当年（2008年开始），两者体现出了较强的一致性。从相关系数来看，1994年1月3日至2007年12月28日，两者相关系数并不明显，但2008年1月至2021年8月底，两者相关系数高达0.8866（参见图9-6）。

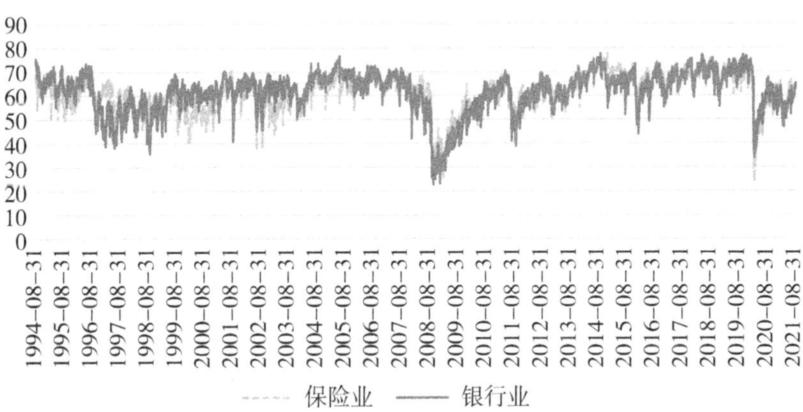

图9-4　全球银行业和保险业系统性风险指数趋势

资料来源：北京睿信科全球风险管理平台（www.sunrisk.cn）。

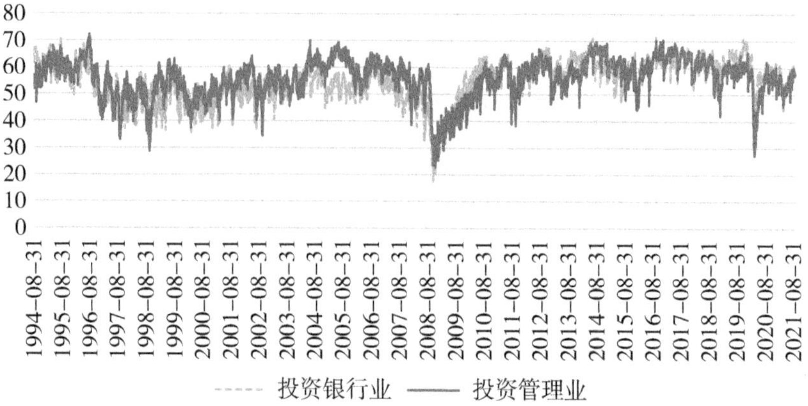

图 9-5 全球投资银行业和投资管理业系统性风险指数趋势

资料来源：北京睿信科全球风险管理平台（www.sunrisk.cn）。

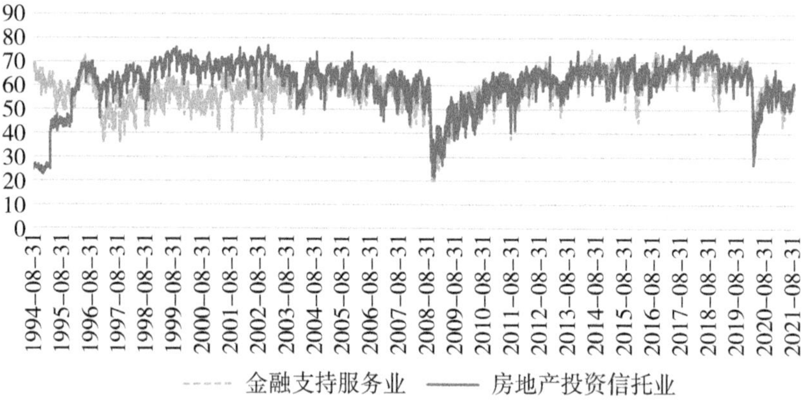

图 9-6 全球金融支持服务业与房地产投资信托业系统性风险指数趋势

资料来源：北京睿信科全球风险管理平台（www.sunrisk.cn）。

第三节 全球银行业系统性风险趋势

通过对全球银行机构风险指数在2021年8月31日的情况和2020年12月31日的变化，可以对全球银行机构进行风险趋势判断（参见附表9-1）。

一、全球银行业系统性风险特征分析

2021年以来，各国新型冠状病毒感染的流行反弹、经济恢复速度分化，银行业盈利能力差异扩大，不同国家疫情后的经济形态和结构发生了不同的变化，由此带来的全球银行业发生结构性转变，需要引起足够关注。

2008年的国际金融危机让国际社会和各国监管部门更加重视对全球系统重要性银行的监管，各项监管措施和监管标准也逐一落地。在全球监管趋严和经济金融不确定性上升的背景下，不少大型银行机构开始谋求战略转型，注重区域业务发展、精简机构并大力发展金融科技，培育综合化经营优势。这一调整有利于银行业更好地应对不利的外部经营环境，再加上全球银行业的风险治理水平已有了一个很大的提升，整体上处于一个比较好的投资机遇期。2021年，全球经济复苏进程依然面临疫情反复的问题，全球银行业规模呈现低速增长态势，整个行业谨慎风险偏好明显，爆发全面系统性风险的可能性不大。

二、全球银行业系统性风险评估

受多种因素的综合影响，全球银行业系统性风险指数呈现出波动性变化的特征。2001—2021年，全球银行业系统性风险指数在20—80的范围内波动，从时间分布来看，大致分为3个周期：一是2008年国际金融危机发生之前。2007年，受美国次贷危机的影响，全球金融市场在金融危机的快速扩散和持续发酵中动荡不安，金融危机期间，全球银行业系统性风险指数在2008年开始出现明显的下降，且波动幅度非常大，并在2008年10月达到历史最低点22.82。二是2008年国际金融危机结束后至疫情发生前。2008年的国际金融危机让国际社会和各国监管部门更加重视对全球系统重要性银行的监管，各项监管措施和监管标准也逐一落地，全球银行业的风险治理水平也有了一个很大的提升。全球银行业系统性风险指数也在2009年后逐步上升，并逐渐恢复到2008年国际金融危机前水平。随后，虽然受欧债危机等比较大的金融风险事件影响，全球银行业系统性风险指数在短期内快速下降，但很快又恢复到风险事件发生前水平。三是疫情发生以后。2020年，在新型冠状病毒感染大流行的背景下，全球经济发展低迷，金融市场波动剧烈。全球银行业系统性风险指数在2020年开始出现明显的下降，最低达33.95，接近2008年国际金融危机时期的历史最低值。但在这次疫情中，全球银行业资本和流动性流动性相对充足、不良率处于低位，经营管理较为稳健。同时，国际金融市场大幅波动，市场主体对银行投融资产品需求不断增加。再加上各国央行持续推出量化宽松政策，全球主要国家金融市场逐渐平稳，全球银行业系统性风险指数也以一个比较快的速度向到新型冠状病毒感染暴发前指数水平靠拢，2021年以来，全球银行业风险指数多数时候都在警戒线50以上

（参见图9–7）。

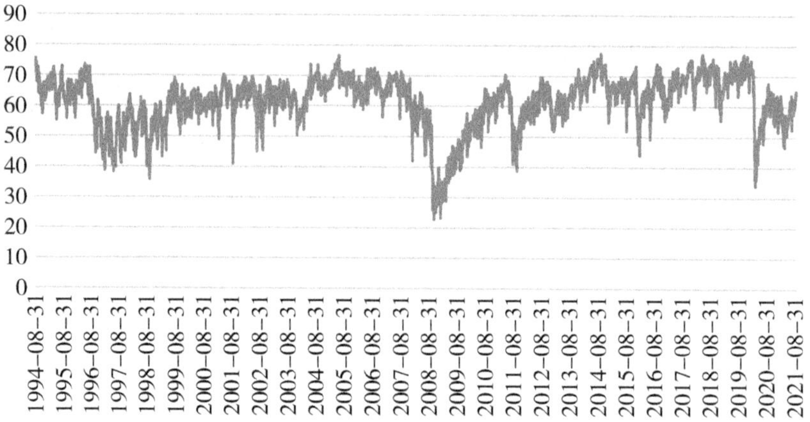

图9–7　全球银行业系统性风险指数（2007—2021年）

资料来源：北京睿信科全球风险管理平台（www.sunrisk.cn）。

三、主要机构系统性风险指数趋势

（一）主要机构风险指数排名

本报告统计了29家全球系统重要性银行的系统性风险指数，2021年8月31日数据表明，全球系统重要性银行的指数在44—82之间波动，平均值为64.30（参见图9–8）。

分地区来看，亚洲地区7家银行的指数介于66—82之间，平均值为77.07。欧洲地区11家银行的指数介于53—69之间，平均值为59.70。美洲地区9家银行的指数在44—60之间，平均值为59.60。这表明，亚洲地区的系统重要性银行面临的系统性风险较低，欧洲地区和美洲地区的系统重要性银行面临的系统性风险相对较高。分国家来看，来自中国的4家银行的系统性风险指数位居前列，且差异较小，表明面临的综合系统性风险较低。来自英国的4家银行的系统性风险指数排名靠后，表明其面临的系统性风险较高。来自美国的7家银行的系统性风险指数，除了富国银行为44，低于50的警戒线，其余6家银行均在55—70之间，系统性风险较低（参见图9–9）。

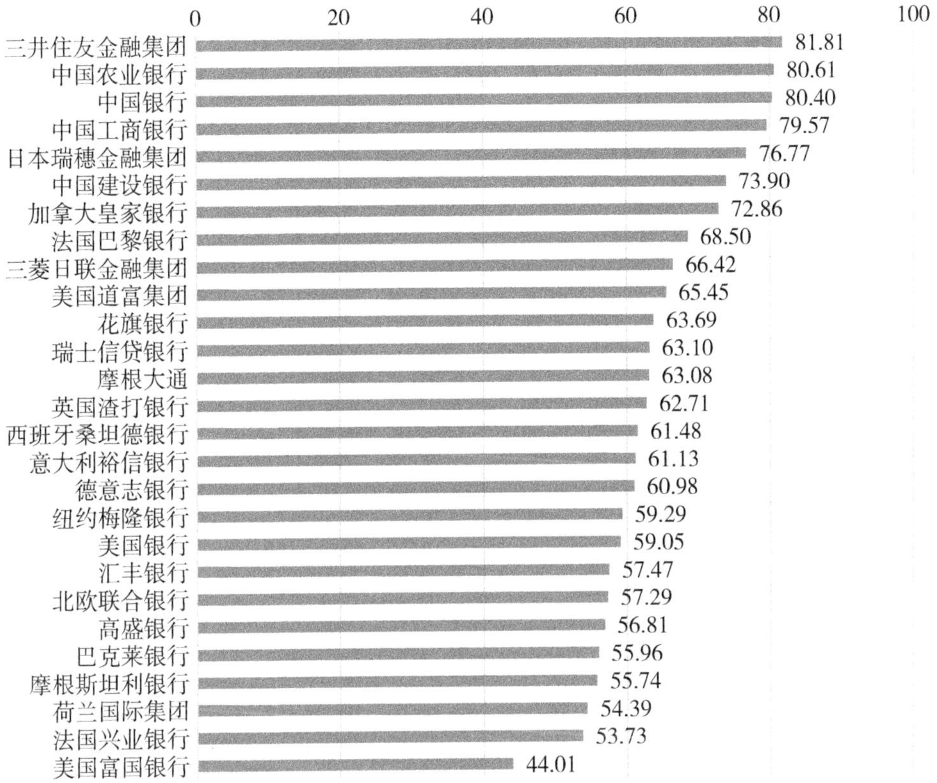

图 9–8　全球系统重要性银行系统性风险指数（2021 年 8 月 31 日）

资料来源：北京睿信科全球风险管理平台（www.sunrisk.cn）。

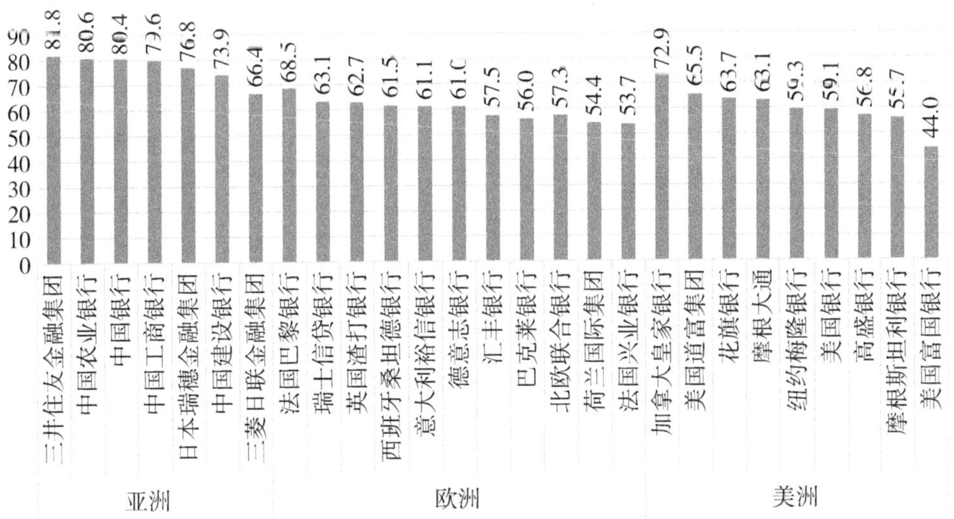

图 9–9　全球系统重要性银行系统性风险指数（2021 年 8 月 31 日）

资料来源：北京睿信科全球风险管理平台（www.sunrisk.cn）。

（二）系统性风险上升和下降的机构

相比较于2020年年底，2021年8月31日全球系统重要性银行的系统性风险指数下降的机构有3家，分别为加拿大皇家银行、汇丰银行和北欧联合银行，但这3家机构的系统性风险指数下降幅度不大，多数全球系统重要性银行的系统性风险指数是上升的（参见图9–10）。全球经济的逐渐复苏，为全球系统重要性银行抵御系统性风险提供了比较好的基础。

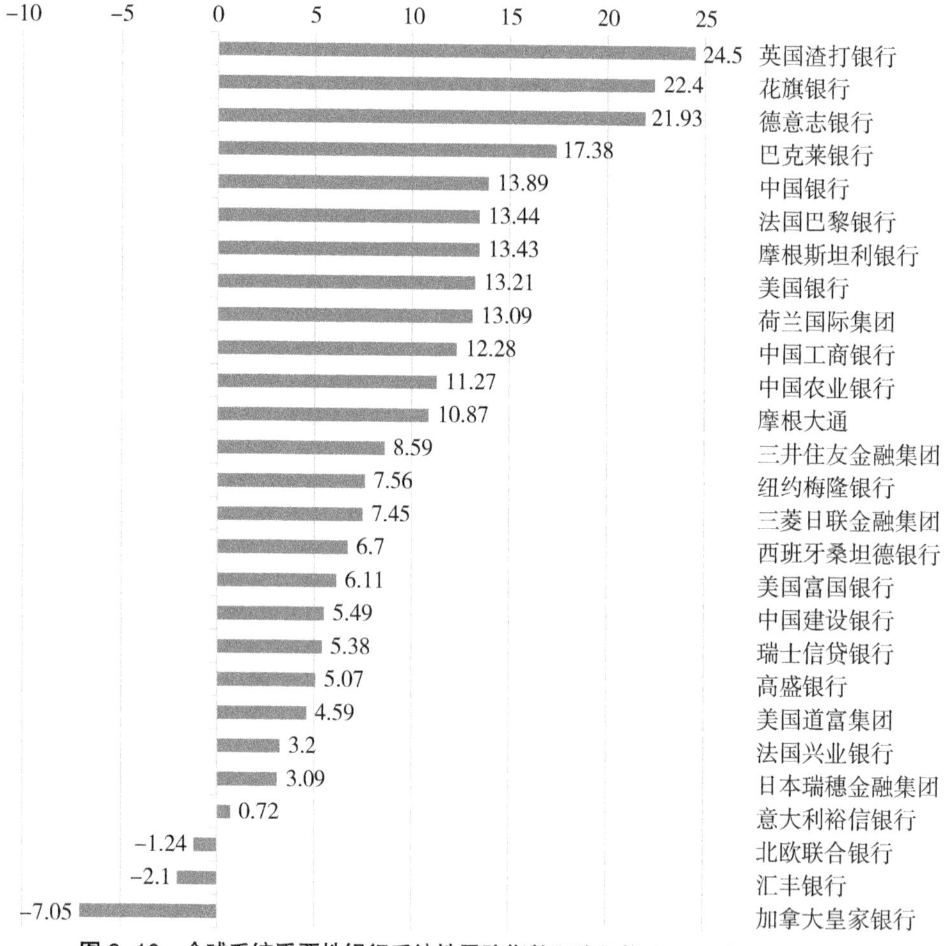

图 9–10　全球系统重要性银行系统性风险指数下降机构（2021 年 8 月 31 日）

资料来源：北京睿信科全球风险管理平台（www.sunrisk.cn）。

四、全球银行业系统性风险指数的应用

西班牙桑坦德银行成立于1857年，总部位于西班牙北部的桑坦德，是目前欧元区市值最大的银行，全球化程度较高，主要在英国、葡萄牙、其他欧洲国家、巴西、其

他拉美国家和美国经营，曾连续9年入选G-SIBs名单。桑坦德银行在其海外，尤其是在拉丁美洲实施多元化经营，这帮助该银行应对了金融危机以来欧洲银行面临的严峻形势。新型冠状病毒感染大流行造成了全球多数国家经济下滑、金融市场动荡，桑坦德银行的经营也受到一定影响，在2020年第二季度减计126亿欧元资产，为欧洲最高，并造成该季度录得创纪录的季度亏损。桑坦德银行的系统性风险指数快速下降，并持续在低位徘徊。

自新型冠状病毒感染大流行暴发以来，西班牙桑坦德银行的系统性风险指数快速下降，在2020年第一季度末曾触及18.02的低位水平（图9-11）。西班牙的疫情态势较为紧张，对这家银行的经营产生了较大的负面冲击，其系统风险性指数在2020年多数时候都在50线以下的警戒线水平波动，这也反映出西班牙桑坦德银行2020年系统性风险上升趋势较为明显。进入2021年，西班牙桑坦德银行的系统风险性指数在多数时候都在50的警戒线上波动，这也反映出该银行的系统性风险开始降低。

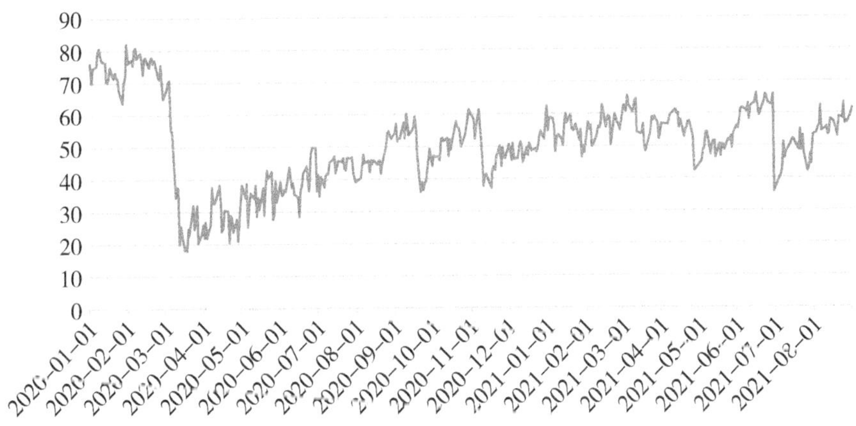

图9-11 西班牙桑坦德银行系统性风险波动情况

（2020年1月1日至2021年8月31日）

资料来源：北京睿信科全球风险管理平台（www.sunrisk.cn）。

第四节 全球保险业系统性风险趋势

通过对全球保险机构风险指数在2021年8月31日的情况相对于2020年12月31日的变化，可以对全球保险机构进行风险趋势判断（参见附表9-2）。

一、全球保险业系统性风险特征分析及系统性风险评估

本报告以全球50家保险机构为统计对象，研究了全球保险业系统性风险情况。

2010—2021年，全球保险业系统性风险指数在20—80的范围内波动（参见图9-12），从时间分布来看，大致分为3个周期：一是2008年国际金融危机发生之前。2007年，受美国次贷危机的影响，全球金融市场在金融危机的快速扩散和持续发酵中动荡不安，金融危机期间，全球保险业系统性风险指数在2008年开始出现明显的下降，且波动幅度非常大，并在2008年10月达到历史最低点22.53。二是2008年国际金融危机结束后至2020年疫情出现前。2008年的国际金融危机让国际社会和各国监管部门更加重视对保险机构的监管，各项监管措施和监管标准也逐一落地，全球保险业的风险治理水平也有了一个很大的提升。全球银行业系统性风险指数也在2009年后逐步上升，并逐渐恢复到2008年国际金融危机前的水平，并在警戒线50附近震荡。三是疫情以后。2020年，在疫情大流行背景下，全球经济发展低迷，金融市场波动剧烈。全球保险业系统性风险指数在2020年开始出现明显的下降，并在3月触及最低点23.84，接近2008年国际金融危机时期的历史最低值。2021年，随着全球经济逐步复苏，各国央行持续推出量化宽松政策，全球主要国家金融市场逐渐平稳，全球保险业系统性风险指数也以一个比较快的速度向到疫情暴发前指数水平靠拢。

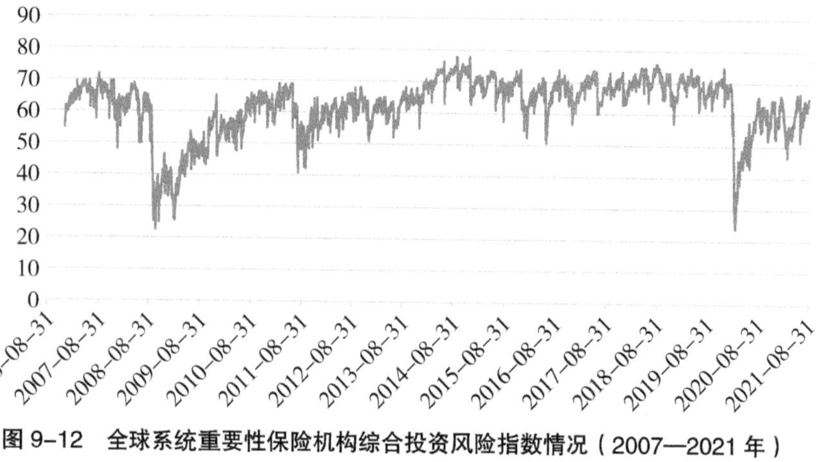

图9-12 全球系统重要性保险机构综合投资风险指数情况（2007—2021年）

资料来源：北京睿信科全球风险管理平台（www.sunrisk.cn）。

二、主要机构系统性风险指数趋势

（一）企业风险指数排名

本报告统计了50家保险机构的系统性风险指数，覆盖亚洲、欧洲、美洲、大洋洲地区的主要保险机构。2021年8月31日的数据表明，全球主要保险机构的系统性风险指数在50—85的区间内波动，平均值为65.21（参见图9-13）。

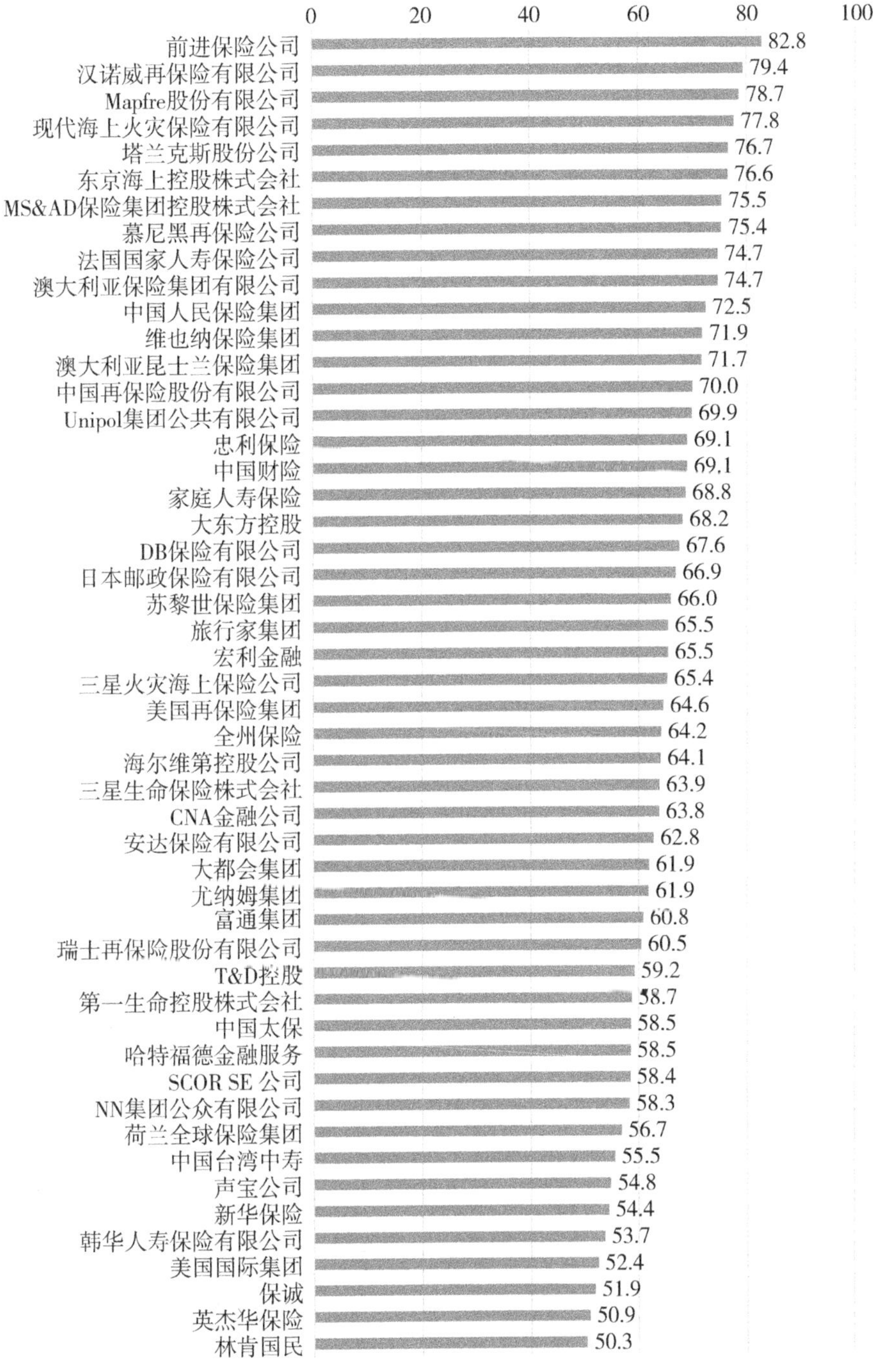

图 9-13 全球主要保险机构系统性风险指数（2021 年 8 月 31 日）

资料来源：北京睿信科全球风险管理平台（www.sunrisk.cn）。

（二）系统性风险上升和下降的企业

相比较于2020年年底，2021年8月31日50家全球主要保险机构的系统性风险指数下降的机构有4家，多数机构的系统性风险指数是上升的，整体系统性风险下降态势较为明显（参见图9-14）。

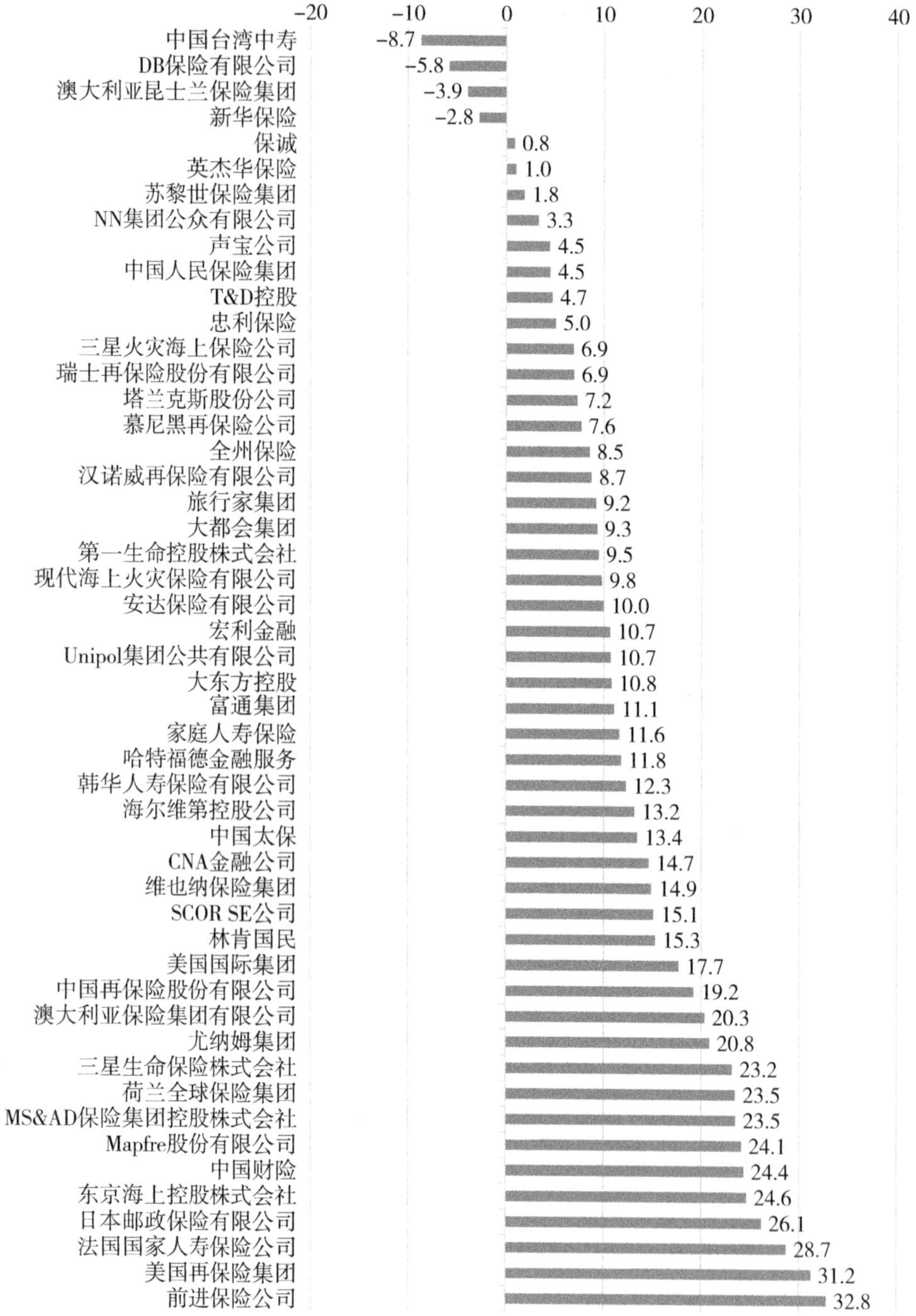

图 9-14 全球主要保险机构中风险指数下降机构（2021 年 8 月 31 日）

资料来源：北京睿信科全球风险管理平台（www.sunrisk.cn）。

附表 1 2021 年 8 月底全球银行机构风险指数及其变动幅度排名

序号	企业名称	2021/8/31 企业系统性风险指数	序号	企业名称	2021/8/31 较 2020/12/31 企业系统性风险指数变化幅度
1	三井住友金融集团	81.81	1	英国渣打银行	24.50
2	中国农业银行	80.61	2	花旗银行	22.40
3	中国银行	80.40	3	德意志银行	21.93
4	中国工商银行	79.57	4	巴克莱银行	17.38
5	日本瑞穗金融集团	76.77	5	中国银行	13.89
6	中国建设银行	73.90	6	法国巴黎银行	13.44
7	加拿大皇家银行	72.86	7	摩根斯坦利银行	13.43
8	法国巴黎银行	68.50	8	美国银行	13.21
9	三菱日联金融集团	66.42	9	荷兰国际集团	13.09
10	美国道富集团	65.45	10	中国工商银行	12.28
11	花旗银行	63.69	11	中国农业银行	11.27
12	瑞士信贷银行	63.10	12	摩根大通	10.87
13	摩根大通	63.08	13	三井住友金融集团	8.59
14	英国渣打银行	62.71	14	纽约梅隆银行	7.56
15	西班牙桑坦德银行	61.48	15	三菱日联金融集团	7.45
16	意大利裕信银行	61.13	16	西班牙桑坦德银行	6.70
17	德意志银行	60.98	17	美国富国银行	6.11
18	纽约梅隆银行	59.29	18	中国建设银行	5.49
19	美国银行	59.05	19	瑞士信贷银行	5.38
20	汇丰银行	57.47	20	高盛银行	5.07
21	北欧联合银行	57.29	21	美国道富集团	4.59
22	高盛银行	56.81	22	法国兴业银行	3.20
23	巴克莱银行	55.96	23	日本瑞穗金融集团	3.09
24	摩根斯坦利银行	55.74	24	意大利裕信银行	0.72
25	荷兰国际集团	54.39	25	北欧联合银行	−1.24
26	法国兴业银行	53.73	26	汇丰银行	−2.10
27	美国富国银行	44.01	27	加拿大皇家银行	−7.05

资料来源：北京睿信科全球风险管理平台（www.sunrisk.cn）。

附表2　2021年8月31日全球保险机构风险指数排名

序号	企业名称	2021/8/31企业系统性风险指数	序号	企业名称	2021/8/31较2020/12/31日企业系统性风险指数变化幅度
1	前进保险公司	82.79	1	前进保险公司	32.81
2	汉诺威再保险有限公司	79.37	2	美国再保险集团	31.23
3	Mapfre股份有限公司	78.70	3	法国国家人寿保险公司	28.70
4	现代海上火灾保险有限公司	77.77	4	日本邮政保险有限公司	26.14
5	塔兰克斯股份公司	76.65	5	东京海上控股株式会社	24.64
6	东京海上控股株式会社	76.58	6	中国财险	24.35
7	MS&AD保险集团控股株式会社	75.47	7	Mapfre股份有限公司	24.10
8	慕尼黑再保险公司	75.40	8	MS&AD保险集团控股株式会社	23.50
9	法国国家人寿保险公司	74.74	9	荷兰全球保险集团	23.47
10	澳大利亚保险集团有限公司	74.71	10	三星生命保险株式会社	23.17
11	中国人民保险集团	72.48	11	尤纳姆集团	20.84
12	维也纳保险集团	71.89	12	澳大利亚保险集团有限公司	20.34
13	澳大利亚昆士兰保险集团	71.69	13	中国再保险股份有限公司	19.24
14	中国再保险	70.04	14	美国国际集团	17.68
15	Unipol集团公共有限公司	69.91	15	林肯国民	15.28
16	忠利保险	69.06	16	SCOR SE 公司	15.13
17	中国财险	69.05	17	维也纳保险集团	14.93
18	家庭人寿保险	68.75	18	CNA 金融公司	14.65

续表

序号	企业名称	2021/8/31企业系统性风险指数	序号	企业名称	2021/8/31较2020/12/31日企业系统性风险指数变化幅度
19	大东方控股	68.23	19	中国太保	13.44
20	DB保险有限公司	67.57	20	海尔维第控股公司	13.18
21	日本邮政保险有限公司	66.91	21	韩华人寿保险有限公司	12.30
22	苏黎世保险集团	65.01	22	哈特福德金融服务	11.78
23	旅行家集团	65.52	23	家庭人寿保险	11.62
24	宏利金融	65.47	24	富通集团	11.08
25	三星火灾海上保险公司	65.35	25	大东方控股	10.79
26	美国再保险集团	64.57	26	Unipol集团公共有限公司	10.73
27	全州保险	64.20	27	宏利金融	10.66
28	海尔维第控股公司	64.09	28	安达保险有限公司	10.01
29	三星生命保险株式会社	63.88	29	现代海上火灾保险有限公司	9.80
30	CNA 金融公司	63.8	30	第一生命控股株式会社	9.48
31	安达保险有限公司	62.8	31	大都会集团	9.30
32	大都会集团	61.9	32	旅行家集团	9.20
33	尤纳姆集团	61.87	33	汉诺威再保险有限公司	8.71
34	富通集团	60.84	34	全州保险	8.48
35	瑞士再保险股份有限公司	60.48	35	慕尼黑再保险公司	7.63
36	T&D 控股	59.17	36	塔兰克斯股份公司	7.24
37	第一生命控股株式会社	58.68	37	瑞士再保险股份有限公司	6.91

续表

序号	企业名称	2021/8/31 企业系统性风险指数	序号	企业名称	2021/8/31 较 2020/12/31 日企业系统性风险指数变化幅度
38	中国太保	58.53	38	三星火灾海上保险公司	6.86
39	哈特福德金融服务	58.49	39	忠利保险	5.03
40	SCOR SE 公司	58.37	40	T&D 控股	4.69
41	NN 集团公众有限公司	58.25	41	中国人民保险集团	4.49
42	荷兰全球保险集团	56.74	42	声宝公司	4.45
43	中国台湾中寿	55.53	43	NN 集团公众有限公司	3.29
44	声宝公司	54.76	44	苏黎世保险集团	1.81
45	新华保险	54.36	45	英杰华保险	0.98
46	韩华人寿保险有限公司	53.65	46	保诚	0.83
47	美国国际集团	52.43	47	新华保险	–2.76
48	保诚	51.85	48	澳大利亚昆士兰保险集团	–3.91
49	英杰华保险	50.86	49	DB 保险有限公司	–5.79
50	林肯国民	50.34	50	中国台湾中寿	–8.71

资料来源：北京睿信科全球风险管理平台（www.sunrisk.cn）。